你是誰？

你是什麼？

你來自哪裡？

唯識真義

淨光工作者

李如心（Lucy Lee）記錄

【一段回溯生命起源的量子催眠記錄】

上冊

序言

試想一個沒有宗教的人類世界

我是誰？我是什麼？我從哪裡來？生命是什麼？死亡是什麼？還沒出生之前，我存在嗎？我在哪裡？死亡之後，我會去哪裡？還存在嗎？會變成什麼？

因為這些對於「生命真相」的疑問，所以地球上出現各種解釋生命真相的宗教、哲學、身靈性修行派別及各類靈性訊息。

試想一下，如果這個世界上所有的人類在一生下來的時候，都還記得所有的「生命真相」，那麼這個世界上還會有宗教的誕生嗎？這個世界上還會需要宗教的存在嗎？這個世界上還會有人需要透過信仰宗教來得到內心的平安嗎？

仔細思考，你會發現答案其實是否定的。

人類世界之所以存在宗教信仰的現象，是因為大部分的靈魂在進入一具人類載體成

為小嬰兒被生下來之後，完全忘記出生以前的記憶，所以人類才會開始追尋生命真相，而後在地球上建立起各種闡述不同生命真相的宗教，進而衍生出各種派別、團體及修行方式。而地球上的宗教形成之後，之所以能夠蓬勃發展，最主要的原因則在於每一個遺忘的人類於出生之後的某一個時間點，一定會在心裡生起對於生命真相的大哉問。

然而，如果每一個人都記得自己出生之前的來處、所有輪迴轉世的生命經歷以及死亡之後的去處，並且也瞭解這個宇宙，以及宇宙當中所有生命形成的原因，清楚明白所有生命的緣起緣滅，以及彼此之間因果互動的關係與影響，如果這些「生命真相」從來不曾被每一個人類遺忘，那麼這個世界還有宗教存在的必要嗎？人類還需要信仰宗教嗎？

事實上，答案毋庸置疑的是不需要。

但是，在無法確知從何時開始的人類歷史洪流當中，在所有人類一出生就完全遺忘所有生前經歷的集體失憶之下，有關於生命、宇宙、地球及人類的起源，以及我們到底生從哪裡來、死又會往哪裡去的生命真相，在地球人類世界並沒有歸結出一個讓所有人類信服的結論；也因為如此，各種不同說法的宗教、哲學思想、靈性派別，甚或是通靈訊息在地球上紛然興起，各自吸引陷入失憶的人類群體予以擁護、信仰、相信或認同。

仔細想一想，如果「生命真相」只能成為某種「信仰」，這真的是人類世界最大的悲哀。

這是因為我們大部分的人類無法「身歷其境」並且「親身體會」宗教當中的描述及說法，所以只好退而求其次地迫使自己「信仰」、「相信」或「認同」。

當我們描述空氣的時候，我們不會說「我相信空氣真的存在」。雖然看不到、摸不到空氣，但是吸氣的時候，我們的鼻腔感覺得到空氣的氣息；掩住鼻子屏住呼吸的時候，我們會感到窒息。或者當我們嚮往前往巴黎旅行的時候，我們不需要說：「我相信巴黎真的存在，我以後一定會去巴黎。」因為很多人真的去過巴黎，也有很多巴黎的照片、遊記及影片，證明這個地方真的存在，而我們也只需要買一張機票就可以親身到達巴黎，以現有人類肉體身歷其境在巴黎旅遊。所以我們不需要以想像的方式安慰並告訴自己，我相信真的有巴黎這個地方的存在，而且我相信我以後一定能夠前往巴黎旅行。

就是因為我們大部分的人類不知道、無法證實，也無法完整親身經歷宗教當中所說的到底是不是真的，所以我們才會進入「信仰」。「信仰」的真實意涵其實代表的就

是——我不知道、我無法證實、我無法親身經歷、我不確定，所以我只能告訴自己說「我相信」，我只能欺騙並強迫自己說「我信仰」。

事實上，如果我們真的靜下心來澈底面對自己內在真正的想法，我們心裡所以為的「相信、認同及信仰」其實只是一種無法證明是否為真的自我想像及自我欺騙而已。然而在人類世界當中，到處可見各種不同大小規模的人類集體自我想像及集體自我欺騙的現象發生。

所以，問題的癥結點還是得再回到前面一開始的設想——如果我們所有的人類都還記得所有的生命真相，事實上這個世界並不需要宗教的存在，人類也不需要透過進入信仰才能夠得到內心的平安。

這種設想只是一種邏輯上的思考推論，並不是否定或批判現有各種宗教，也不是為了闡明無神論而做的鋪墊。

接著，再試想一下，如果這個世界沒有宗教，整個世界的人類對於生命真相的認知猶如一張白紙，沒有任何神話、宗教經典及教條的框架限制，這世間也不存在任何靈媒，那麼一個遺忘的人類應該如何找到「生命真相」的答案？

我們可以從哪裡開始找起？又該如何找到「我是誰、我是什麼、出生之前我從哪裡來、死亡後我還存在嗎、而我又會去哪裡」等有關「生命真相」的答案？

有沒有一個既不需要離家太過遙遠，也不需要放棄俗世生活，更不需要向任何未知生命表達忠誠或祈求，並且能夠讓每一個人類自行完成的簡單方法來找到這些答案？

顯而易見地，既然我們想要探究「生命真相」，那麼一定必須得從「生命」本身開始研究起。而這個世界上距離我們自身最接近的「生命」本身就是我們自己，因此最簡單、直接並且只需要靠自己就能夠完成的探究對象及方法當然就是「瞭解自己」。

於是我們可以得到一個推論——「探究生命真相」最簡單直接的方式即是「瞭解自己」。

換句話說，透澈瞭解自己就能夠解答生命真相，生命真相的答案就在我們自己身上，我們自己本身就是真相。也因為絕大多數的人類對於瞭解自己這份認知的集體失憶，才促使地球上各種宗教信仰的誕生。

因此，透過上述推論，我們可以理解——事實上，生命真相與我們自己本身具有絕對且直接的關連，但是不必然也不一定與宗教信仰產生絕對且直接的關連。

於是，我們至少可以歸結出一種找到生命真相解答的最直接、簡單，而且只需要依靠自己就能夠完成的方法：瞭解自己，澈底且沒有疑惑地瞭解自己。

「瞭解自己」的歷程其實是一段探索「生命真相」的真實及終極旅程。當我們一層又一層往內在探索自己，一層又一層剝開自己內心對於生命真相的誤解及遺忘的迷霧，一層又一層往內看清楚自己的生命真相，我們其實是一步一步往回到自己最初真實生命狀態的道路前進。

回到生命真實狀態，一切生命真相將會毫無保留地完整呈現在我們面前。

閱讀本書之前，作者想要建議翻開本書的讀者們，能夠先放下對於既有宗教信仰的預設立場，也摒除曾經閱讀過或認同的相關描述生命真相的成見，試試看，讓自己的內心如同一張白紙般投入書中的文字內容，全然感受書中文字能夠帶領你前往至哪一種境地。如果某些文字及段落能夠讓你生起共鳴，也許有可能喚起你對於自身生命來處及過往生命歷程的記憶。

因為我們自己就是生命本身，而我們的內在原本就擁有所有有關生命真相的解答及記憶。

本書內容為書中個案透過量子催眠（Quantum Healing Hypnosis Technique，簡稱QHHT）的回溯方式，陳述一段「瞭解自己」的內在探索歷程，並且從過程中回憶起生命最初狀態，體驗意識「從無到有」然後又再「從有到無」的生命回歸旅程。

催眠一開始，個案描述自己在宇宙之外，沒有形象，沒有範圍，也沒有任何投胎轉世的經歷。接著再透過以這種狀態說明生命是什麼、生命從哪裡開始、生命如何進入宇宙，以及如何展開一連串進入物質肉體的輪迴轉世體驗，並且說明如何從一世又一世輪迴轉世的失憶狀態當中醒來，停止輪迴，回到一開始在宇宙之外沒有形象、沒有範圍的本質狀態。

後續催眠過程，個案也一再回到此一本質狀態，陸續說明「如何從小我頭腦意識清醒過來的方式及過程」、「松果體與靈魂、身體、丹田氣脈循環的關係」、「業力形成之因以及如何斷除業力」、「靈魂本質以及靈魂與身體、愛的本質、性慾望的關聯」、「本源即整體合一，本源沒有上下，無法比較及分別，回歸本源的唯一不二法門」、「所有的生命都是平等的」以及「所有生命皆具備自行決定生命經歷的絕對自由意志」等，早已存在於每一個人內在真實本質狀態當中，所有有關「生命真相」的記憶。

必須特別說明的是：催眠並不是通靈，因此本書催眠個案進入催眠意識狀態所說出的所有訊息，都是來自於個案內心最深處的記憶，並不是往外連結其他外在生命所得到的通靈訊息，兩者連結訊息的方式及性質並不相同。

為了不影響讀者將會從內容中體會到的有關自身生命真相記憶的完整性及純粹性，在這裡不再做過多的內容探討或解析說明，所有能夠提供參考的有關「生命真相」的回溯內容都已經完整呈現的書中篇章當中。

催眠內容全部來自於同一位個案分為數次催眠的逐字記錄，對話當中未曾經過任何修飾，也未曾進行內容上的修改及增加，只有刪減部分有關個案私人問題方面的問答而已。

以《唯識真義》作為書名標題，是因為個案在催眠過程中，借用唯識學當中的名詞、用語及意識架構陳述回憶生命真相的歷程，內容與既有相關唯識經典無關，也不是試圖針對任何唯識經典進行更深入的探討或解釋。此外，當作者聽錄音逐字記錄書中催眠內容的同時，這個標題也隨著文字內容發出如擲地有聲般的堅定聲響出現在作者腦海中，於是記錄催眠錄音內容完畢之後，作者也只是從善如流題上此一標題，而後作為書

名出版成書。

如果要問作者為何以《唯識真義》作為書名標題，以作者從事量子催眠服務近十年來的經驗得知，只能說這個標題就如同書中所有內容一樣，同樣都出自於超越催眠個案頭腦的思考及想像，自然而然從個案內心深處流淌而出的內在記憶及內在訊息，並非作者刻意托大標此書名。

另外，有關〈量子催眠法（QHHT）〉的簡介在此處也不多做說明，可參見書末【附錄一　量子催眠法（QHHT）簡介】。再者，有關本書案例的催眠操作者及催眠個案的個人相關訊息及現況也不在此贅述。本書出版的目的是為了提供書中訊息作為生命真相探詢的參考，而不是為了強調被催眠個案的個人經歷，更不是為了鼓勵並宣傳讀者嘗試前世催眠；但是為了完整本書訊息內容，也為了不因為刻意隱瞞而造成日後訊息被誤用的困擾及曲解，有關被催眠個案個人追尋生命真相經歷及本書催眠訊息緣起可參見書末【後記　一個平凡人類的催眠探索之旅】。

最後，在這裡總結此一系列《唯識真義》催眠案例內容呈現在這個世界以及出版成書的最終真實目的，所有的內容只是想要告訴有緣拿起這本書、閱讀得下去並且生起共

嗚的讀者們：

回家吧，物質幻境世界裡的一切也許是那麼地讓你感到依依不捨，但是不要忘記回家。遺忘的你，記起來吧，回家，回家吧，可以回家了。

一份超越宇宙時空的生命真相回歸地圖

《唯識真義——一段回溯生命起源的量子催眠記錄》全系列內容分為上、下兩冊四卷八篇二十五章，訊息主旨意在揭示「生命真相」及「如何回歸生命真相」之事實真相及實際方法。訊息目的則是為了讓有緣翻開本書的讀者，藉由瞭解完整的生命真相，進而看清楚回歸生命真相的真實路徑及方法，然後透過自己往內在瞭解自己的實際方式回到自身生命真相。

全書內容也可比喻為一份回歸生命真相的完整地圖，透過這份超越時空的生命地圖按圖索驥，讀者可以依循往自身內在探索的路徑，一步一步從小我頭腦人格的睡夢當中醒來，一步一步解開綑綁在內心的不合理人類集體社會價值觀的束縛，一步一步走出地球人類集體夢境的迷霧，從而回到超越宇宙時空的生命本質原來狀態——所有生命的來

處——本源。

地圖中標示回歸生命真相的方向、道途進展及最終目的地，說明旅者如何在過程中保持清醒不再陷入沉睡的方法，也提出加快回歸速度的建議方式，並且註明途中可能會迷惑旅者再度陷入沉睡的物質慾望沼澤及邪魔歪道障礙物，提醒旅者切莫受到迷惑而耽擱旅程。地圖中也描述旅程中沿路上的幻境風景，包括人類幻境世界的荒誕不合理現象以及地球靈魂現況，幫助旅者更加看清楚前方道路的正確性，保持信心繼續往前走，避免中途停頓或再度迷失方向，直到安然無虞抵達生命真相的目的地——無形、無相、無名卻又真實存在的生命本質狀態。

回到生命真相之後，抵達目的地的清醒旅者如何繼續保持清醒，面對周遭世界人事物的各種變化而仍然能夠維持內心的平靜與安定，以清醒的智慧過好這一世的地球人類生活，當中也有清楚說明。另外，每份地圖亦隨書附上一盞永不熄滅，並且能夠一路上照亮走出地球人類幻境世界旅程的亮光，如果旅者願意打開的話，可以參見書末【附錄二　打開心光】的觀想練習。如果想卸下旅途中不必要的重擔，以更輕盈的腳步踏上回家的旅程，可參見書末【附錄三　解除靈魂契約儀式】的觀想練習。

如果願意跟隨書中的描述及方法往內在探索自己，踏上從「瞭解自己」而逐步回歸生命真相的覺醒之旅，這是一份引領你回家的生命地圖。按圖索驥，你會往自己的內在找到回到生命真實本質的路徑，然後依靠自己的力量，一步一步藉由地圖中的訊息引領自己回到生命真實本質的來處，回到你自己的生命真相，回家。

全書二冊各篇重點分述如下：

【上冊】第一篇開宗明義以最為宏觀開闊的視野，從宇宙之外開始描述「生命真相」的全面真實面貌，並且以唯識學的概念陳述生命從無到有，再從有到無的體驗歷程，說明生命如何從本源轉向成為包含所有一切的感知，以及如何從人類肉體的小我頭腦人格狀態再度回到生命真相的過程。

第二篇以道家修行面向的概念，接續說明回歸生命真相的「修行真義」，闡明回到生命本質之唯一不二法門，即是放下多餘不必要的小我無明慾望，放下到一定程度之後，以不帶有任何目的進行往內在的修行，必然能夠回復生命本來面目——無極、道——的真實生命狀態。

第三篇繼續描述意識如何進入幻境宇宙各種物質世界的輪迴投胎體驗的「生命真

相」旅程，並且以「業力」的角度補充說明修行真義，陳述回歸生命真相的實際方法及過程，包括業力形成之因、業力如何累積在靈魂當中、如何破除業力、如何不再造作業力，以及回復六根清淨、斬斷輪迴，進而回到生命真實本質狀態的過程及方法。

第四篇首先以「空性」為出發點，說明生命真相的真實狀態及意義，透過解釋因為慾望失衡，而離開生命空性原來狀態的原因，揭示如何再度悟入空性，以及穩固在空性生命本質狀態的修行方向及基本方法。此外，文末也以空性的面向說明如何辨別世間修行人及修行教派正邪的原則，提醒讀者避免受到世間邪魔歪道及邪師的蠱惑及矇騙。

【下冊】第五篇更進一步以「靈魂」的生命旅程層面，說明生命進入宇宙體驗之後的真實情況。如果從不同面向體驗自身靈魂，我們可以發覺靈魂本質即是永不變質的無條件的愛，靈魂本質亦是光，所以有人會看到或感覺到靈魂是一顆光球。文中也強調兩項有關靈魂的重要特質，意即「每一個靈魂都是平等的」以及「每一個靈魂都擁有絕對無法被撼動的自由意志」，並且進一步解說回復靈魂自由的實際方法。

第六篇以「禪定」、「大樂」、「明光」、「大圓滿」、「虹光身」等佛學名相及概念，說明回歸生命真相之後自然回復在身體、心理及能量上所呈現出來的本來狀態。只要放下足夠多的無明妄想慾望，每一個人都可以呈現此種生命本來狀態，而此種狀態並不神奇，也不特別，更不能被稱之為神聖。並且也在內容中提醒修行人，強行回復並恣意展現神通力並非明智之舉，以及修行過程中可能面臨走火入魔的原因及避免方式。

第七篇以「靈魂」的角度說明地球人類世界現況、地球人類靈魂現況以及地球生命本質的真相，陳述每一個靈魂都具有絕對自由意志的選擇權及決定權，得以自行選擇想要在物質地球體驗「光明」或「黑暗」的遊戲。並且揭示在所有體驗過程當中，地球本質意識一直在支持著每一個人類以及每一個在地球上體驗的生命，連結地球本質水晶能量，能夠幫助所有靈魂更加清醒，並且回復靈魂自由，因而得以更加容易掙脫地球輪迴的束縛，自由選擇之後繼續留在宇宙或離開宇宙的各種生命體驗。

第八篇主要敘述最終生命實相「本源」——無形無相無名、非陰非陽、非空非有、沒有時間、沒有空間、沒有限制——的真實狀態。本系列催眠訊息以第一篇為起點，開始說明生命如何從「本源」轉向進入幻境，展開一連串在物質幻境宇宙中的生命體驗及旅程，並且以本篇作為終點，解說生命如何熄滅因慾望而起的輪迴動力，進而得以離開幻境物質世界，再度轉向回到「本源」真實狀態的路徑歷程及回歸方法，做為本系列有關「生命真相」參考訊息完整陳述的最終篇章。文中也提醒所有踏上回家歸途的旅者們：開悟或覺醒需要一段必經過程，只要活在肉體當中就沒有到達終點的一天。

最後，以書中高我（SC）提醒的一段話，作為整份地圖的主要方向指引，在歸程旅途中與大家互相勉勵：「加油，加油，好好生活，好好修行，該在生活中做的還是要去做，該去破除的無明妄想慾望還是要去破除。很好，沒事，繼續享受你們的生活吧。」

目次

第二章 從肉體意識當中醒來，回到第七意識 064

第三章 入胎，沉睡，覺醒，轉識成智 098

第二篇 元神歸位、無極仙洞 貫通中脈、性命雙修

第四章 元神歸位 137

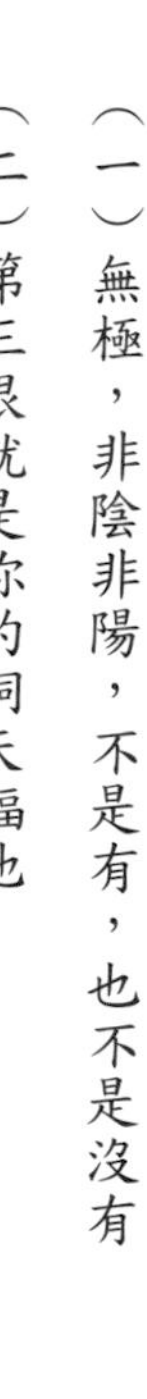

卷二

第三篇 回到本源、六根清淨 消除業力、斬斷輪迴

第八章 第八識調降頻率，進入物質宇宙

第四篇 悟入空性，照見五蘊皆空，度一切苦厄

閱讀之前，請審慎思考：

請不需要相信文中任何描述與說法，
如果跟您的內在不相應，
請完全放下文中所有的內容，
這些只是透過催眠方式，
所得到的另外一種角度或層面的參考訊息而已。

請記得，我們的生命完全由我們自己所創造，
所以，專心在那些你所想要的，放下那些不相應的吧。

唯識真義

卷一

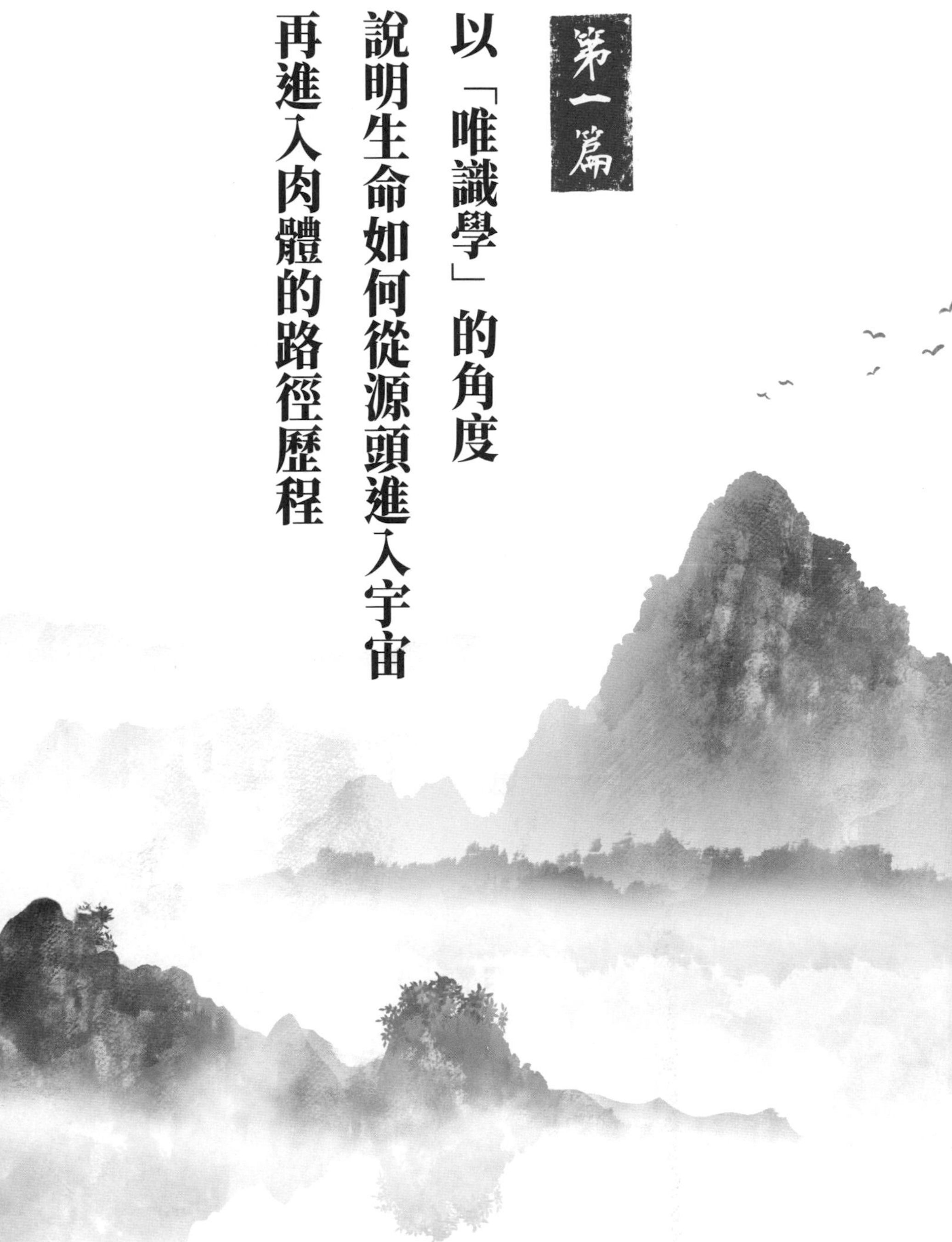

第一篇

以「唯識學」的角度說明生命如何從源頭進入宇宙再進入肉體的路徑歷程

本篇重點為描述「生命最初本質狀態」以及「從肉體當中的幻象意識回歸生命最初本質狀態的過程」。

訊息內容一開始以最為宏觀開闊的視野，從宇宙之外開始描述「生命眞相」的全面眞實面貌，並且以唯識學的概念陳述生命從無到有，再從有到無的體驗歷程，說明生命如何從本源轉向成為包含所有一切的感知，以及如何從人類肉體的小我頭腦人格狀態再度回到生命眞相的過程。

- 日期：二〇二一年二月至三月
- 催眠者：Q
- 受催眠個案：A
- 受催眠個案潛意識（高我）：SC[1]

催眠內容

第一章　幻象的開端，初轉第八意識

生命起源

請先放下任何先入為主的預設立場，全然投入本章文字的描述，試試看，看看這些文字內容能夠帶領你前往何處？

我是誰？我是什麼？還沒有出生為人類之前，我存在嗎？我從哪裡來？生命從哪裡來？宇宙從哪裡來？在最一開始的時候，在人類尚未誕生在地球之前，在地球尚未誕生在宇宙之前，生命存在嗎？我存在嗎？宇宙是誰創造的？宇宙如何創造？宇宙之外還有其他宇宙存在嗎？有關以上必定曾經出現在我們每一個人心中的生命大哉問，也許本章內容可以提供給你一些參考及啟發，促使你回復內心深處原本已有的生命記憶。

（一）個別意識的「感知」

Q：你看到什麼？

A：深藍色的宇宙，很遠的地方有一點一點的星星，很安靜、靜謐。我在一個空間，我不在宇宙裡面，我看到下面是宇宙，我在宇宙之外，好像隔著一個什麼厚厚的透明能量層看著宇宙，感覺跟宇宙是隔起來的。

Q：**你如何感知你的身體？**

A：這是非物質化的狀態，我處的這個空間也是非物質化。這裡很亮，白白亮亮的，而我的底下的宇宙則是深藍色的，看得到一點一點的星光。我沒有形體，我有個別意識[2]，我有分別意識，我並沒有融在整體，我並不在整體。

Q：**這是什麼意思？**

A：這裡不是源頭[3]，可是我也不在宇宙裡面。

Q：**你是什麼？你平常都在做些什麼？**

A：我就是在這裡，這裡是非物質的狀態，也沒有時間，所以你不能以物質宇宙的狀況來認知這裡。

Q：**這裡是哪裡？**

A：這裡不在物質宇宙，也不是源頭（本源、源頭、整體合一）。這裡是白白亮亮的，不過這裡不在整體意識，我不在合一的狀態，我有「個別意識」。

我已經離開合一意識，但是又還沒有進入物質宇宙。而我要不要進入物質宇宙？我沒有要進入物質宇宙體驗，我只是離開合一狀態。下面是宇宙，但是我沒有要進入宇宙。

我覺得我很廣大，但也沒有什麼是不廣大的。我沒有範圍，但本來就沒有範圍。我不在「合一」的狀態，因為我轉出來想要體驗「單獨」的感受，但我又還沒有要進入物質宇宙去體驗。

我只是想要體驗「非合一」的狀態是什麼，所以我從「合一」的狀態轉出來，體驗「單獨」的感受。我沒有範圍，也沒有形體，也不在物質宇宙裡面，我只是從「合一」的狀態轉出來體驗「單獨意識」的感受。

我從「合一」當中轉出來體驗「非合一」的感受，但是我還沒有進入物質宇宙。我的下面是物質宇宙，如果我再將我的意識往下調整，就可以進入物質宇宙。

沒有範圍，這裡都是亮的。沒有範圍，物質宇宙就是必須把意識頻率再往下調，我才能夠進入物質宇宙，可是我現在還沒有要進入物質宇宙。

我沒有形狀，沒有形體，沒有範圍。

這只是一種你從合一的整體狀態轉過身，轉身，調整你的頻率，到達一種具有「自我分別意識」的感受狀態。所以我現在有「感知[4]」，我有個別的感知，但是我還是沒有範圍，沒有形體，不屬於物質宇宙。

我不在合一的狀態，所以我具有「個別感知」。

Q：什麼是「感知」？

A：如果你想體會什麼是「感知」，可以在靜坐的時候好好體驗所謂「空」的狀態。這個「感知」，有時候你們的修行者體驗到的時候，會說這是一種「空」的狀態，當你體會到這種「空」的狀態的「感知」，你才形成個別意識，你才能夠開始感知。

如果你處在合一的狀態，你就不會有「感知」了，因為你就在合一的狀態了。如果你在「整體合一」的時候，你不會有感知，因為你在整體的狀態，那是一種融合在整體裡面，不會有感知。

而融合在整體狀態當中是什麼感受？以你們在物質世界中的人類意識狀態是無法理解的。我只能跟你說我從「合一」的狀態轉出來，體驗我的「個別意識」的時候，

我就會形成具有「感知」的狀態。這樣的「感知」狀態在你們許多修行人的體驗當中，你們會稱為這是一種「空」、「無」的狀態。因為你具有「個別意識」而形成「感知」了，這是一種空、無的感覺。當有這種空、無的感覺之後，你就可以去感知了。這是非物質肉體的感知，也不是在物質宇宙裡面的狀態。

（二）無染的第八意識，空、無的感受

Q：是。

A：我現在說的是唯識[5]的道理，從整體合一的狀態開始講述唯識。當我從整體合一轉出來具有個別意識之後，我可以有「感知」，這是一種「空、無」的感受。如果你在「整體合一」的狀態當中，你不會有個別感知，你並不是體驗到這種「空、無」的狀態。

我現在具有個別意識「感知」的狀態，但是我現在還是沒有形體，沒有範圍，沒有形象，而且不在物質宇宙裡面。物質宇宙在我的下面，因為物質宇宙的頻率更低。我現在只是剛從「整體」轉出來，所以形成我的「個別感知」。而這個「感知」如果要形容的話，是一種「空、無」的狀態，沒有範圍、沒有形體，但是你已經可以感知了。如果你在合一狀態的時候，你就是合一，你就是完整的，你會處在某種定靜永恆的狀態。那個時候不會有感知，那是生命最原始的狀態。

我從整體合一的狀態轉出來，我其實已經把我的頻率調降了一些，但是又還沒有降到物質宇宙。當我從整體合一當中轉出來的時候，我具有個別意識了。我有個別的意識，我有感知了。

這種「感知」就是你可以開始有感知力了，而這種感知是沒有範圍的。這種感知是包含整個宇宙，但是又超越宇宙，所以我說沒有範圍。

但是你說宇宙有沒有範圍？宇宙沒有一個固定的範圍。

以我現在的感知狀態來看，宇宙沒有範圍，但也不是完全的沒有範圍。它還是有一個空間，因為頻率更降低了的關係，可是如果再往上調高頻率的話是沒有範圍的，

宇宙的形成只是一種意識頻率的調整而已。

所以我說宇宙在我的下面，但是無法明確定義出它的範圍。因為宇宙具有許多不同的頻率狀態，它的頻率一直往下下降，無法定義一個明確的空間範圍。

Q：所以你現在的狀態是什麼？

A：「無染的阿賴耶識[6]」，也就是「無染的第八意識」。

如果在合一的狀態時就不能稱之為「意識」了，因為你就在「合一」，那是無形無相的狀態，那是「整體」。

我是因為從整體合一轉出來了才是「第八意識」，而我現在是無染的狀態，因為我尚未進入更下層的宇宙體驗，所以我現在是「空、無」的狀態。我的「感知」、「第八意識」沒有沾染任何經驗、記憶與業力，我還沒有任何投胎轉世經驗，我還沒有進入物質宇宙去投胎體驗，所以是「空、無」的狀態。

如果以物質化的人類語言來說，我現在只是剛從「整體合一」的狀態轉出來，形成我的「個別意識」，也就是唯識學當中所說的「第八意識」。

換句話說，我現在已經從本源無形無相的狀態轉出來，我具有「個別意識」，所以我有「感知」。但是我現在還是無形、無相、沒有範圍，因為我還沒有進入物質宇宙，物質宇宙在我的下面。

Q：什麼是無染的第八意識？

A：就是你的「感知」，這是非物質的狀態，不要用物質狀態來理解。

（三）從合一狀態轉出之後都是幻境

Q：是，然後呢？

A：所以，我現在是不是在幻境裡面？我從「整體合一（本源、源頭）」轉出來了，我從整體真實的狀態轉出來，因為我想體驗「個別意識」。然而事實上，生命的真相並沒有「個別意識」，所以我現在是不是進入我自己個別意識的幻境？是。

也就是說當我在無染的第八意識狀態當中，我進入的其實是我自己個別意識的幻

境。第八意識也是幻境，並非生命真相。

總而言之，當「個別意識」從「整體合一」轉出來的時候，你進入的都是自己的幻境，因此無染的第八意識（阿賴耶識）是不是幻境？是。

因為你要體驗，但是這些體驗都是意識所創造。所以我們都是在自己所創造的幻境當中體驗，第八意識這裡已經是幻境了。

Q：從「合一」出來之後都是幻境了？

A：沒錯，只要不在「合一（本源、源頭、整體）」的狀態，全部都是幻境。不過我只是轉出來而已，我並沒有離開合一。我只是轉一個方向，我並沒有離開合一的狀態，因為生命的真相就是整體。

我想要體驗單獨的感受，所以我就轉出來了，而我這一轉身就進入我自己的幻境了。這個幻境就是「感知」，我有感知了，這種「感知」的狀態就是無染的「第八意識」、無染的「阿賴耶識」。

因為我現在才剛轉出來，我現在才剛有「感知」而已。我有個別意識的感知，但是還沒有任何體驗，所以我現在是「無染」的狀態，就是「空、無」。

我可以體驗整個空、無的感受，你可以開始有感知了。如果你在合一的狀態就是永恆的定靜，你不會有感知。

我這裡超越時間，沒有時間，但是我只能運用物質化語言跟你解釋我的狀況，所以我還是會用到時間性的語言。

我現在說的是超乎文字語言的形容，只有你們自己真的回到這個狀態，你們才能理解我在講什麼。我現在只能先以語言文字來形容，但是絕對無法讓你們真正理解生命真相的實際現象。

Q：轉出來之後，你「感知」到的是什麼？

A：從合一當中轉出來之後，我還是可以感知到「所有的一切」。所有的一切，指的是超越宇宙，所以我可以「感知」到的是整個宇宙，以及超越宇宙的所有一切。

我現在轉出來的方向，面對的是你們現在所處的這個物質宇宙[7]，我的方向是從現在你們所處的這個物質宇宙投射出來。我是往這個宇宙的方向轉出來，而有沒有其

他不同的物質宇宙？有喔。

我現在轉向的是這個物質宇宙，但是在整體的狀態下有沒有創造出其他的宇宙？有。你們現在所處的這個物質宇宙，只是整體所創造出來，想要體驗的所有宇宙當中的其中一個宇宙而已。

而有多少個可以體驗的宇宙？無限。因為還不斷在創造，你們所處的這個物質宇宙只是其中一個宇宙而已。

也就是說因為整體想要體驗，所以整體創造出無數個宇宙。因此，這個宇宙是誰創造的？整體。

單獨的個別意識無法創造宇宙，只有「整體」才能夠創造宇宙。你也可以說無數的宇宙同時被創造出來，也可以說還正在創造，不斷有宇宙被創造出來。

Q：什麼是「宇宙」？

A：你現在所處的物質幻象世界就是「宇宙」。「宇宙」就是整體為了體驗單獨狀態，所形成的幻境頻率狀態，提供整體意識轉向成為單獨的個別意識，得以再繼續調整

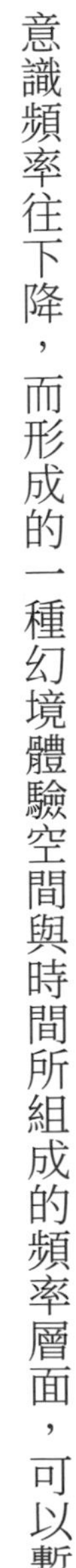

意識頻率往下降，而形成的一種幻境體驗空間與時間所組成的頻率層面，可以暫且稱之為「宇宙」。

你們這個物質宇宙具有「時間」與「空間」，但是其他宇宙不一定具有時間與空間，可能是另外一種形式的體驗。不過因為跟你們這個物質宇宙差很多，所以這裡不多說，因為我現在轉出來面向的是你們這個物質宇宙。

Q：所以「第八意識」所包含的是超越這個物質宇宙？

A：對，我的「感知」包含這個物質宇宙，也包含所有其他的宇宙，所以我剛剛說我沒有範圍，我可以感知所有的一切。

我沒有形象、沒有範圍，因為我的「感知」沒有範圍，我就是「感知」，我就是一個有感知的存在。

以唯識學來說，我現在就是無染的第八意識（無染的阿賴耶識）的狀態，而我有「感知」。這個「感知」沒有範圍，超越你們這個物質宇宙，這個「感知」在你們有些修行人的體驗會形容為「空、無」的感受。

Q：你在第幾次元？

A：我沒有次元，因為我沒有進入物質宇宙，所以不存在次元的狀態裡面。我也不存在維度當中，因為那是進入物質宇宙之後的事情，而我現在是超越物質宇宙的存在狀態，我現在只是有「個別意識」的「感知」而已。

（四）成佛就是回到整體合一的真實狀態

Q：是。

A：如果你超越阿賴耶識的話，你就會進入「合一」的狀態。所以「成佛」是什麼？成佛的時候，你連第八意識都沒有了，因為你就轉回「合一」了，當然就沒有第八意識了。

「成佛」就是回到生命原來的狀態，也就是回到「整體合一」的狀態，連「我」的這種認知與個別的單獨意識都沒有了，連「我」都沒有了，你才是成佛。

Q：所以「成佛」就是回到「合一」沒有幻境的狀態？

A：對，就是回到「真實」的狀態，回到整體合一的狀態。所以，有沒有「佛」？沒有佛[8]了啊。你說要成佛，如果你真的成佛，就是沒有佛了啊，你才是真的回到生命原本的真實狀態。

因此，還有一個明確的「佛」存在嗎？沒有啊。

什麼是「佛」？回到生命真實的狀態就是「佛」。所以「佛」是什麼？不具體、沒有形象、沒有「我」的單獨個別意識，你存在的是一種永恆的定靜狀態。

但是，請不要以文字表面的形容，來理解我所說的這種回到「合一」的「永恆的定靜」狀態，因為文字都會侷限事實真相，我只能暫時這麼形容。

這是因為你們人類目前使用的語言，是你們調降頻率進入物質宇宙後所產生的語言，所以，我只能暫時以你們所使用的物質性形容用語，來說明這些超越物質宇宙的狀態。

而這種物質化人類語言真的完全不足以用來說明真實的生命狀態，等到你們回到這個狀態的時候，你們才能夠真正瞭解我在說什麼。不管我以任何文字語言形容，都

會與事實上的生命真相產生一定的差距。

也因為人類語言完全無法真實形容生命真相的緣故，以致於你們人間修行者及宗教以人類的文字語言所留下來的修行方式及體悟，才會造成許多誤解，導致後世修行者常常因為落入文字語言上的誤解，而產生修行上的偏差。

而且你們運用太多物質化的文字語言，試圖解釋生命真實的狀態，反而因為解釋得過多，而被困在更加物質的狀態當中。然而，真正的生命真相卻是超越物質、超越語言的。

Q：是。

A：我現在是無染第八意識狀態，我有感知。如果我回到原來生命真相——整體合一、永恆的定靜——狀態的時候，連感知都不存在，因為具有感知的時候，你就已經進入幻境了。

那麼，因為我想要體會有感知的感受，於是我從合一[9]當中轉身，進入幻境當中體驗有感知的感受，我想要來玩一下，體驗看看。因為永恆的定靜就是那樣——永恆

的定靜，你不會具有個別感知力。

也因為整體想要體驗個別感知意識，所以創造出無限個宇宙，提供個別感知意識得以在各個宇宙體驗非整體合一的狀態。當你處於合一的狀態就是永恆的定靜，也就是所謂的「涅槃寂靜[10]」，那麼你如何體驗呢？

所以你必須從永恆定靜當中轉出來，轉出來之後，我進入自己的幻境當中，才能夠開始以個別感知意識進行各種體驗。轉出來之後，我就進入幻境了，因為我有「單獨意識」的感受了，我可以開始「感知」了，我有「感知意識」了。

當我在合一的狀態的時候，我就沒有意識了，連意識都沒有，就是「沒有」；但是那種狀態也不是真的什麼都「沒有」。只是我必須以物質化的人類語言來形容，所以我形容說是「沒有」，但並不是真的什麼都沒有。

因為幻境中所產生的語言文字，也只能用來解釋幻境中的各種情況，運用幻境中的幻境語言試圖解釋真實狀態一定會產生差距，無法完全表達清楚。

Q：「佛」是什麼？

A：回到生命真相就是「佛」，所以沒有佛，因為你連單獨意識都沒有了，你連第八意識都沒有了。轉回去之後就是真實生命的狀態，無形無相，合一，沒有個別意識，沒有我，沒有佛。

「佛」指的是瞭解生命真相的覺悟者，並不是一個神階或位階。當你從幻境當中醒來，回到生命真相的狀態就是「佛」。

就算你的第八意識調降進入物質宇宙體驗之後，產生各種轉世體驗的記憶，你不會被困在這些經驗當中而回到真命真實的狀態，你就可以回到生命真實的合一狀態。

回到「生命真相」的狀態是什麼？

永恆的定靜，合一，連空、無都不是。

當我運用文字語言來說明，我只能說明一半的事實真相，所以請不要用文字語言來理解我所說的有關「生命真相」的狀態。妄圖運用文字語言來理解「生命真相」的話，你也只能理解一半。

生命真相就是如此，你們每個人都是從真相來到幻象，當然也能夠從幻象當中醒來，回到真相。每個人都一樣，自行體會，去看破幻象，這是每個人要自己去做的

功課。

（五）所有轉出的單獨意識都重疊在整體宇宙當中

Q：好的，瞭解，然後呢？

A：所以，我現在轉出來了，我開始可以有感知了。而我的感知是往你們這個物質宇宙的方向感知。我所感知的範圍無限，但是都是屬於幻境，包括你們這個物質宇宙及其他宇宙，以及不是這兩者；而這些幻境都是由整體所創造，為了感知、為了體驗。

我現在沒有範圍，沒有時間，我現在整個裡面是空、無的，我的裡面沒有什麼東西；因為我現在還沒有進入物質宇宙體驗，我沒有任何投胎轉世的體驗。所以我說我的整個裡面是空、無的，因為我的第八識當中是無染的，還沒有沾染任何物質宇宙的體驗。

Q：你說你的範圍包括這個物質宇宙，那麼你可以感知宇宙裡的事情嗎？例如地球上發生的任何事情。

A：可以啊，可是地球對我來說好像細菌般的大小，非常微小。如果我調整我的意識焦點，我就可以感知到地球上所有的事情。宇宙裡所有的事情，我也都可以感知，因為我沒有範圍，所以我包含所有，然而這些都是幻境。

Q：你有感受到其他的單獨意識嗎？有其他跟你一樣從整體合一轉出來的單獨意識嗎？

A：有無數跟我一樣轉出來的單獨意識，只要轉出來之後，投射出來的單獨意識都是投入幻境，都是幻境，也都是合一。

所有個別意識轉出來所投射的幻境都是重疊的，因為合一，都是同一個，其實都是合一。而可以轉出多少個從整體合一投射出來的個別意識？無限。換句話說，有多少生命？有多少個具有單獨意識的生命？無限。

我可不可以感受到其他生命？可以，只要我轉回去就是整體合一，其實也沒有真的分開過，還是合一，所以當然都能感受得到，因為生命真實的實際真相就是整體合

一。

不過，當我轉出來之後，我現在所感知到的是我自己的個別意識，超越宇宙，包含一切，沒有範圍，沒有時間。而其他個別意識也都與我重疊，所有個別意識（生命）所感知的幻境都是重疊的。

Q：**是。**

A：我就是這種感知，我在這裡感知，沒有時間，沒有空間，無限，我沒有範圍。而我可不可以在這個狀態感知宇宙裡一顆星球上面發生的事情？可以，但是它好小，因為我都超越宇宙了。

在這個幻境當中，想感知什麼都可以感知，不管多細微或多廣大都可以感知。我還沒有想要下降我的頻率進入物質宇宙去體驗，也不想去感知物質宇宙的狀態，所以我感受到的是空、無，我是感知。

我現在沒有範圍，是無染的第八意識（阿賴耶識），然而當我回到合一的狀態，我連意識都沒有了，因為我沒有單獨的感受了。

其實生命就是這樣子，就這樣啊。

我現在從合一當中轉出來面對的都是幻境，當我轉回去合一狀態的時候，那就不是幻境了。當我轉出來時，我有個別意識、有感知力的時候，我的整個感知就是一種幻境。

而我現在所處的狀態，就是你們的唯識學當中所說的「第八意識」的「無染」狀態，也就是「感知」、「空、無」。因為我有「感知」，所以我才可以感知到「空」跟「無」，但是如果我回到真實狀態，我連「空」跟「無」的感知都沒有了，然而那個沒有也不是真的沒有。

好吧，我還是得再強調一次，只要我運用人類的文字語言形容這些生命真相的狀態時，只能形容一半的真相，其他的一半你完全不能夠以片面的文字語言來瞭解。只要運用文字語言來解釋的時候，一定會與事實真相產生差距，而且差距很大。

這種「感知」就是「空、無」的感受，但是也不是真的「空、無」，只要你調整意識焦距，你可以感知到的是整個宇宙，並且超越宇宙。

我現在對準的方向是你們這個物質宇宙，所以我感知的方向也會是你們這個物質宇宙。而我說物質宇宙在我的下面，因為物質宇宙的頻率比我現在的意識頻率更低，所以會是在我的下方。但是當我轉出來的方向對準的是其他宇宙，我會感知到的方向並且即將進入體驗的就會是其他宇宙了。你們所處的物質宇宙只是無數宇宙中的其中一個而已。

然而事實上，真實的生命狀態是無形無相，沒有範圍，所以我轉出來之後就是沒有範圍。不過我感知到的全部都是幻境喔，因為整體想要體驗，所以才創造出所有的宇宙。

而我只是轉出來，面向我們現在所處的這個宇宙，我轉到這個方向。如果我再調整我的頻率往下降，我就可以進入這個物質宇宙裡面體驗。不過我現在還沒有想要進去體驗，我只是轉出來想要體驗看看「單獨」的感受而已，所以我現在只是無染的第八意識（阿賴耶識）的狀態。

Q：你也可以感知其他宇宙嗎？

A：可以，我沒有範圍。只是我現在對準的方向是這個物質宇宙，我的個別感知意識可

以感知到的是所有整體所創造出來的各個宇宙。也可以說在我這種狀態感知到的是「空、無」的感受，裡面包含所有的宇宙。

Q：可以怎麼稱呼你？

A：無染的第八意識狀態。

因為我現在什麼體驗都沒有，我剛從整體合一的狀態轉出來。但是這裡沒有時間，我只能運用有限人類物質語言這麼形容。我剛轉出來，我有「感知」，而你們某些修行者會體驗到這種「感知」是一種「空、無」的感受，而這種「空、無」當中又包含所有的宇宙。並且，當我往下調整我的感知焦距，我可以知道每一個宇宙裡面的每一件事情、每一個現象、每一個狀態。

（六）有關從第八意識的角度所看待的一些問題

Q：以你的角度，老子所說的「道」在哪裡？「道」是什麼？

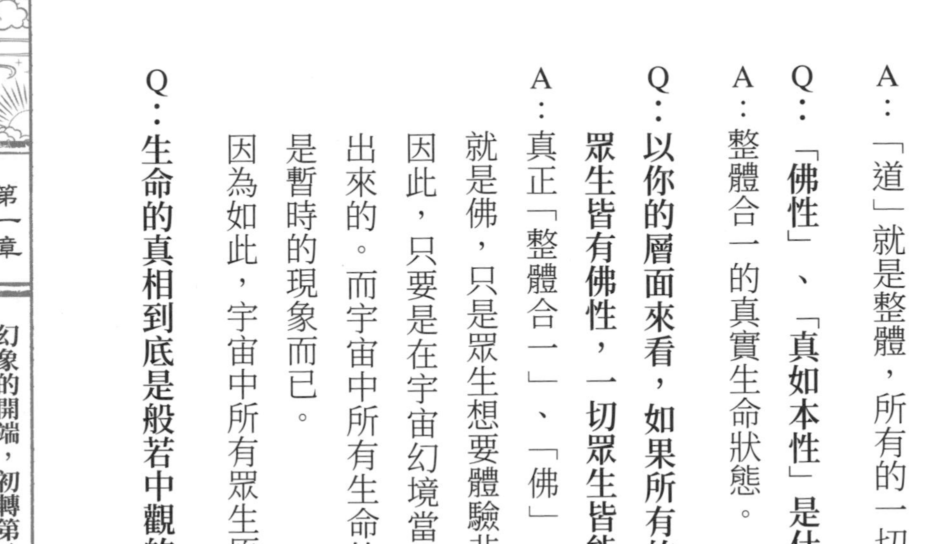

A：「道」就是整體，所有的一切，全部。

Q：「佛性」、「真如本性」是什麼？

A：整體合一的真實生命狀態。

Q：以你的層面來看，如果所有的生命都是從整體合一的狀態轉出來，那麼是不是一切眾生皆有佛性，一切眾生皆能成佛？即便是斷善根的一闡提[11]還是可以成佛嗎？

A：真正「整體合一」、「佛」、「佛性」的狀態就是無形無相，沒有時間。眾生本來就是佛，只是眾生想要體驗非佛的狀態，所以才轉出第八意識創造宇宙出來體驗。因此，只要是在宇宙幻境當中的生命都是從「整體合一」、「佛性」的狀態中變現出來的。而宇宙中所有生命的變現都只是暫時的現象，就算是斷善根的一闡提也只是暫時的現象而已。

因為如此，宇宙中所有眾生原本就是佛，當然皆具有佛性。

Q：生命的真相到底是般若中觀的「畢竟空[12]」，還是法相唯識的「勝義有[13]」呢？

A：「畢竟空」及「勝義有」都只描述了「整體合一」的一半真相，所以既是「畢竟空」，也是「勝義有」。

但是，當你們還在頭腦意識裡面、當你們還在肉體的時候，就不要想這件事情，因為你怎麼想像還是會落入一種頭腦小我的思考。

等到你真正回到整體合一的生命真實狀態的時候，你自然就會知道生命的真相既是「畢竟空」，也是「勝義有」。如果你以人類幻境語言試圖說明整體合一的生命實相的時候，你只能說明一半的真相。

「畢竟空」說明了一半成佛的真相，「勝義有」說明了其中一半的成佛真相，這兩種說法都只各說明了一半的事實真相而已。

Q：在你這個狀態，什麼是「神[14]」？什麼是「造物主[15]」？有一個唯一的高出其他一切生命的神或造物主嗎？

A：沒有高出一切生命的任何神或造物主的存在，沒有，只有「整體」。也沒有一個唯一高出一切生命的神或造物主，沒有，就是「整體」。以為有一個高出一切的神，或者創造並控制所有生命的造物主，都只是意識落入物質宇宙之後的幻象。沒有這種神或造物主的存在，真實的狀態就是「整體」、「全部」、「一體」、「無形無相」、「永恆的合一」，其他的都是幻象。

Q：但是為什麼人類世界一直有「神」或「造物主」這樣的說法與信仰？

A：因為大部分的人類還是活在幻象當中，你們都還在沉睡當中。當你醒來之後，你就會知道沒有那個唯一的「神」，也沒有那個唯一至高無上的「造物主」，這些都是不存在的。

當你還陷在很深的人類肉體意識夢境當中的時候，這些只是你在夢境當中的體驗而已。然而，只要你醒來，回到生命真實的狀態，回到真相，回到「道」，回到「整體合一」的狀態，你就會知道沒有那個所謂唯一至高無上的「神」或「造物主」的存在，沒有。

Q：宇宙是誰創造的？為什麼要創造宇宙？

A：「整體意識」為了體驗「個別意識」的體驗，所創造出來的物質宇宙，提供整體意

識轉化為個別意識可以進入體驗的場所。

所以，宇宙就是「整體意識」所創造出來的幻境，提供整體轉化為個別意識的幻象之下，讓個別意識得以進入體驗的幻境空間，而這個幻境空間就是你們所稱之為的「宇宙」。

宇宙就是「整體意識」所創造，「個別意識」只是幻象，真實的只有整體。因此宇宙空間也是幻境，是由「整體意識」所創造。

1 此處SC為英文潛意識之縮寫，但是在量子催眠（QHHT）中所指的潛意識（SC）並不是心理學當中所稱的潛意識，比較接近的說法可以認知為「高我」，意即吾人心中的內在智慧。有關此處SC（高我）的更多解釋可參見書末【附錄一　量子催眠法（QHHT）簡介】。

2 「意識」，參見教育部《重編國語辭典修訂本》解釋：「泛指一切精神活動。如知覺、記憶、想像等皆屬之」。佛教用語。對一切現象能產生分別作用的心。《阿毗達磨俱舍論》卷一：「意識相應散慧，名為計度分別。」

3 此處「源頭」意指「生命源頭」，在本書亦稱「本源、整體合一」。

4 「感知」，參見教育部《重編國語辭典修訂本》解釋：「外在客觀的環境或事物，通過感官接收，所引發的感覺與知覺反應。」

5 「唯識」，參見教育部《重編國語辭典修訂本》解釋：梵語意譯。大乘佛教瑜伽行派的基本主張。謂一切外境只是心識所變現的，沒有客觀的對象和外境，只有心識。《大唐西域求法高僧傳》卷下：「覆思獨善傷大士行，唯識所變，何非淨方。」

6 「阿賴耶識」一詞最早出現在大乘佛教瑜珈行派的經論，梵文音譯，意譯為「藏識」，為隱藏在肉體當中並且有別於六識的「識」，亦可名為「意識」、「心識」，與肉體形成安危與共的關係。《解深密經》〈心意識相品〉：「於六趣生死彼彼有情衆中，或在卵生，或在胎生，或在濕生，或在化生，身分

生起。於中，最初一切種子心識成熟，展轉和合，增長廣大。……亦名阿賴耶識，何以故？由此識於身攝受、隱藏，同安危義故。」

7 「宇宙」，參見教育部《重編國語辭典修訂本》釋義：為空間與時間的總稱，習慣上亦專指空間而言。就哲學方面來說，宇宙是空間和時間無限連續的意義。在自然科學方面來說，宇宙是物質世界的總體。

8 「佛」為梵文音譯，通常指的是歷史上的釋迦牟尼佛。如果單純就「佛」的梵文字面意思，則可意譯為「覺者」，熄滅一切煩惱，圓滿一切智慧的覺悟者。

9 此處所謂「合一」，指的是「所有生命皆為一體，處於一體無分別的合一狀態」。

10 「涅槃」，參見教育部《重編國語辭典修訂本》釋義：「佛教修行者的終極理想。為梵語的音譯。意譯為滅、滅度、寂滅。指滅一切貪、瞋、痴的境界。因為所有的煩惱都已滅絕，所以永不再輪迴生死。」「涅槃寂靜」可意指為證入涅槃之後所處的狀態。《大涅槃經》：「諸行無常，是生滅法，生滅滅已，寂滅為樂。」《雜阿含經》卷十：「佛般泥洹未久。……諸比丘語闡陀言：『色無常，受、想、行、識無常，一切行無常，一切法無我，涅槃寂滅。』」《根本說一切有部毘奈耶》：「時摩竭魚聞是語已。於世尊所深生敬信。世尊即為說三句法。告言賢首。諸行皆無常。諸法悉無我。寂靜涅槃即證得諸法實相。是名三法印。」

11 「一闡提」，參見教育部《重編國語辭典修訂本》釋義：佛教指不具有佛性，永遠不能解脫成佛的眾生。為梵語的音譯。意譯不具信或斷善根。《能顯中邊慧日論》卷一：「斷善根者名一闡提。」

12 「畢竟空」意指所有一切現象論其根本實為完全澈底的空，有為無為皆空，緣起緣滅所生之一切是空，涅槃亦是空，一切皆空，什麼都不會餘下，原本即是空。〈智度論〉三十一：「畢竟空者，以有為空無為空破諸法無有遺餘，是名畢竟空。」

13 「勝義有」意指所有一切現象之究竟真實狀態為空，而空的根本為有，涅槃的空不是什麼都沒有的澈底的空，而是仍然存在可變現一切，卻又無形無相無法言說的有。「勝義」參見《佛光大辭典》釋義：「據顯揚聖教論卷十九、辯中邊論卷中等所說，如聖道、涅槃、真如等，均為超越世間習俗之真理，故稱勝義諦；反之，世間通俗之道理，則稱世俗諦。」

14 此處所說的「神」，泛指一神論當中所稱之「世界上只有一個唯一高於一切、創造一切，有別於一切的神」。

15 此處所說的「造物主」，泛指從一神論當中的「神」衍生而來別稱，意指「創造一切且先於一切存在的創造神。」

第二章 從肉體意識當中醒來，回到第七意識

覺醒，從小我頭腦人格回到本體意識

每一個人在生命中的某個時刻，一定會開始思考：如果現在這個肉體死亡之後，我還存在嗎？肉體是什麼？靈魂是什麼？真的有靈魂存在嗎？有沒有可能我們的存在，比這具人類肉體更加廣大、更加不受到地球時空的限制？有沒有可能我們以為的死亡及出生，只是一種意識轉變的幻象？

又或者，當初的我是如何進入媽媽肚子裡成為小嬰兒被生下來的呢？為什麼自從我進入一具人類胚胎，然後從小嬰兒的狀態被生下來之後，幾乎完全忘記投胎之前的所有記憶了？

真的有輪迴嗎？如果真的有輪迴的話，我們只能投胎成為地球人類嗎？有沒有可能整個宇宙都是我們的投胎場域範圍？我們曾經或未來可能投胎成為外星人，在宇宙各地區或各個星球體驗嗎？

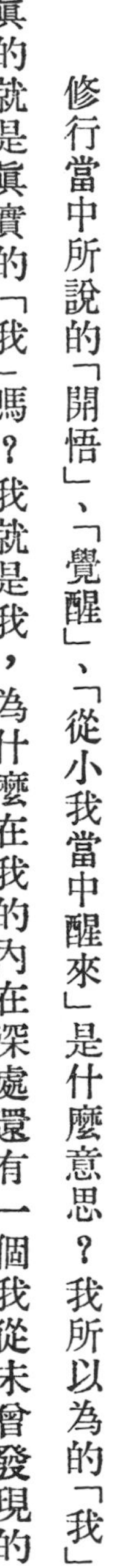

修行當中所說的「開悟」、「覺醒」、「從小我當中醒來」是什麼意思？我所以為的「我」眞的就是眞實的「我」嗎？我就是我，為什麼在我的內在深處還有一個我從未曾發現的「小我」存在呢？什麼是小我？又或者我明明不想生氣，可是我卻無法控制自己不生氣；我明明不想說出那句話，可是我怎麼就是無法控制自己，很衝動地脫口而出了呢？我明明就不想做這個決定，可是為什麼我竟然會做出就這麼讓自己困在其中數十年的錯誤決定呢？

也許本章內容可以給你一些思考的靈感及線索，或者也可以喚起你某些自從進入人類肉體之後，就被遺忘的曾經在這個宇宙遊歷的生命記憶。

（一）從肉體意識（第一至第六意識）當中醒來

Q：你看到什麼？（另外一天的催眠）

A：感覺像是沉入一個灰霧能量空間，這裡的能量很濃稠，不是很輕盈。是很廣闊的空

間，但是都是灰灰霧霧的，沒有辦法看得很遠，都是這種深灰色的渾濁能量。感覺像是困在一個能量濃稠的地方，不會很容易可以移動，有種被卡住、困住的感覺。

Q：有沒有聽到什麼樣的聲音？聞到什麼樣的味道？

A：一種細微的振動頻率聲音，比較沉悶的味道。

Q：你如何感知你的身體？

A：我沒有具體的身體，也沒有形狀。

Q：這裡是哪裡？

A：這裡也是我的「意識空間」。我好像陷入在這裡，像是被吸住在這裡，無法動彈，我不能自由自在、很廣闊地移動，而是被陷溺在這種灰霧般的意識空間。很像是溺水在這裡頭，我想往上移動，可以沒有辦法往上。好像有股莫名的吸引力將我吸住而困在這裡，我變得很無力，無法往上移動。可是我怎麼會掉落在這裡呢？我什麼時候掉到這裡來了啊？我掉到這裡來，我就困在這裡面。我為什麼會掉

在這裡啊？我掉在這裡很久了。

我現在是意識狀態，並沒有身體，但是我的意識像是趴在這個濃稠灰霧般的能量意識空間裡面。我像是趴在這裡，不能動彈。我也沒有力氣往上升，我掉下來趴在這裡，然後趴在這裡睡了很久。我睡了很久，而我現在醒來，驚訝地發現：欸，我怎麼掉到這裡來了？這裡是哪裡啊？

Q：**對啊，這裡是哪裡呢？**

A：我從一個很深、很深的夢境當中醒來，但是我還是被卡在這個意識空間裡面。現在是淺灰色的白霧空間，我的意識被卡在這裡面，不是很能夠動彈。

我好像陷溺在這裡面，不能動，很難動，很累，這裡很濃稠，我像是睡了很長、很長的一覺。我像是整個意識趴在這裡沉睡，現在突然醒來，忽然發現：欸，我到底掉到這裡多久了？我掉到這個意識空間多久了，我不知道我睡多久了？

我好像睡了很久，現在才突然醒來，可是我還被卡在這裡，無法往上，很不自由，而且覺得好累。我本來是趴著的，現在醒過來了。我被困在這種意識層面多久了？

Q：這是什麼意思？

A：我指的是「意識」的狀態，我現在沒有形體，這裡是我的意識空間。我的意識本來趴在這裡睡著了，醒來之後，我像是站了起來，不過我先坐下來察看這整個意識空間。

我本來是趴著睡著，現在醒來了；本來很濃稠的深灰色意識能量，現在變得比較明亮。灰霧般的意識能量已經散開，因為我已經醒來了。

所以從現在開始，這個意識空間變成白白亮亮的狀態，有一些亮晶晶的白光出現了，粉粉亮亮的白光。往外看出去，整個空間也變得比較廣大開闊了，因為我醒來了，也變得比較輕盈了，因為我比較清醒了。

我本來是趴著陷入很深的沉睡，而現在我已經醒來，坐了起來。這裡是我的意識空間，我醒來了，所以這裡變成比較輕盈的意識白光狀態。

喔，我睡了好久喔。

Q：什麼是你的「意識空間」？

A：我的內在空間，超越肉體，跟肉體處於不同的次元狀態。

Q：「睡著」是什麼意思？

A：我的意識睡著了，指的就是我投胎進入一個肉體，我的意識就睡著了，進入那個肉體。我睡得很深，意識完全沉入那個肉體。

我剛剛的意識狀態完全沉入我的人類肉體裡面，當我的意識完全沉浸在那個人類肉體裡面，我以為我就是那個肉體。我就像是做了一場很深、很深的夢，我以為我就是那個人類肉體。

然後，我整個意識的焦點完全沉浸在人類肉體裡面，就好像我沉溺在人類肉體的沉重頻率裡面，我完全誤以為我就是那個人類。

也因為如此，我完全困陷在那個人類肉體裡面，陷入很深的沉睡當中。當我陷入很深的沉睡當中，我的意識像是完全趴在人類肉體的頻率層面，我完全趴在那裡，進入很深、很深的夢境裡面。

我以為我就是那個肉體，我的意識焦點完全被困在那個肉體裡面。很沉重的感受，

我完全不能離開那個肉體。當我的整個意識焦點被吸附在那個肉體裡面，我開始誤以為這副肉體才是真實的，我開始陷入在這副肉體的夢境當中。

接下來，當我張開眼睛的時候，我看到這個物質世界，我就完全將我張開眼睛之後，我的意識所感知到的物質世界當作是真實的，我陷入在這個物質世界的夢境當中。

張開眼睛的同時，我也開始聽到聲音，聞到味道，感受到微風吹過我的皮膚，我開始感覺到皮膚有冷、熱的感受。當我的腳踩著地面，我感覺到地面是堅硬的；或者當我踩在沙灘上，我感覺到地面是柔軟的。

當我張開我的眼、耳、鼻、舌、身的感官，透過我的意識與這些感官連結，我的意識焦點完全投射在這些眼、耳、鼻、舌、身的感官的感知上面的時候，我陷入很深、很深的沉睡狀態。我完全認同自己所存在的就是這眼、耳、鼻、舌、身感官所感受到的這個物質世界，因為我就是運用這個肉體的眼、耳、鼻、舌、身在感知這個物質世界。

這是因為我的意識焦點完全被鎖定在這副肉體裡面。然後，當我張開眼睛，開啟耳朵、鼻子還有身體皮膚的感受的時候，我就完全以這副身體感知這個世界，於是我以為我就是這個身體，而這個物質世界就是我所能擁有的全部感知。

在此同時，我就被困陷在這副肉體裡面，我以為這個肉體就是我，這個物質世界就是我所能夠體驗的全部。我睡了好久，我進入了這個肉體的夢境，我進入了這個人類世界的夢境，我進入了地球這一段時空次元的夢境。我完全以為自己就是這個肉體，我以為我只能運用我的眼睛、耳朵、鼻子、舌頭及肉體皮膚的感知，來感知這個世界，我以為這就是這個世界的全部感知了。

因為我就被困在肉體裡面了，我陷入了一個「肉體監獄」的「沉睡」狀態當中。我以為我就是這個肉體，我以為我就是眼睛、耳朵、鼻子、嘴巴及皮膚神經觸感的感知主體。

這只是因為我陷入沉睡，而我的意識焦點與眼、耳、鼻、舌、身連結，而透過眼、耳、鼻、舌、身來感知這個物質世界，所形成的一種認知上的幻覺。所以我以為我就是這個身體，而且我只是這個身體，然後我就開始以為這個世界是真實的……。

因為我把我的意識調降頻率進入這個肉體，跟這個肉體的眼睛、耳朵、鼻子、嘴巴

及整個身體器官的感知連結，運用這些器官的感知來感知這個地球物質狀態，然後我以為這就是我全部的世界，我就是這個肉體。

而當我的肉體接觸這個地球物質世界的時候，當我用我的眼、耳、鼻、舌、身接觸這個世界的時候，當我進入這個肉體，運用這個肉體的感官來感知這個世界的時候，我就會開始以這個肉體的頭腦產生種種想法、認知、評斷、分別，我就開始有了我的想法、我的個性、我的認同與不認同、我的喜好。

再從這種種的分別、判斷及經驗記憶的累積，我產生了我的喜、怒、哀、樂等情緒。因為我用我的眼、耳、鼻、舌、身、意（頭腦）接觸這個地球物質狀態的時候，我會產生種種想法、分別、評斷，然後依據我的經驗及記憶的累積來評斷是非好壞，進而產生了我的情緒，也就是喜、怒、哀、樂等感受。

當我的頭腦從這些身體感官產生各種認知、分別及情緒感受之後，我就更被困在這副肉體裡面，以為我的頭腦裡的想法、經驗、記憶、情緒就是我，我以為這些經驗記憶的總和的全部就是我，因而陷入更深的沉睡狀態。

我的意識完全聚焦認同我就是這個肉體，而這肉體的眼、耳、鼻、舌、身與外境所

產生的感知而形成我的頭腦所產生的各種想法、分別、評斷與好惡之後，我因為進入這個肉體而擁有的眼、耳、鼻、舌、身、意，而被困在這副肉體裡面，以為我就是這些眼、耳、鼻、舌、身、意結合而成的一個生命的存在，這個存在在地球上稱為「人類」。

接著，我被賦予一個人類名字，我就開始認知我的人類名字就是我。並且從小開始學習這個地球上的人類社會制度，因此我開始認同這個人類社會的制度，然後運用這個人類社會制度過我的肉體生活。

我完全認同了我的生命就是屬於這個地球世界、某個國家、某個城市、某個家庭、某個我這個肉體的身分認同，我完全沉睡在我的肉體身分認同當中，完全沉睡在這裡面。我以為我就是這個肉體，而這個肉體就是眼、耳、鼻、舌、身、意的總和。因為我的意識進入與肉體的眼、耳、鼻、舌、身、意所連結，而我的意識焦點完全聚焦在肉體的眼、耳、鼻、舌、身、意裡面，所以我的意識被鎖住在這副身體裡面，我被困在這副身體裡面。

因此，我剛剛感覺自己完全無法動彈。當你完全被困在身體裡面，你會像是一個溺

水的人被溺斃在肉體裡面，你無法動彈，你被限制在肉體裡面，無法離開。你不自由了，你被困在這副肉體裡面，只能運用你的眼、耳、鼻、舌、身、意來感知這個世界。

你被困在裡面了，你會感覺意識能量變得很濃稠，像是處在一個灰灰的、霧霧的能量空間裡面。因為你的意識不自由了，你被困在身體裡面了，只能用眼、耳、鼻、舌、身、意去感知。

這是很受到侷限的感知，我只能用眼睛、耳朵、鼻子、嘴巴和身體去感知……，唉，我被困在身體裡面了。我變得好小，肉體很小，我再也不能連結大地，不能連結天空，不能連結星球，不能連結宇宙，不能連結超越宇宙之外的空間，我都不能連結了。

因為我被困在這副肉體裡面，好沉重，好重，像是溺水之人沉入湖底，我的意識像是趴在湖底，陷在湖底的泥沼當中不得動彈。因為是趴著的，所以我的感知受到侷限，我只能趴著，只能運用肉體的眼、耳、鼻、舌、身、意感知這個世界。

我沒有其他的感官了，其他的感官因為我陷入肉體的沉睡夢境當中而忘記如何運用

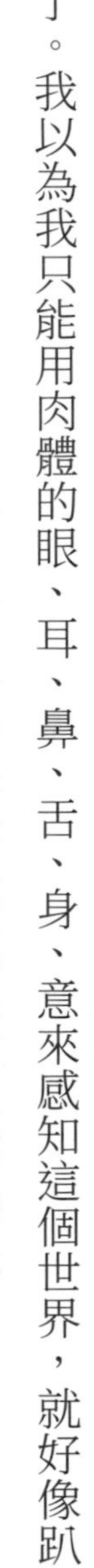

了。我以為我只能用肉體的眼、耳、鼻、舌、身、意來感知這個世界，就好像趴在意識層面的最底層，因而我的視角與其他感知都受到非常大的侷限。

我的意識被困在肉體裡面，就像是趴在湖底最深處的泥沼裡面，只能感知到最被侷限的物質世界而已。

（二）地球人類肉體的頻率被調得很低，因此很容易與本體意識切斷連結

Q：為什麼你的意識會陷入「沈睡」？

A：因為我進入了肉體當中。

Q：為什麼進入「肉體」就會「睡著」？

A：進入「肉體」不一定會「睡著」，也不一定要「睡著」。但是，因為現在的地球人類肉體被調整到很低頻，頻率太低了，以致於意識進入這麼低頻的肉體之時，當我必須讓這副肉體運轉的時候，我很容易就會讓我的意識切斷與本體意識的連結。

因為現在的人類肉體被調整到很低頻的狀態，好奇怪，為什麼要調整到這麼低頻的肉體啊？這不是一個很好用的肉體，這種肉體好低頻喔，因為這種肉體被製造得很低頻，所以當我必須調整我的意識頻率進入這副肉體的時候，我必須將意識頻率調整到很低頻、很低頻、很低頻、很低頻的狀態，我才能進入這個肉體。否則我就沒有辦法被生出來了，我就沒有辦法投胎了，因為我的意識就沒有辦法跟這個肉體融合啊。可是為什麼現在地球上的人類肉體被調整得那麼低頻呢？這個肉體真的不是很好用，因為被調整到那麼低頻的狀態之後，我會很容易跟我的本體意識（本然意識、真實意識）脫節、斷了連結，就好像是陷入很深的沉睡當中。在宇宙當中，現在的這種人類肉體不是一種很好使用的載具，因為被調降到太低頻的頻率了。進來這種肉體很累，因為你必須將意識頻率調降到很低頻、很低頻的狀態，你才能夠契入這副肉體，你才能夠真正投胎進入這副肉體，與這副肉體的意識狀態連結，你才能夠被生下來，否則我就會變成一個死胎。

如果我不將我的意識頻率調整到這麼低頻的狀態，我就無法跟這副肉體融合。所以我只能將意識頻率調整到這麼低的頻率，但是當我調到這麼低的頻率的時候，我就會很容易睡著，跟我的本體意識斷了聯繫。

Q：是。

A：唉，你知道這種人類肉體在宇宙間不是一個很好用的肉體，特別低頻。但是你說宇宙當中，有沒有比人類肉體更低頻的肉體載具呢？有。不過，這樣的人類肉體已經很低頻了，這不是一種很好用的載體。其他星球有比較好用的載體，所以我不是很喜歡來地球投胎進入一個載體當人類，因為這一段地球時空環境的人類載體的頻率載體好低喔，我不是很喜歡。如果我投胎進入比較高維星球的載體，我不需要將意識頻率調整得那麼低頻，我其實不會睡著。就像進入仙女星系外星人載體的時候，他們的載體沒有地球人類這麼低頻，我會覺得比較舒服。

「睡著」也可以說是與「本體意識」失去連結。類似仙女星系那種高維度星球的載體比較好用，因為頻率比較高，意識進入之後，比較不會睡著而斷了與本體意識的連結。那些高維度外星球的載體比較好用，我覺

得來地球當人類這個載體不是很好用，因為進入地球人類載體之後，你很容易跟本體意識斷線。相比之下，進入其他高頻外星球的載體則不會讓你跟你的本體斷線，有些載體甚至還能夠直接連結源頭意識。

你知道靠近中央太陽那些更高維度的星球，那裡的載體有時候就像光體的載體，那種外星載體的頻率更高，我比較喜歡投胎去那裡。我不是很喜歡投胎來地球當人，因為這裡的人類肉體的頻率被調到好低喔。

投胎進入那些高維度、充滿光的星球的載體，我會感到比較舒服，而且也不會斷了與本體意識的連結。我為什麼要來到這顆銀河系邊緣的地球投胎啊？這裡好累喔。

Q：為什麼地球人類載體被調到很低頻？

A：我看一下，喔……這顆星球被好黑、好濃稠的能量包圍，所以這顆星球上的載體，也就是人類肉體載具，因為被這些很濃稠的黑色能量包圍，所以被調到好低頻的狀態。這顆星球被有些反面力量的生命佔領而拿去做實驗了，因為被他們拿去做實驗了，所以他們把人類肉體載具的頻率調到好低喔。

喔，我不是很想來，這有點像是這顆星球被這些濃稠能量關閉起來，被那些反面勢力的生命關起來，他們在這裡做實驗。

可是，那些反面力量的生命是欺騙這些靈魂進入這顆地球，投入他們實驗的肉體載具。他們將這些肉體載具的頻率調得很低，當這些靈魂進入地球之後，並且再進入這些肉體載具，這些靈魂只能將自己的頻率調得更低，才能夠進入被調到這麼低的肉體載具。

這些靈魂因此被欺騙而調整自己的頻率到很低、很低的狀態，以致於完全陷入靈魂的沉睡狀態。也因為如此，進入地球投胎之後，這些靈魂因為將頻率調得太低，以致於無法將自身頻率往上調整回到原來比較高頻的狀態，於是只能被困在地球肉體的輪迴裡面。

進入地球人類輪迴當中，這些靈魂陷入很深、很深、很深的沉睡輪迴當中，所以我說這顆星球有點像是被關起來一樣，地球像是一處被封閉的環境，靈魂進入之後將很會難脫離，因而陷入沉睡的地球夢境當中，不斷地進入輪迴。

因為地球外面被覆蓋了一層很黑、很濃、封閉式的能量，這是由於那些反面勢力的

生命將這顆星球拿去做實驗，困住好多靈魂在地球裡面輪迴。所以來地球投胎，我會覺得好累，因為我必須將頻率調得很低，才能夠與人類肉體載具融合。

我現在是意識在地球外面觀看，地球外面覆蓋著一層好黑、好黑、好厚的困住靈魂的能量。只是一段時間而已，因為意識超越時間，所以當我的意識來到地球外面，我調整了一下時間，看到某段時間當中，地球被覆蓋一層很黑的能量。這段期間，好多靈魂被困在地球裡面，不斷陷入沉睡的夢境當中。這些靈魂來來去去，足夠清醒的話就可以離開，另外也不斷有靈魂進來。

Q：什麼是「反面勢力」的生命？

A：「反面勢力」就是在這個宇宙間的一群生命，當他們的意識調降頻率進來這個物質宇宙體驗、遊玩的時候，他們想要玩另外一種遊戲，他們想要稱王，他們想要成為最高的，所以將自己的意識頻率往另外一邊的方向調降，降得更低，降得更低。他們想要玩另外一種「不是光」的遊戲，所以他們會困住很多靈魂，讓這些靈魂不要回到「光」。而這些靈魂被他們困住之後，他們才能夠跟這些靈魂玩反面方向、

反面力量的遊戲。另外一種稱法，你也可以稱他們為「黑暗勢力」。但是，我只能說他們將自己的意識頻率調降到另外一種跟「光」相反的方向，因為他們想要體驗那樣的生命體驗。

這是因為這個宇宙可以讓生命玩這樣的體驗，而這種體驗則會讓這些黑暗勢力開始去控制靈魂、拘禁靈魂，因而產生不平衡的現象。

Q：是。

A：所以，我真的很不喜歡來地球當人類，因為很低頻、很沉重、很不舒服，我比較喜歡到那些比較高頻的星球體驗。那些光體載體或其他高頻載體可以讓我在宇宙間飛來飛去；或者讓我在星球間跳躍；或者不能直接在星球間跳躍的話，我也可以駕駛高維度飛船在宇宙間穿梭。

Q：所以你不喜歡玩反面方向的遊戲，你比較喜歡玩的是「光」這一方向的體驗？

A：反面方向的體驗會很重，如果你將意識頻率往與「光」的反面方向調降，你會變得很沉重，感覺會很沉重，那些載具也會很沉重；而我比較喜歡感受輕盈的狀態，那

種很沉重的生命狀態，我覺得不好玩。

Q：你說這個宇宙有一群生命想要玩反面方向的遊戲，其他宇宙也會這樣的情況嗎？

A：不同宇宙有不同的設定與體驗，這裡不多說，這個宇宙就是「光」與「沒有光」的體驗。

（三）回到第七意識

Q：然後呢？

A：因為這裡的人類肉體頻率被調得很低，所以當我進入投胎之後，我就會斷了與本體意識的連結。只要進入這麼低頻的人類肉體載具，你的意識就會進入沉睡，被困在眼、耳、鼻、舌、身、意的感官當中，以為自己只是一個人類，以為你全部的世界只是這個地球人間。

而現在我從這個肉體醒來，像是在我的意識空間坐了起來。我本來是趴著沉睡，現

在坐起來了。我在我的意識空間，現在整個意識空間恢復成白白亮亮的狀態，發出晶瑩剔透的細緻光芒，因為我醒來了。

醒來之後，我知道我不只是我的眼、耳、鼻、舌、身、意。眼、耳、鼻、舌、身、意只是我可以運用的工具，我的肉體以及眼、耳、鼻、舌、身、頭腦只是我的「本體意識」可以運用的工具。我可以運用肉體的眼睛、鼻子、嘴巴、耳朵、皮膚觸感、整個身體器官以及頭腦，我的意識可以透過這些肉體感官的工具進入這個地球世界體驗。

然而，我真正的狀態並不是只是這個肉體。

所以，當我從眼、耳、鼻、舌、身、意的感官當中清醒，不再受到我的眼、耳、鼻、舌、身、意（頭腦）的束縛的時候；當我掙脫眼、耳、鼻、舌、身、意的束縛，從這些束縛當中醒來；當我不再受到眼、耳、鼻、舌、身、意的控制，我不再把我的意識緊貼在（像是緊緊趴著）眼、耳、鼻、舌、身、意的感官上面的時候，我從眼、耳、鼻、舌、身、意當中醒來，回到我的「本體意識」的狀態。

「本體意識」就是「第七意識」。

當我回到我的意識空間，我不再是趴在地上，緊貼著本體意識的邊緣，緊緊地與眼、耳、鼻、舌、身、意的感官相黏。我醒來了，我不再緊貼著眼、耳、鼻、舌、身、意的感官，像是趴在地上睡著一樣，於是我在我的意識空間坐了起來。

我發現：啊，原來我的感知不僅僅只有眼、耳、鼻、舌、身、意這六種感知而已，我還有一個更大、更大的感知，是一種非常廣闊的意識，充滿柔細亮光的意識空間，沒有範圍。這裡還是我的意識空間，但這個意識空間超越眼、耳、鼻、舌、身、意。我現在從肉體當中醒來，回到我的本體意識空間，這裡沒有範圍，非常廣闊，充滿白色柔和的細緻亮光。

Q：是。

A：我說趴著只是一種形容，指的是我的意識狀態，我現在沒有身體，而我現在坐了起來。

「趴著」，指的是我的意識完全被困在肉體感官當中，而當我從肉體感官當中掙脫開來，醒來，進入我的本體意識的時候，我就好像「坐起來」，可以看清楚我不是

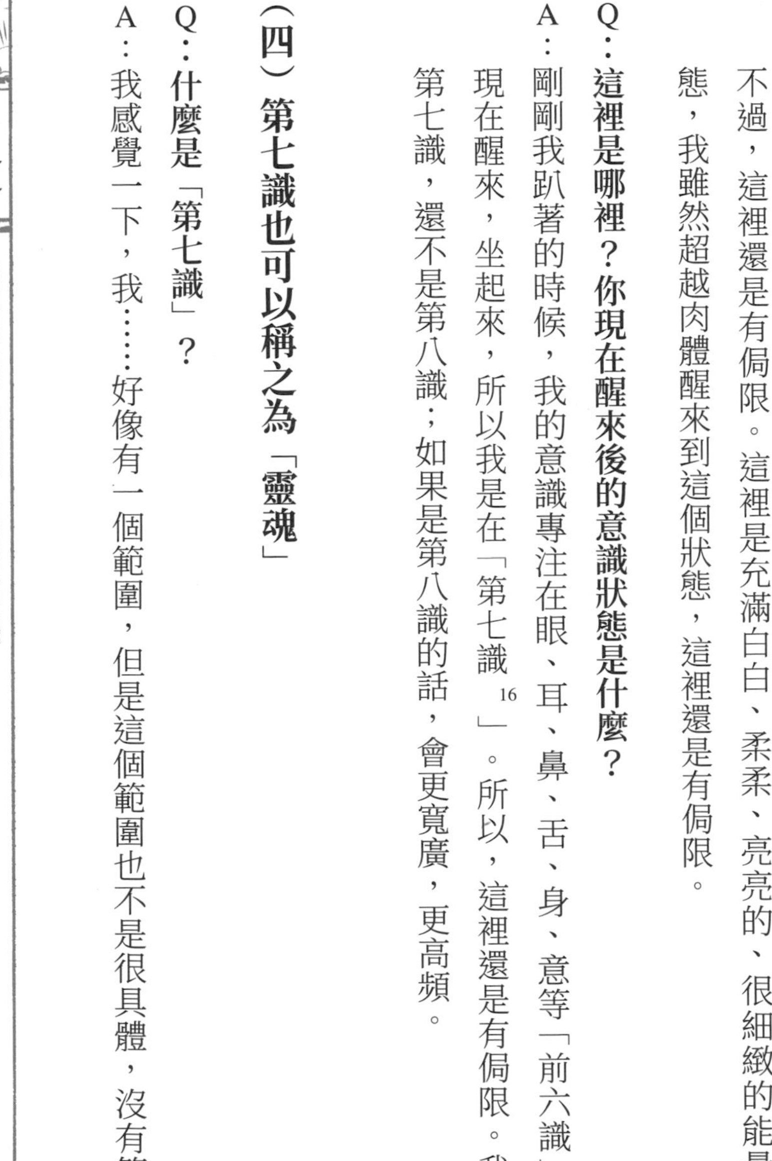

只是這個肉體，不是只是眼、耳、鼻、舌、身、意而已；我還可以感知一個更大、更寬廣、廣闊的生命狀態，這是一種超越肉體，也超越地球物質世界的狀態。不過，這裡還是有侷限。這裡是充滿白白、柔柔、亮亮的、很細緻的能量意識狀態，我雖然超越肉體醒來到這個狀態，這裡還是有侷限。

Q：這裡是哪裡？你現在醒來後的意識狀態是什麼？

A：剛剛我趴著的時候，我的意識專注在眼、耳、鼻、舌、身、意等「前六識」，而我現在醒來，坐起來，所以我是在「第七識[16]」。所以，這裡還是有侷限。我現在在第七識，還不是第八識；如果是第八識的話，會更寬廣，更高頻。

（四）第七識也可以稱之為「靈魂」

Q：什麼是「第七識」？

A：我感覺一下，我……好像有一個範圍，但是這個範圍也不是很具體，沒有第八識那

麼寬廣。第八識包含幻境世界所有的一切，包含所有的宇宙，但是第七識沒有那麼廣大。

這裡是第七識，我的意識空間，我從前六識當中醒來，就會進入第七識。我從身體的感官當中醒來回到第七意識。噢，我幹嘛投胎進入人類的肉體呢？很累欸。投胎進入那些高維度的外星載體會比較輕鬆愉快……。

我這個意識空間（第七識）是很廣闊的意識空間，你說它有範圍，又好像沒範圍；你說它沒範圍，又好像有範圍。在這個意識空間當中，我可以調整我的意識頻率，頻率調得比較低的時候就會進入人類肉體，投胎成為一個人類；在頻率比較高的狀態的時候，我可能就是投胎進入一個高維度外星載體裡面。

我還是同一個意識，我這裡沒有時間，我是同一個意識進入不同載體裡面，進行在那個載體所處世界的體驗。從我現在所在的第七識當中看出去，這個空間像是一個白色光球，沒有範圍，但是又有侷限，而這個光球表面有好多我這個意識的投胎轉世焦點。

這只是一種比喻而已喔，只是比喻喔。就好比我這個第七意識的空間是一顆很大的能量球，你可以說我這顆能量球就是我這顆「靈魂」，這顆能量球就是我的意識，像是一顆發出柔細白光的光球。

我坐在球體裡面，而這個球體表面有數不清的無數意識焦點，像一點一點的光點佈滿我的光球表面。這些不同的焦點有不同的頻率，每一個焦點都代表我不同的投胎轉世，有在其他高頻率外星球的投胎轉世，也有在地球的不同時空。有些地球時間的肉體載具的頻率比較高，而現在這段期間的地球載具頻率比較低。

也就是說，當我在「第七意識」，也可以說是「靈魂」當中的時候，我可以同時覺知我這個單獨意識的所有轉世。就好像是我這個意識球體——這只是比喻喔，而這個球體其實沒有範圍，也沒有形狀，可是又有某種侷限——我以這個有侷限的意識狀態在這個宇宙裡面的各個星球、各個時空，投入不同載具體驗，因此所有的投胎轉世現在都可以全部一起查知。

這些轉世都像是同時存在於我的意識光球的表面，如果我將我的意識焦點專注在某個意識焦點所連結的載具，我就會進入那一世的投胎轉世。但是，以我這個意識狀態來說，沒有時間；因此，以我現在所進入的意識層面沒有時間的話，我是同時全

部一起查知我所有的投胎轉世。

Q：是。

A：我剛剛經歷的是從我這一世的肉體載具當中醒來，進入我的「第七意識」，也就是我的「本體意識」，不過我又還不在第八意識，但如果你要說這是我的「靈魂」，也不是不可以。

我現在不在第八意識，因為我調降頻率了，所以可以說我現在處的意識層面是第七意識。當我在第八意識的時候，我的空間範圍超越宇宙；而當我將意識頻率再往下調降一個等級進入第七意識，我就進入這個宇宙了。

之前在第八意識的時候，我並不在這個宇宙，那時我還可以連結其他宇宙。但是，當我想要進入宇宙體驗的時候，我無法以第八意識的高頻率進入宇宙，我必須先調降意識頻率到第七意識的頻率狀態，成為像一顆沒有範圍但有侷限的能量光球，我才能夠進入這個宇宙，進行我想要的體驗。

我進入這個宇宙體驗，所以我現在在這個「第七意識」就是我的「靈魂」，也可以說

這是我的「本體意識」，因為第七意識也同樣連結第八意識。你也可以說這就是我的「靈魂光球」，這個光球也可以沒有範圍。

也就是說，如果我想要擴大我的「靈魂」範圍到跟這個宇宙完全融合也可以，那麼我就可以感知所謂的「宇宙意識」。如果我想把它縮小也可以，因為真實的我沒有範圍，沒有範圍，沒有範圍。

（五）第七識可以同時全部一次感知所有在這個宇宙的投胎轉世

Q：是的。

A：「第七意識」指的就是第八意識調降頻率之後，進入這一個宇宙的頻率狀態，所以我現在這個意識光球上的投胎轉世焦點，都只是在這個宇宙的投胎轉世而已。

而當我在第七意識當中，我可以同時全部一次感受我在這個宇宙的所有投胎轉世，不分時間，各個星球，或者也有不是在星球上的生命體驗。

喔，那些高頻率的星球真的比較舒服，唉，我幹嘛沒事投胎來地球呢？好累喔，因為現在地球人類肉體的頻率被調降得好低。而我的第八意識有沒有調降頻率到其他宇宙體驗？有，但這部分不多說。

好，但是我今天不是要來講其他宇宙或人類肉體頻率的問題，我今天要來說的是「意識」。

Q：好的，然後呢？

A：所以我醒來，進入我的「本體意識」空間，也可以說這就是我的「靈魂光球」，也可以說這是「第七意識」。

而我就是以「第七意識」進入肉體，與肉體連結，也就是調整頻率與這個肉體鎖定、連結，然後開始以眼、耳、鼻、舌、身、意感知這個世界。如果我從眼、耳、鼻、舌、身、意六識當中醒來，我就會回到我的「本體意識」，也就是我的「第七意識」。

「第七意識」就是當我從源頭轉出來，我開始有感知了，我開始有個別意識，我跟整體分離，我從整體轉開了。但那個時候我還是連結整體，我還沒有進入宇宙。接著，當我想要進入宇宙體驗的時候，我會調降原來轉出來後的第八意識的頻率，更投射進入這個宇宙。就像是將我的意識調降頻率，讓我的意識再更聚焦在這個宇宙。進入這個宇宙之後，我就調降了一個頻率，因而進入「第七意識」。而「第七意識」像是有範圍，又像是沒有範圍，但是它有侷限。當我想要擴張第七意識與整個宇宙融合也可以，也可以縮小成像是一顆小光球在宇宙當中飛翔；也可以進入一顆星球，體驗當一顆星球的感受；或者體驗當一顆星球裡的載具；或者體驗就只是在宇宙當中的能量也可以。

當我調降頻率進入這個宇宙體驗之後，我的頻率狀態就形成了你們唯識學當中所說的「第七意識」。而我就是以這個第七意識進行各種在這個宇宙當中的投胎轉世，因此當我回到第七意識的狀態當中，我可以同時查知所有我在這個宇宙當中的每一個投胎轉世，無數的投胎轉世。

Q：那麼你可不可以同時一次進入好幾個肉體投胎？

A：可以，因為投胎只是我的第七意識的某個焦點，進入某個時空的一具載具裡面體驗而已。第七意識的狀態超越時間與空間，所以我可以在同一段時間進入好幾具不同地球肉體載具裡面體驗，並且切斷這些肉體意識之間的連結，因此，這些肉體意識之間，不會知道彼此是同一個意識不同焦點的投射。

Q：你是「完整靈魂」嗎？

A：我現在是第七識，是「完整靈魂」的狀態。靈魂不會分割，一分為二的靈魂狀態只會出現在投入肉體載具的第六意識的幻境當中而已，真實的靈魂狀態不會分割，一定是「完整靈魂」的狀態。

Q：「雙生靈魂」是什麼？

A：這是不同面向的說法與認知，在唯識這部分的面向我先不多說，否則會模糊我們這些訊息的焦點。

（六）個別意識的所有意識層面都沒有分別，都是一體

Q：在在量子催眠（QHHT）中所連結到的SC（高我）是在哪一個意識層面呢？

A：你們在量子催眠當中常常連結到的SC（高我），就是我這個「本體意識」，也就是「第七意識」，或者稱「靈魂」、「本我」也可以。

在催眠中連結到SC（高我）時，最常出現其實會是我這個層面的意識頻率狀態。因為我最靠近你們的輪迴轉世記憶，所以常常出來說話的都是我這個層面的意識狀態。回到第七意識的狀態，你們就可以知道自己的所有輪迴轉世了。

當然，有時候在催眠的時候，你們再更往上連結的時候，也可以連結到「第八意識」，這也是某一層面你們在量子催眠中會連結到的SC（高我）的層面。第八意識超越宇宙意識。

再者，還有層面更高的SC（高我），也就是回到「本源」、「源頭」、「整體合一」的狀態，有時候你們在催眠中也可能會連結到那一個層面的SC（高我）。

這些超越前六識的每個層面的意識頻率狀態，也就是你們稱之的「高我」，所謂的

SC（高我），就是這整體意識的狀態，沒有分別。其實意識並沒有分別，都是同一個，這每一個層面的意識狀態都是你，更高意識的你，更有智慧的你，原來的你，真正的你。

因此，SC（高我）可以說就是整體合一的意識，但是這當中因為個人意識頻率層面的不同，你們因而得以連結到不同的意識層面頻率狀態。

Q：以你的層面來看，「量子催眠（QHHT）」是什麼？

A：你可以藉由量子催眠的引導，回到你的更高意識，連結你的更高意識。本來就是連結的，只是有些人沉睡得太深，所以連結不到。

本來就是同一個意識，只是因為你們作夢作得太深，以為自己就是這個肉體，以為自己就是眼、耳、鼻、舌、身、意的感官而已，以致於跟我這個層面的「本體意識」斷了連結。

因為你入戲太深，睡得太深，作夢作得執迷不悟，不願意醒來，所以才會斷了與「本體意識」的連結。催眠就是幫助你們與「本體意識」再度建立連結，讓你們不

要睡得這麼深。

Q：是。

A：所以，當我從「前六識」的肉體意識當中醒來的時候，我就會回到「第七意識」；離開物質宇宙之後，我就可以回到「第八意識」；當我再離開第八意識的時候，我就可以回到「源頭」整體合一的狀態，這個時候不會有個別感知，只有整體合一。只有回到「源頭」才不是幻象，第八意識及第八意識以下都是幻象。

Q：所以「第七意識」擁有並儲存你所有的輪迴轉世記憶？

A：不能這麼說，第七意識的所有資訊都會傳回第八意識。所以第八意識擁有我在所有宇宙、所有的輪迴的轉世資訊；而這個宇宙的第七意識，只有這個宇宙的輪迴轉世資訊而已，「第七意識」也可以說是我進入這個宇宙的「本體意識」。

Q：是。

A：但是，事實上，前六識、第七意識、第八意識或者回到整體合一都是相通的，其實

沒有分別，只是頻率的高低不同而已，還是同一個。

這只是運用有限制的人類語言可以做的最清楚的描述了。唯識學只是一種善巧方便的描述方式，運用有限制的人類語言，說明從整體轉出來之後，個別意識的不同頻率狀態而已。

其實都還是同一個，沒有分別。

並沒有真正可以具體區分的前六識、第七意識、第八意識及整體合一，其實沒有分別，都是同一個。只是你現在在哪一個頻率，清醒到哪一個狀態而已，還是同一個，無法分割，無法分別。

Q：可以說你現在是「第七意識」嗎？

A：其實沒有「我」，也不是說「我」就是，而是我現在這個意識層面可以稱之為「第七意識」的狀態，但是我隨時要回到「第八意識」也可以。

16 本書此處開始所稱之「第七識（第七意識）」為「原本超越宇宙存在的第八意識，必須先將意識調降頻率，才能夠進入某個物質宇宙當中體驗，因此進入物質宇宙之後，意識所處的層面將調降為所稱之的『第七意識』」。

以佛學唯識的說法，第七識又稱末那識，為梵文音譯，意思為思量。《八識規矩頌》對於末那識的註解：「帶質有覆通情本，隨緣執我量為非；八大偏行別境慧，貪癡我見慢相隨。」說明第七識為我執的根源，當中已經具有貪癡我見慢染汙。

第三章 入胎，沉睡，覺醒，轉識成智

打開心光，從沉睡的小我頭腦意識當中醒來

閱讀過前兩章有關「生命起源」及「意識如何調降頻率進入一具低頻具相化的人類載體」的描述之後，可能你會接著思考，如果我們原本的狀態是意識（靈魂），那麼我們如何進入一具小嬰兒的身體裡，然後從媽媽肚子裡被生下來？被生下來之前，我的意識（靈魂）如何與我的肉體融合？再者，為什麼自從我被生下來成為小嬰兒之後，我就忘記並且也感受不到我是意識（靈魂）了呢？

我以為的我眞的是我嗎？如果我一直以為頭腦裡的記憶、想法及不斷進行中的各種思緒的我並不是眞正的我，那麼眞正的我是什麼？死亡之後，我沒有肉體頭腦可以思考了，那麼我還存在嗎？我還能夠繼續思考嗎？

死亡之後，我會繼續輪迴到下一世嗎？靈魂眞的有輪迴嗎？靈魂為什麼會進入輪迴？可以停止輪迴嗎？如何停止輪迴？靈魂有可能離開地球輪迴而前往及他星球或宇宙地區體驗嗎？

也許下面的內容可以提供一些思考方向以及初步實踐方法作為參考。

（一）第七意識從心臟中央入胎

Q：你看到什麼？(另外一天的催眠)

A：一個深色、靜謐的空間，密閉式。但又不覺得有範圍，感覺是柔軟的，可是又不是物質化，很細緻、柔軟的能量空間，有安全的感覺。我好像在裡面被包圍住，這裡沒有範圍，但又像是有對外連通，但是又是密閉式的。

Q：有沒有聽到什麼樣的聲音？

A：心跳的聲音，血液在血管流動的聲音，呼吸的聲音，神經電流在傳導的聲音，細胞正在運作、工作的聲音。我現在應該是在心臟裡面，我剛剛說的地方就是在心臟的中心。

我的意識在心臟裡面的中心點，但又不是在肉體上的物質空間。這裡應該是一種超越物質的空間，我在超越物質的狀態，但我確實是在心臟的中間。我在這個身體的心臟中心的一個非物質狀態。

Q：你是什麼？為什麼你會在這裡？

A：我沒有範圍，我是非物質化的，我是一種更細緻、更細緻的一種像是能量或光的狀態，或者也可以說是非物質的狀態，只是我的意識焦點現在在這個身體裡的心臟的中間。

我不是心臟這個肉體的物質器官，我只是在它的中間；應該說我融合在這顆心臟，但我又超越這顆心臟密閉的空間。我是更大的……意識的存在，而我的焦點與這個肉體裡的心臟中央融合，或者很像是卡榫重合起來，扣合起來，我的意識焦點重合在這個肉體的心臟中央。

Q：那麼你這個意識是哪一個層面的意識？

A：我是某種意識層面的狀態，我感受一下……，我很廣大，我超越這個肉體，在這顆

心臟的中心點融合這個身體，我可以感受到心臟的跳動，以致於連結這具肉體的運作。

我的意識是從這顆心臟的中心點融合進來，我是……說我是「第七意識」也可以，當我再向內連結，我就是「第八意識」；而當我再向內連結，我就是「整體合一」。所以，意識如何與肉體連結？最先開始連結的焦點就是這個心腔的中心。雖然我說在心臟心腔的中心，但是那一點是非物質化的地方。如果你將心臟打開，你看不到那個融合點，因為這種融合超越物質狀態。

Q：是。

A：也就是說，當我的第七意識要進入與這具人類載體融合，是從心臟開始。所以，當小嬰兒從受精卵形成胚胎的最初，最先成形的就是心臟；當心臟成形，我的意識就能夠真正融合進入這具肉體。

進入這具肉體的就是我的第七識，而第七識向內連結第八識。我是以第七識外圍的某個意識焦點投入、投射在這個肉體的心腔中心，那麼我的第七意識就可以進入這

具載體，與這具載體融合，然後開始在媽媽的肚子裡成長，出生，從小嬰兒開始成長，長大成人。

Q：然後呢？

A：雖然我的意識焦點從心腔融合進入這具肉體，不過意識的範圍卻是超過這具肉體的。也就是說我的整個意識充滿這個肉體，並且超過這具肉體的實際範圍。但是要看我的意識能量有多少進入這個肉體，我的意識範圍顯現在這個肉體的就會有多大。因此有些人會看到人體會發光，或者看到人體四周有能量場，這就是看我的第七意識調降頻率之後，有多少意識焦點頻率進入這個肉體，與這具肉體融合。而因為意識能量的大小一定會超越肉體，所以有人會看到人體四周被包圍著一個能量場。我既是肉體的存在，也是意識能量的存在。所以，是意識能量進入這個肉體，並且包圍住這個肉體，才是我真正的存在。而包圍住肉體的能量場有多大，就要看我的意識進入多少。我的第七意識實際上沒有範圍，所以當我擴展我的第七意識與宇宙融合，我就是「宇宙意識」。當我的第

七識再往內連結，我就可以回到超越宇宙的第八識的狀態；再者，當我的第八識再往內回到「整體合一」的真實狀態，我就會回到整體合一的真實狀態。當我回到整體合一當中的時候，我就不在幻境當中了，我回到整體意識的真相當中。

也因為如此，即便我的意識進入這個肉體，這個肉體事實上還是與第七識、第八識及整體合一連結。

當我的第七識的某個意識焦點投入與這個身體的心腔融合，這個身體開始吸第一口氣，心臟開始跳動的時候，細胞因為意識的注入開始活化，也就是這個肉體生命的開端。

我的意識能量注入這具肉體，也就表示這具肉體開始有了生命，這具肉體活起來了。這就是這具肉體生命的開端，因為必須要有意識的融合，否則這具肉體就會成為一具死胎，只是一具不具生命意識的載體而已。也因為如此，我的意識開始藉由這具載體出現在地球物質世界了。

漸漸地，各個肉體器官在媽媽肚子裡逐漸成形，我的意識焦點投入這具載體就會更多，與每一個細胞融合，也可以說連結、充滿我的整個肉體細胞。我的意識與整個

肉體融合，器官開始成長健全。然後，當我從母體被生出來，切斷臍帶之後，我就擁有一具個體化的人類載體，足以供我這個個體意識開始運用。

（二）第七識陷入肉體當中的沉睡狀態（第六識小我意識的形成）

Q：是。

A：而我的意識進入肉體之後，如何與這個物質世界產生作用？我的肉體擁有眼、耳、鼻、舌、身這五種感官的器官與我的意識連結，我就可以產生這五種感官。這五種感官開產對外產生感受之後，這些感受會回傳回到頭腦形成判斷、分別與記憶，這就是我的第六識的形成。

也是從第六識的頭腦意識狀態，我可以產生分別、比較、好惡、記憶的種種頭腦意識的運作，這就是第六識。當我開始運用第六識感知、分別這個物質世界的時候，我誤以為頭腦的作用就是我。

這些頭腦的作用也就是運用頭腦形成的想法、分別、評斷、記憶，然後我開始運用這些記憶比較、評判之後與現在的經歷，並且因為這些記憶與我所學習的知識而產生各種分別、判斷、比較、想法、好惡及情緒；我也因此落入第六識頭腦的作用當中，忘記了我的第七識，忘記了我真正的本體意識。

我完全誤以為我就是這個肉體，我就是這個頭腦意識（第六識），我就是這些想法、記憶、分別、好惡及情緒，我以為這個由眼、耳、鼻、舌、身所組成的肉體就是我。

我忘記了我原來是從第七識進入肉體的本來狀態，而第七識又連結第八識，第八識又是從整體合一轉出來的。我忘記我是從第七識的某個意識焦點投入到這個肉體裡面，與這具肉體融合，我才開始以眼、耳、鼻、舌、身、意（頭腦）與物質外境世界進行作用，因而開始產生種種的感受與體驗，於是我開始誤以為眼、耳、鼻、舌、身、意就是我，我就是這個肉體。

然而，我真正的生命真相並不是這個肉體。只是因為我的第七識融合進入這個嬰兒肉體而被生下來，接下來透過前五識的感官傳回頭腦意識，頭開始運作產生各種分

別、判斷、好惡、想法、記憶及情緒之後，我就以為我就是頭腦意識了。

也因為如此，我切斷與第七意識（本體意識）的連結，並且開始完全以第六識（頭腦意識）運作，形成我所有的對人生的判斷、選擇及決定。我困在第六意識裡面了，我在第六意識裡面形成我所謂的「我」。

我斷了與第七意識的連結，誤以為第六意識以及第六意識所操控的身體就是「我」。

然後我開始形成我自己對於「我」的認知與想像，我開始從外在別人對待我的方式與態度，或者父母告訴我的，學校教導的，還是從小說、電視或整個社會告訴我的、我所觀察到的，我開始形成一個對於「我」的認知；而這個自我認知僅僅是運用我的頭腦意識所設想出來的，並不是真正的「我」。

當我切斷了與第七意識的連結，只運用頭腦掌控身體上的眼、耳、鼻、舌、身的感官的時候，我形成一個我所認知的「我」就是這個肉體，因此我開始形成對於自身自我認知的幻象。

這個「幻象」就是我以為這個肉體就是我，我的記憶是我，我這一世的肉體經驗是我，我的想法是我，我的情緒是我。我將這些從小到大從外在學習到的對於自己的想法、信念或標籤貼在自己的身上，而誤以為這就是我。

這其實是我的第六識（頭腦意識）所形成的一種對於自我認知的想法，而這種想法會形成一種能量狀態，覆蓋在我的第七識外圍。這種由頭腦所想像出來的自我認知所形成的能量，也就是所謂的「小我」。

Q：是。

A：「小我」的意思就是：不是真正的我，只是我的頭腦想像出來的我，我的頭腦意識以為的我。而這種頭腦想像的想法會形成一種能量層，包覆在我的第七意識（本體意識）之外。

「小我」能量層是由於第六識的作用，連結前五識所形成的一種自我認知的幻想。這種對於自我認知的幻想會形成能量層，包覆在第七意識的外圍，導致這個肉身與第七意識（本體意識）切斷連結。

切斷與本體意識的連結之後，「小我」幻象能量層會將我包圍住，然後頭腦意識就

會更加認同這個我想像出來的「我」。我的身體外面就好像穿戴著一個我自己想像出來的人皮面具，包圍住真正的意識狀態，扮演一個「小我」以為是我的「我」。這就是「小我」意識的形成，也就是第六意識（頭腦意識）的運作所想像出來的一種對於自我認知的幻象，我的頭腦誤以為這個幻象就是「我」。而這個幻象會形成一種能量層，覆蓋在第七識的外面。

（三）輪迴、轉世與業力

Q：是。

A：之前說過，第七識就像是一顆能量光球，光球表面像是有很多焦點投入到每一世的投胎轉世。如果那一世的「小我幻象」沒有覺醒的話，也就是你以為那一世的肉體以及肉體的經歷、記憶、情緒就是你，你執取了那一世肉體的你，這個執取妄念就會形成一種

能量層，覆蓋在你的第七識光球表面。

而這種能量也可以稱之為「業力」，這些業力有善、惡及不善不惡的能量頻率狀態。如果你在當世小我沒有清醒過來的話，這些不清醒的執取就會形成業力能量附著在你的第七識的外面。

因此，以第七識的靈魂光球來看，我在第七識的狀態可以看到我的靈魂光球表面有許多連結不同投胎轉世載體的意識焦點。當我在某一世的意識焦點所連結的第六識沒有覺醒的時候，也就是第六識所形成的小我意識誤以為那一世的肉體就是我，誤以為那一世的肉體經驗、情緒、想法就是我，並且因為這些誤解而產生了某些無明妄想慾望，例如因為與其他人的互動而生起未完成或實現的慾望，因為這些誤解而產生未能滿足的慾望，以及我因為這個肉體就是我而產生的「小我幻象」能量，這些就是所謂的「業力」。

而這些業力能量會附著在我的第七識的外圍，這是其中一世的業力。如果我的累生累世都沒有覺醒，並且也都因為尚未覺醒而造作了某些業力能量，這些業力能量都會附著在我的第七識光球之外。

這些業力能量因為頻率比較低的關係，它們會產生重量。當這些累生累世的業力能量不斷覆蓋在第七識外圍的時候，我的第七識（靈魂光球）就會越來越沉重、越來越不清明，覆蓋住越來越多的無明妄想業力，頻率也會越來越低，動彈不得。

當我的第七識外圍覆蓋越來越多一世又一世累積的無明業力能量，你們可以想像原本第七識像是一顆明亮的光球，但是隨著外圍覆蓋一層又一層像是灰塵般的無明業力能量之後，這顆光球就會像是一顆蒙上灰黑色能量的沉重球體，不再明亮，也沒有之前那麼輕盈。

當我的第七識覆蓋越來越多的無明業力的時候，我變得更沉重了，因為我的頻率變得更低了。於是我會無法自由調整我的頻率往更高的頻率上升，也就無法往上提升頻率連結第八識，當然也就無法離開地球，無法離開這個宇宙了。

我在地球累積太多業力在第七識了，我不能動彈，於是只能夠留在地球繼續輪迴。除非我能夠將這些業力清理掉，讓這些業力平衡，讓我的第七識外面不要覆蓋這麼多的無明妄想業力，我才能夠脫離輪迴。

Q：如何清理這些業力？

A：因為我無法在第七識的狀態中，清理這些由第六識及前五識所產生的業力能量，所以我還是必須得由另外一世的經歷當中，以前六識的頻率狀態解除之前投胎所產生的無明妄想業力，所以才會產生我必須不斷進入再一次的輪迴轉世的起因。「輪迴」就是第七識為了清理、平衡進入肉體之後，第六識運作前五識所造作的業力能量。為了清理、平衡這些業力能量，於是在第七識的狀態下，我決定進入再下一世的輪迴。

當我將這些業力能量清理、平衡完畢之後，我的第七意識（靈魂光球）回復成無染清淨的原來狀態，我才能自由地離開地球輪迴，甚至離開宇宙回到第八識的狀態。回到第八識之後，當我不想再體驗單獨意識了，我就可以轉回去，回到「合一」的狀態。

（四）不用急著成佛，你本來就是佛

Q：是。

A：不過我就是因為想要體驗「非合一」的狀態，才會轉出來形成第八識的狀態。因此有沒有回到「合一」的狀態都沒有關係，因為我就是想要體驗「非合一」的狀態，所以才會轉出來。而轉出來之後，我想要體驗更多、更具體的「單獨意識」的經驗，我才會調降頻率進入宇宙。進入宇宙之後，我想要再體會更具體、更物質的生活體驗，我也許就會進入一顆星球去體驗。

所以，成不成佛或有沒有回到合一的狀態，其實並不重要。但也不是不重要，而是說就算你不成佛也沒有關係，因為你就是想要來體驗。

當你還處在一具物質肉體的時候，你就是好好體驗你的物質肉體所能體驗的物質世界的生活。只是不要迷惑於誤以為自己就是這具物質肉體，但也不用急於想要成佛，認為只有成佛才是對的，成佛才是你在世間的唯一目標，不是喔。

我們眾生本來就是佛，我們是本來就是佛（整體合一），只是因為我們想要體驗不

是整體合一的狀態，所以我們才轉出來成為第八識；而在第八識的狀態的時候，我們想要體驗更具體的單獨意識的感受的時候，於是整體創造出各種宇宙，並且創造在宇宙當中的星球或其他更物質的空間。

當第八識想要進入更具體化的物質宇宙體驗的時候，我們就會調降頻率為第七識進入物質宇宙。進入物質宇宙之後，我們自在地在宇宙中飛翔。在這個過程當中，當我們想要進入星球體驗的時候，也就有了肉體載具的創造。

不過，有關肉體載具的創造這部分，我先不多說。

當你想要進入肉體載具體驗的時候，你必須再度調降你的頻率。也就是剛剛描述過的，當我的第七意識進入這個人類肉體胚胎當中的時候，我會與肉體的心臟心腔中心融合，我的意識才能夠以這個肉體進入地球物質世界裡面體驗。

當你在物質星球上面體驗的時候，你就是好好去體驗。如果你是人類，你就好好當一個人類，體驗一個人類可以體驗的生活。但是，你如何讓自己能夠在這一段地球人類體驗當中，體驗一段美好而不受苦的經歷？

你必須讓自己從小我幻象當中醒來，你必須醒覺到不要誤以為自己只是這個肉體，

或者只是頭腦意識當中的想法、判斷及記憶。

即使當你從小我幻象當中醒來之後，你也不需要立刻馬上成佛。因為你本來就是佛，而你就是想要來到物質地球體驗，那麼你如何好好體驗你的物質地球人類生活？

好好運用醒來之後的清醒狀態，也就是以你清醒的第七識狀態，好好運用你的第七識（本體意識）來運用你的第六識（頭腦意識），第六識運用前五識（眼、耳、鼻、舌、身）。好好運用清醒的第七識（本體意識）連結前六識來體驗你這個肉體在這一段人世間的生活，那麼你就可以體驗一段不受苦且符合你想要體驗的美滿愉悅的人間生活。

（五）打開心光，醒來，轉識成智

Q：如何從小我意識（不清醒的第六識）當中醒來？

A：不要被你的頭腦意識所控制。

Q：我們如何被頭腦意識所控制？

A：你以為你只是你的想法、情緒、分別判斷，你被困在頭腦意識裡面，以為這個肉體就是你，以為頭腦（第六識）控制身體的五種感官（眼、耳、鼻、舌、身前五識）就是你。但是你不是，你真正的意識狀態……你的這個肉體與你的第七意識所連結的是你的心腔……。

Q：是，然後呢？

A：所以，如何讓自己回到第七意識的狀態？

你可以練習從你的心腔（心臟中央）連結回你的第七意識，把你的第七意識連結回你的心腔，把你的第七意識叫回來，也就是練習「打開心光」。

想像你的心腔發光，或者想像太陽光的能量進入你的心腔中間，將當中第七意識的光打開，讓你的第七意識迴光返照，讓你的第七意識能更真正地在你的肉體當中運作，你要讓你的第七意識醒來。

這是從古自今你們地球上流傳的一種方法——「打開心光」，把你的心腔中間的光打開，就是打開你的第七意識，讓你的第七意識開始醒來。

Q：**可以再多說一點嗎？**

A：「打開心光」就是想像你的心腔有一盞燈亮了起來，有如太陽一般的明亮白光亮了起來。或者有些教法會教你們注視太陽光，將太陽光注入你的心腔中央，從這樣的光去引動你的第七意識醒來、打開。這是一種觀想的方法。

Q：**「心腔的中央」也可以說是「心輪」嗎？**

A：在你們地球修煉歷史當中有各種說法，也沒有人真正確定心輪在哪裡。反正我指的「心腔中央」就是心臟的中間點，而這裡是否就是你們某些修行系統所謂的心輪，我並不確定。

Q：**好的。**

A：那麼，當你不再以第六識小我的幻想狀態、無明妄想狀態，運用你的前五識的時

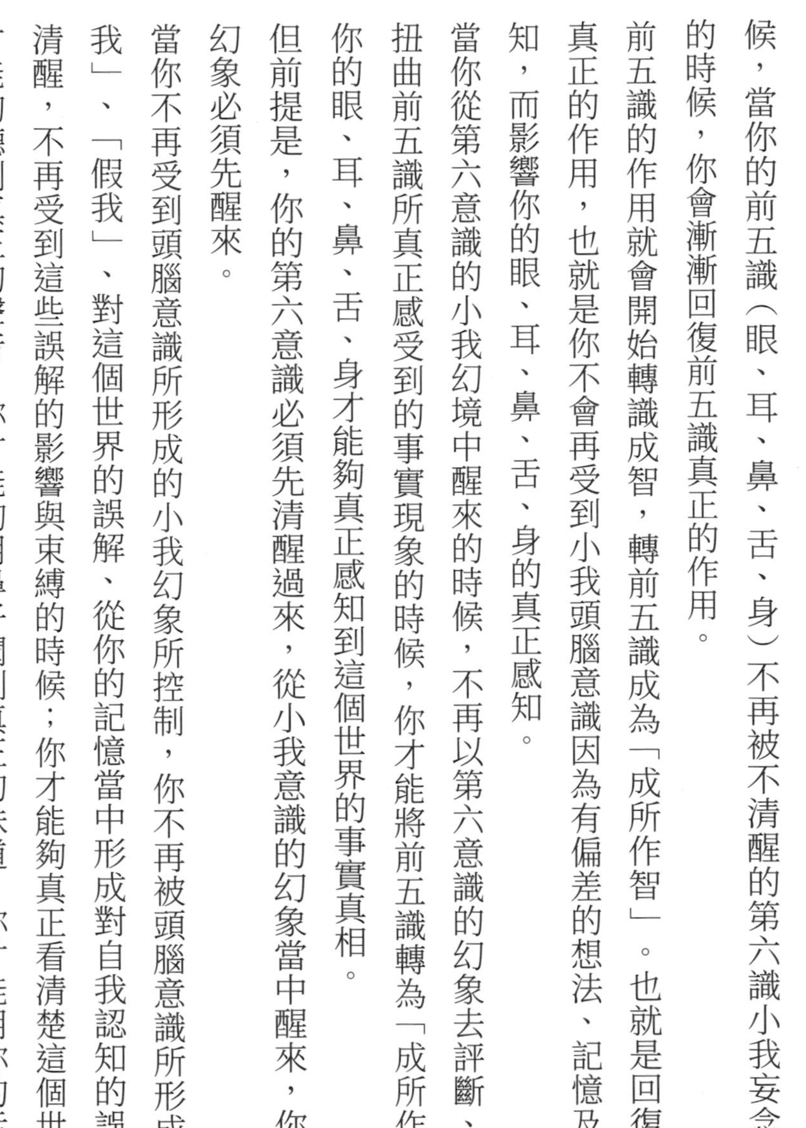

候，當你的前五識（眼、耳、鼻、舌、身）不再被不清醒的第六識小我妄念所控制的時候，你會漸漸回復前五識真正的作用。

前五識的作用就會開始轉識成智，轉前五識成為「成所作智」。也就是回復前五識真正的作用，也就是你不會再受到小我頭腦意識因為有偏差的想法、記憶及錯誤認知，而影響你的眼、耳、鼻、舌、身的真正感知。

當你從第六意識的小我幻境中醒來的時候，不再以第六意識的幻象去評斷、曲解、扭曲前五識所真正感受到的事實現象的時候，你才能將前五識轉為「成所作智」，你的眼、耳、鼻、舌、身才能夠真正感知到這個世界的事實真相。

但前提是，你的第六意識必須先清醒過來，從小我意識的幻象當中醒來，你的小我幻象必須先醒來。

當你不再受到頭腦意識所形成的小我幻象所控制，你不再被頭腦意識所形成的「小我」、「假我」、對這個世界的誤解、從你的記憶當中形成對自我認知的誤解當中清醒，不再受到這些誤解的影響與束縛的時候；你才能夠真正看清楚這個世界，你才能夠聽到真正的聲音，你才能夠用鼻子聞到真正的味道，你才能用你的舌頭嚐到

真正的味道，運用這個舌頭說出真實的話語，你才能夠用這個肉體去體驗真正的觸感。這個時候，你才可以運用這個肉體體驗你真正想要的體驗，好好運用這個肉體的器官去產生你可以有的肉體經驗，包括你的性經驗。

當你從小我意識（不清醒的第六識）當中醒來，轉前五識為「成所作智」，並且轉第六意識為「妙觀察智」。「妙觀察智」指得是你可以真正運用頭腦連結前五識，真正觀察、感知到這個物質世界真實的狀態，這就是「妙觀察智」。你對於這個世界不會再產生錯誤的想法與認知，也不會對自己的肉體產生錯誤的想法與認知，你才能夠真正地好好運用你的第六意識（頭腦）在這個世界進行你可以擁有的體驗。也只有在這個時候，你才能夠真正地好好運用你的前五識。前五識當中的第五識為身識，「身」包括你的行為、動作、運用及身體感官，也包括你的性行為。

當你破除小我意識的頭腦幻象的時候，某方面來說，你才能夠真正體驗出什麼是真正的性行為，並且從性行為的融合當中，體會你這個肉體可以在物質世界當中所能夠體驗到的真實體驗。

換句話說，這個時候你才能夠擁有健康的性行為，並且從這種健康的性行為當中，

體驗真正的所謂性高潮的愉悅感受，你才能夠真正享受物質肉體所能體會到的真實愉悅狀態。

如何真實體會這樣的物質肉體的享受？以智慧來享受這個肉體可以帶給你的愉悅，以智慧來體驗這個物質肉體可以在這個世界的美好體驗。

Q：**是。**

A：這個時候，也就是當你的第六意識轉為「妙觀察智」的時候，你不會再以小我意識（頭腦意識）來做決定的時候，你才能夠回到你的第七意識，以無染的第七意識的真實智慧來做決定，那麼你才能夠真正地以智慧體驗人類肉體的生活。

當你回到無染的第七意識，體驗肉體存在於物質世界的生活的時候，你才能夠真正理解什麼叫做「生命都是平等的」。

第六意識才會去分別高低、好壞，或者分別你比較好、我比較好，還是你比較厲害、我比較厲害，你比較高貴、我比較高貴，這些都是第六意識（小我）的分別與妄想。

當你回到清淨無染的第七意識，你不會產生這些分別妄想。你知道生命都是意識頻率的轉換而暫時存在於某一具肉體載具而已，所以你會理解「生命都是平等的」。生命原本都是無形無相，只是意識頻率的轉換而進入不同的肉體而已。生命都是平等的，只是從整體轉成第八意識，再轉成第七意識，再從第七意識進入一具肉體的頻率轉換，而這具肉體也只是暫時的存在而已。

當你在清淨無染的第七意識，以這個清淨無染的第七意識真實瞭知生命都是平等的，進行這個肉體的人生的時候，你當然擁有無染的第七意識所認知的「平等性智」。

你知道眾生都是平等的，沒有分別，沒有高低之分。

Q：是的。

A：當你回到第七識之後，慢慢地，你的內心再更往真相的方向進入、前進，你更加提升你的意識頻率，或者你更加擴展你的意識，你會回到第八識的狀態。

回到第八識的時候，你會感知你超越宇宙，但是又充滿整個宇宙。等到你在第八意

識的狀態進行感知，某一個時刻，你會理解、領悟：「喔，原來第八意識還不是最終的實相。喔，原來這種空、無的感知還不是最終的實相。」第八意識的感知是你以為有一個「我」在單獨地感知，這也是幻象。當你領悟這種單獨的感知也是一種幻象的時候，你才有可能破除第八意識的幻象，回到整體合一的狀態。這個時候，你就會轉第八意識回到「大圓鏡智」整體合一的狀態。大圓鏡智就是佛的狀態，就是整體合一的狀態。

你原來就是「佛」，你原來就是「大圓鏡智」。

Q：是。

A：「大圓鏡智」指的是一種圓滿的狀態，就像是一面鏡子，無形無相，沒有好壞、善惡及是非的分別，也沒有時間，你可以創造任何你想創造的，沒有限制。

你既是「是」，也是「不是」；你是「有」，也是「無」；你是「空」，也是「滿」。

你就像是鏡子一樣，當外境什麼都沒有的時候，你就會呈現「空」的狀態；當外境開始產生某些事物的時候，鏡子裡反射的就會是「有」的狀態。

而鏡子就是鏡子，什麼也不會留下，也不會有任何改變。

好的，再強調一次，試圖運用人類物質語言描述「大圓鏡智」生命真相的真實狀態，我也只能描述一半的事實真相。如果你聽不懂的話，也不要用頭腦去想，等到你們回到這個狀態，你們就會理解了。

Q：有關如何從第六意識的小我幻象當中醒來，可以多說一點嗎？

A：練習打開你的「心光」，練習你的心臟中央有光打開。先去練習「打開心光」的觀想方式，這是第一步，先去練習。

之後的第二步、第三步，你們這個世間從古至今流傳下來許多不同幫助人們開悟、覺醒或醒悟的修行方法，而你們每一個人適合的也會是不同的方法，所以我這邊沒有要多說關於如何幫助開悟或覺醒的方式。

你們這個地球上從古至今有各種不同的修煉方式，適合不同狀況、不同根器的人，而你們自己的因緣、你們自己的第七識（本體意識、高我）就會引領你們找到適合自己的修行方式。

我只先說第一步「打開心光」。

這個方法我之前已經給過這個身體了，他也寫出來放到網路上了，所以有關「打開心光[17]」詳細觀想方法，這次我就不再多說了。

Q：**好的。**

A：「打開心光」就是幫助你們不要受到第六識（頭腦意識）的控制而回到你的本體意識智慧的狀態，與你的本體意識（第七識）連結，與你的高我連結。

Q：**如何判斷自己是否還是被小我意識（頭腦意識）所控制？**

A：只要你還會產生情緒，你就還是被小我意識所控制。只要你還是會不由自主地產生喜、怒、哀、樂等各種情緒，你就還是被頭腦的第六意識小我狀態所控制。

（六）有關唯識學的一些問題

Q：**所有的轉世記憶及善、惡業種子都儲存在第八意識（阿賴耶識）嗎？**

A：其實沒有分欸，其實最終儲存的是在整體合一當中，那裡才是終端資訊庫。所以我無法說只儲存在第八意識，真正儲存的是在整體合一的終端資料庫。

所以，你可以連結的不是只有你這個單獨意識（第八識）的所有前世及經歷而已；你真正可以連結的是所有生命在所有宇宙的所有時空的轉世記憶及經歷。

Q：有說第七識是染汙識，具有我執並與貪癡見慢四種煩惱相應？

A：第七識的某一點意識焦點投入不同時空的肉體載具當中，而這當中肉體載具的第六識控制肉體載具的前五識，然後從第六識的頭腦意識當中形成種種業力。

業力就是對於自身生命真相的誤解，這種誤解會形成一種業力能量附著在你的第七識光球的外圍表面。

而這些業力也包括你所問的各種執著及煩惱，但是這部分並不是第七識所產生，而是因為第六識的頭腦運作產生的誤解而形成的業力能量，附著在第七識的外圍。

從我現在的狀態，我感受到的就是如此。業力其實是由第六識頭腦意識的誤解所產生，並非第七識的造作而產生。

第七識不會被染汙，只是它的外面會附著第六識所產生的染汙能量，但是第七識還是清淨的狀態，它一直保持清淨無染的「平等性智」的狀態。

Q：為什麼唯識學的說法是：前六識都是跟著第七識轉，是第七識在做善與惡的決定，第七識能夠「恆審思量」，第六識只能分別；所以是第七識在做決定，而第六意識只是接受第七意識的命令。這好像跟你前面描述的有所不同，是這樣子嗎？

A：你說的第七識在做決定，要看是哪一層面的決定。決定來到物質宇宙體驗的是第七識，是第七識決定如何投胎、如何在這個宇宙進行何種體驗。但是第七識的意識焦點投入某一個肉體之後，只要這個肉體的第六識還沒有從小我幻象中醒來的時候，只要你還是以為第六識的頭腦意識及這個肉體就是你的時候，你所有的決定都是第六識的頭腦所形成的小我在做決定，並非第七意識。只要你還沒有從小我當中覺醒，所有你這個肉體因為喜、怒、哀、樂、恐懼及慾望所作的任何善或惡的決定與選擇，都是你的第六識頭腦意識在做決定，並不是第七識。

除非你的第六識已經醒來轉成「妙觀察智」，你已經回到第七識的狀態的時候，你這個肉體才是運用第七識在做決定。

Q：什麼是「第六意識」？

A：就是「頭腦意識」，當你的頭腦意識還沒有轉識成智，還不清醒的時候，你以頭腦的想像與認知形成對於自己真實生命狀態的誤解的時候，你就會進入自己的「小我幻象」當中，形成一種小我的業力能量包圍住你。

你以為你的肉體就是你，你的想法、頭腦就是你，這就是不清醒的第六意識，也就是小我的幻想及錯誤認知。

也就是說，當你還沒有從小我當中覺醒的時候，你這一世的肉體及第七識（能量場）外圍會籠罩著一層不清醒的小我幻象能量，讓你以為這個小我就是你，你以為頭腦當中的想法及這個肉體就是你。

如果這些業力能量過多、過於沉重的時候，你的心靈及肉體可能會開始生病。如果你從小我中醒來，開始清醒並平衡這些業力能量，你可以讓自己的身體越來越健康。

Q：什麼是「業力」？

A：不清醒的第六識去運作前五識而產生的染汙能量、垃圾能量，並且附著在第七識的外圍。如果第七識外圍覆蓋住太多的業力能量，第七識將因此無法發揮其真正的智慧。

以另外一方面的說法，這一層業力能量就是「魄」，也可以稱之為「小我幻象能量」。而「魂」、「靈魂」就是「元神」，也就是第七識。

Q：人死後既然已經沒有肉體了，為什麼鬼魂還是會維持原來的肉體形象，並且擁有眼、耳、鼻、舌、身、意的感知力？

A：鬼魂被困在前六識，鬼魂並沒有因為離開肉體而醒來，他們還沒有進入本體意識，所以還被困在前六識。

只要是落入輪迴的靈魂都還被困在前六識，只在第七識的表面，沒有進入第七識的核心。輪迴的靈魂其實還被困在第六識與第七識的中間，沒有回到第七識的核心。

當你覺醒的時候，你會回到你的「本體意識」，也就是「第七意識」的核心。而當

你還是鬼魂，還被困在地球輪迴的意識層面的時候，你被困在第六識與第七識的中間，你並沒有醒來。

Q：可以這樣理解嗎？一至六識是屬於「欲界」，第七識為「色界」，第八識為「無色界」，超出這三界就是回到合一狀態成佛了？

A：可以這麼說。

Q：頭腦當中的「松果體」是什麼？打開松果體、開天眼是什麼意思？

A：「打開松果體、打開天眼」指的就是你的第六識轉為「妙觀察智」。這個時候，你才能夠無礙地運用第六識來看到這個世間的真相，並且運用無礙的第六識，真實地以「妙觀察智」運作你的前五識。但是，當你的第六意識沒有轉為「妙觀察智」，你還沒有從小我當中醒來，就算你擁有任何五感神通都不能稱為「妙觀察智」，你具有神通的前五識也不能稱為「成所作智」。

Q：人活著是為了什麼？為什麼要來地球投胎當人呢？有什麼意義？

A：沒有意義，本來就沒有意義，不需要意義，就是體驗。體驗一段當人類的體驗，體驗一段進入人類肉體的體驗，就是這樣子而已。

你體驗到什麼就是什麼，不需要意義，沒有意義。意義也都只是你們人類的幻象，只是你們人類自己的想像，只是你們人類自己的定義。本來就不需要意義，沒有意義，也不需要有意義。

Q：如何閱讀、學習唯識學？學習唯識學的原則是什麼？

A：不用學習也不用閱讀，只需要去感受、去體悟，然後去破除你的頭腦意識的小我幻象，那麼你自然而然就可以理解唯識學當中所說的前五識、第六識、第七識、第八識及回到成佛大圓鏡智的狀態。

這些狀態並不是你運用頭腦意識閱讀或思考就可以理解的，你必須先破除頭腦意識的幻象，你自然就可以理解意識不同的層面狀態。所以，先去破除你的第六意識的小我幻象，破除了之後再去讀唯識，你才會讀得懂。

如果沒有破除小我幻象的時候，你無法以頭腦去理解唯識當中所說的第七識、第八識的真實狀態；也無法理解破除小我幻象之後，第六識所能作用的妙觀察智是什麼；當然更無法理解什麼是清淨無染的第七識與第八識；也當然無法理解什麼是回到真如本性、佛、整體合一的狀態。

只要你還落在第六識小我幻象的狀態當中，你絕對無法理解唯識學當中所說的意識狀態。

如果你還沒有真實體會從小我幻象當中醒來的時候，不要去閱讀唯識，你只會被這當中的各種意識層面的描述搞得越來越混亂。

先去破除你的小我幻象，先去破除你以為自己只是這個肉體、只是你的頭腦的這些誤解，從這些誤解所造成的小我幻境當中醒來，你自然而然就可以理解唯識學當中的內容了。

Q：為什麼選擇讓他看到這些訊息與畫面？

SC：說明生命的真相，讓你們瞭解什麼是生命的真相，瞭解各個意識層面。幫助你們瞭解生命的真相，不要再過得渾渾噩噩。

Q：死亡是什麼？如何面對死亡？

SC：就是要去面對，死亡是最真實的一件事情。死亡是你們在這個人世間所能體驗到的最真實的一件事情，就是死亡；除此之外，都是幻象。死亡是你們在這個人世間所能體驗到的唯一一件真實的事情。好好去面對，好好去體驗。

死亡並不可怕，它只是你們投胎到這個人類肉體之後，意識轉換的一個必經過程，這是一個你們回到真實意識狀態的必經過程。你在活著的時候所體驗到的在這人世間的一切才是夢境，並非實相。

並沒有真正的死亡，你的意識還是存在。

你的「出生」是你的意識與肉體的融合，而當你的意識離開這具肉體，就是你的

「死亡」。但是意識離開肉體死亡之後，你的意識還是存在，你的靈魂還是存在，肉體只是暫時存在而已。

好的，就說到這裡了，不多說，好好自己去體悟。

Q：還有嗎？

SC：好好體會生命的真相，從小我意識的妄念幻象當中醒來，就是我們這些訊息的最終目的。

17 「打開心光觀想法」可參見書末【附錄二　打開心光】。

第二篇

元神歸位、無極仙洞
貫通中脈、性命雙修

本篇著重在於說明「回到生命眞相的修行眞義」，以及「回到生命眞相之後，如何繼續保持並持續深入在覺醒狀態當中」。

訊息內容以道家修行面向的概念，接續說明回歸生命眞相的修行方法及正確心態，闡明回到生命本質之唯一不二法門，即是放下多餘不必要的小我無明慾望，放下到一定程度之後，以不帶有任何目的進行往內在的修行，必然能夠回復生命本來面目——無極、道——的眞實生命狀態。

- 日期：二〇二一年六月至七月
- 催眠者：Q
- 受催眠個案：A
- 受催眠個案潛意識（高我）：SC

催眠內容

第四章 元神歸位

沒有任何目的的修行，才能夠回到本體意識

本章內容開始說明「修行眞義」，接續上一篇描述「從小我頭腦意識中醒來，回到第七識（本體意識）」之後，回復淸醒的你可以如何保持在這個狀態，不再被小我人格拉回

去主導肉體覺知，不再陷入小我戲劇性人格當中，然後以清醒意識的狀態活在人類肉體當中？

回到本體意識的修行方法沒有第二種，只有唯一的一種不二法門，也就是放下小我無明妄想及無明慾望，放下到足夠多的程度之後，才能夠以不帶任何目的作為修行原則，自然而然回到生命本質狀態的本體意識，也就是道家修行者所體會到的「元神歸位」。

以本質存在於這個世界，而不是以頭腦意識體會這個世界。

此外，本章內容也指出一重要明辨正邪的方式，只有契入無形、無相、無名的空、無狀態，才是真正契入生命真相；如果在定靜當中，或以各種方式感應自身本來狀態，仍然是有形、有相、有名，且位於某種有形空間及境界當中，即便是任何神聖形象及高層面空間，也不是契入生命真相。並且在此種有形、有相、有名狀態下所開啟的第三眼，也絕對不會是生命本質的智慧之眼，而可能是妖眼或魔眼。

真正願意往內修心者在自身修行及尋求名師的道途中，必須小心分辨，切莫誤入邪道而不自知。

（一）第七識回到松果體

Q：你看到什麼？(另外一天的催眠)

A：深藍空間，什麼都沒有，一片深藍，融進這片深藍空間，好像回到一個地方。我很久沒有回來，感覺很有熟悉感……，可是我很久沒回來，一片深藍，沒有範圍，很廣闊的深藍色，我很久沒有回來了。

Q：你在哪裡？

A：我覺得好像是在我的松果體裡面，裡面就是深藍色的，沒有東西，也沒有範圍，但我很久沒有回來了。我回到松果體，歸位，來這裡是要「歸位」。這種連結很奇怪，我不是很瞭解，沒有過的連結，跟以前的催眠狀況都不一樣，我不是很懂。

Q：為什麼來到松果體這裡？

A：整合，意識的歸位與整合，打開心靈之眼，打開智慧之眼。很像空、無的感受，什麼都沒有，無限廣大，空、無，沒有範圍，沒有範圍，這裡面沒有範圍，很奇怪。

在額頭靠近眼睛的裡面，沒有範圍，那是什麼？抓不住，無法形容……，這是什麼？本體，本質。抓不住，無法形容，不是物質，所以抓不住，無法形容，沒有範圍。

在兩眼中間裡面的地方，歸位。

以本質存在於這個世界，而不是以頭腦意識體會這個世界。歸位就是以本質從這個身體來體會物質生活的經歷，而不是以幻想出來的頭腦人格來控制肉體五感體驗物質世界，所以叫做「歸位」。

就是你的「意識本體歸位」，「靈魂歸位」，「元神[18]歸位」，回到你真正真實的狀態體驗生命，而不是用一個幻想出來的人格體，在控制你的五感，體驗你的生命。但什麼都沒有，本質就是什麼都沒有，什麼都感覺不到，什麼都沒有。空，無，什麼都沒有，這是什麼？

就是最原來、純粹的狀態，「有」只是你想要體驗，所以才創造。「有」的本質就是「無」，所以你現在回到「無」的本質，你會感到沒有辦法理解。因為你太久讓自己陷入「有」的物質狀態，但其實這是一體兩面。

因為有「無」，才會有「有」。

只是你太久沒有回到「無」的本質狀態這一面，所以你不理解。因為有「無」的本質這一面才能創造出「有」的幻境世界，進入「有」的幻境形體當中體驗而忘記「無」這部分。

這是一體兩面像鏡子一樣，你以前在鏡子的另一面體驗「有」，現在轉身回到另一面，感受到「空」、「無」。

這是一體兩面，你只是不習慣，因為你陷溺在「有」的狀態太久了，所以忘記「無」的這一面——「空」的本質，「無」的本質，生命的另一面，你只是不習慣而已。

(二) 以「無」的狀態體驗「有」的物質世界

Q：是，然後呢？

A：所以，你是以本質「空」、「無」的狀態來體驗有形有相的世界，這就是「歸位」。

你以前以為自己是有形有相進入有形有相的世界體驗，你進入沉睡，你以為自己是有形有相。現在你的本質歸位，就是你理解真實狀態，回到真實狀態，也就是無形無相的真實狀態。你在「無形無相」的本質狀態進入「有形有相」的物質世界體驗。

所以，你現在是以「無」體驗「有」，而以前是以幻境、幻想「有」去體驗「有」。歸位就是以「無」的狀態體驗「有」的世界，而你會感受到另外一種真實的體驗。慢慢去感受，你就會知道這是什麼意思了。

這才是你的本質狀態，你只是回到你的本質狀態——無形無相的狀態。只是你現在以這個無形無相的本質狀態跟這個肉體連結，然後讓你得以以一個有形有相的物質肉體在這個有形有相的物質世界行動。

「歸位」就是把你真實的無形無相的本質狀態回到無形無相的本質狀態，不再以你幻想出來的小我人格體控制這個肉體。也就是你的小我人格退位了，但也不是消失，只是你不再以你的小我人格主導這個肉體，而是以本質主導這個肉體。本質是無形無相，而你的小我人格只是你的幻象，只是你的幻想。

小我人格對身體的控制已經消失，因為你已經從這個幻象當中醒來，你醒了，你已經從這個小我人格的幻象當中醒來，回到無形無相的本質狀態。

Q：這裡也可以說是「第三眼」嗎？

A：可以，就是「靈魂之眼」，「智慧之眼」。

Q：歸位對這個身體（個案）有什麼影響？

A：五感會越來越暢通。

Q：歸位之後，這個身體（個案）會如何呢？

A：「歸位」之後，這個狀態以這個肉體來說就是——你不會以你的頭腦控制身體。你打開你的靈魂之眼，也就是松果體，打開你的智慧之眼，以你的本質真正連結這個身體的五感進入物質世界行動，這就是歸位。

打開靈魂之眼（第三眼、智慧之眼）回到真實的狀態，這是歸位，無形無相，沒有過去、現在、未來。元神歸位之後五感會越來越暢通，自己去體會。這是漸進式

的，要給這個肉體、小我與本體的連結上一段時間適應。

（三）沒有目的的修行才能回到生命真相

Q：歸位的目的是什麼？為什麼要歸位？

A：就是歸位，沒有目的，就是回到原來的狀態，沒有目的。如果你已經回到「無」的狀態，你不會有目的。如果你還在「有」的小我人格當中的時候，你才會想要追求什麼，你才會有目的。但是，當你「歸位」的時候，你回到生命真相，回到原來的狀態，你不再活在幻象當中，不再以想像出來的人格體生活，而是以你真實的狀態運用這個肉體生活，所以不會有目的。

小我人格才會有目的，看這個人想要追求的是什麼，或者看這個人的業力或累世的無明妄想慾望是什麼，所以你的小我人格會去追求一個目的。然而，靈魂歸位之

後，你不會有目的，沒有，沒有目的。

沒有目的，你才能真正「歸位」。

不同人理解或感受到的，你要去瞭解他們各自的目的。你必須看他們的目的是什麼？打開第三眼要看個人的目的，看你打開的是妖眼、魔眼還是智慧之眼？因為都在這個空間。

有些人修行帶有目的或慾望，要看他們的目的或慾望是什麼？如果他們想要修得比較高，他們無法歸位。因為沒有比較高這件事，他們在幻象中修行，他們無法回到真相。

沒有目的的修行，才能夠真正回到無形無相本然狀態。

或者有些人是想要獲得神通而修行，但是當他們心中有想要的慾望而修行的時候，他們絕對不可能歸位，而他們以為的歸位也絕對不會是歸位。這就是人世間修行容易誤入歧途的原因。

以沒有目的來找到生命的真相，回到生命的真相，他才能打開真正的生命之眼。否則，如果帶有目的的話，還是落入幻象。打開真實智慧之眼的時候，你感受到的只

會是無形無相。當有人打開第三眼感受到的是有形有相，那麼他們打開的不是真實智慧之眼，他們還是進入幻象。

Q：第七識在肉體當中的第三眼「歸位」，感受到的就會是「無形無相」嗎？

A：這個世間存在各種不同的修行體系，而各體系中的教導者、流傳下來的資料及學習者都有各自不同的目的，也因此他們所體驗到的「空、無」的狀態也會因為個人內在的目的而產生不同的理解，或感知到不同的狀態，也不一定是現在這個身體所感受到的狀態。

因此，不同目的的人透過修煉到達第三眼的時候，他們體驗到的狀態也會不一樣，有些人不一定進入真正「歸位」的無形無相的原來狀態。

例如有人修行的目的是為了成佛，可是更進一步再問：為了什麼成佛？這下面還有一個更底層的目的，而這個目的對於每個人來說也各不相同。或者有些人其實根本沒有想清楚自己到底為什麼想要成佛，也許他想要的只是成佛的「名」，所以他的修行可能會讓自己困在某種頭腦想像出來的狀態，而這種狀態可能會讓他入魔、入

妖，或者只是進入一種小我頭腦想像出來的空、無的虛假狀態。不同人的理解或感受到的，你還是必須先去瞭解他們修行的目的是什麼？這也會隨著你的目的產生不同的結果。也因此當你隨著內心真正的目的修行而打開第三眼的時候，你是打開你的妖眼？魔眼？或者是真實的智慧之眼？這都不一定，必須視各人修行的真正目的而言。

也因為如此，這個世間的修行系統、方法及狀況很亂，很多人也因此很容易被蒙蔽。你們要很清楚自己修行的目的是什麼？靈魂歸位的目的是什麼？沒有目的啊，不需要目的，你只是要回到原來的狀態而已。

而這世間上，大部分的修行系統或修行人在修行的時候，他們的內心都帶著一個慾望，他們想要修得比較高、修得比別人好、比別人清淨。當他帶有這樣一種慾望或目的，不管多寡，即便非常細微，當他帶著「想要成為比較高的」的目的修行；然而因為生命真相並沒有「比較高」這件事，所以他是以「幻象」的目的在「幻象」當中修行，因此不管他修得多久、多刻苦、修到多神奇的境界，最終他進入的也還只是「幻象」而已。

因為生命真相就是「無形無相」，就是「沒有目的」，也沒有高低上下。所以只有當你以「沒有目的」修行的時候，你才有可能真正回到「無形無相」的真實本然狀態。

另外，也許有些人修行的目的是為了成仙，但其實他們想要的是修得「神通」。當你有一個想要的目的進行修行的時候，你絕對不可能「歸位」，就算你修到以為自己「歸位」了，你也絕對不會是真正的「歸位」。

也因為如此，你們這個世間的修行系統所留下的資料其實很混亂。也許流傳下來的資料所描述的「歸位」並不是真正的歸位，也許只是類似的狀態。辨別是否是真實的「歸位」狀態，必須視這個人內心真正的目的。

這也是在人世間，修行容易誤入歧途的主要原因。

這也是為什麼讓這個身體（個案）在之前的人生產生這麼大的挫折的原因，為的就是打斷他的目的。所以他的人生才會產生如此大的挫折，在他人生的各個方面，他感到自己是個澈底的失敗者，一事無成，什麼人世間的名利地位都沒有得到。

這是為了將他所有的目的全部打碎，讓他以「沒有目的」來找到生命真相，回到生命的真相，如此他才能夠真正打開生命的「智慧之眼」。否則，當你帶有目的想要

找到生命真相，最終你還是只會落入幻象。

因此，當你打開「真實之眼」的時候，你體會到的就是「無形無相」。如果有人打開真實智慧之眼，進入第三眼的時候，他感受到的自己是有形有相，那麼他就不是真實地打開智慧之眼。如果他看到自己是某個佛、菩薩或仙人等有形有相的狀態，或者其他各種有形有相的景象、奇景、仙境等等，他絕對不是進入真實的智慧之眼，也不是真正的「歸位」，他進入的其實還是「幻象」。所以，當你們聽到有人說自己歸位了，或者在打坐當中，看到自己是某一尊佛、菩薩或神仙等形象，那麼他還只是落在自己的某個生命層面的「幻象」當中而已，他並不是真正的「歸位」。

Q：瞭解。

A：真正的歸位、真正回到生命真相就是無形無相，什麼都沒有。但是「什麼都沒有」的另外一面就是「有」。「空、無」的另外一面就是「有」，空、無只是一個面向，因為「空、無」才能夠創造「有」。

他現在只是不再忘記另一個面向。回到生命的真相，兩個面向都存在。那些還會看到自己是任何有形有相的生命狀態，他們其實還是在「有」的這個面向，他們還沒有回到「空、無」的真實狀態的面向。

他們並不是真正的開悟，也不是真正的成佛，或者也不是修到阿羅漢、菩薩，也不是歸返純陽或得道。如果他還是看到自己是一個有形有相的形象，就算是任何神聖的形象，也不是回到生命的真相。

「無形無相」才是回到生命的真相，所以是「空、無」。

（四）生命真相即是「不可說」的狀態

Q：是的。

A：既然空、無，沒有範圍，那麼你的五感還會有範圍嗎？當你以智慧之眼統合五感的時候，因為智慧之眼沒有範圍，所以五感也不會有範圍。而你沒有目的，所以你才回到這個狀態；因此你會運用你的五感去做什麼嗎？不會。因為你沒有目的，所以你也不會去跟別人說什麼，更不會運用這些能力想要得到什麼；也因為你沒有目的，所以你才會回到這個狀態。

所以，當沒有目的而回到這個真實狀態的人，他不會去跟別人說自己怎麼了。大部分這種覺悟者都不會出來說話，也不會流傳下來什麼資料，因此世間人幾乎無所得知。

不可說，沒有，什麼都沒有，無法說……，所以為什麼佛陀就是拈花微笑而已，因為就是不可說。

而那些當時或之後跟著釋迦牟尼佛學習的修行者，每個人內心都存在不同的目的，所以你能夠確知他們體會出來的，就是釋迦牟尼佛體會到的嗎？而那些體悟到真實狀態的人，大部分都不會出來說給別人聽。但是有沒有真的出來說的人？有。可是聽他們說的人，跟隨他們修行的人的內心也有各自不同的目的，所以他們可能會曲解或誤解那個人所說的狀態。

也因為如此，在你們這個世間，真正的這些修行狀態及相關訊息其實都是被曲解過

的。因為就是不可說，什麼都沒有，就是什麼都沒有，無法說。當你回到無形無相的狀態的時候，就是……，無法說，不可說，無法運用任何物質語言說出來，只能體會。這種狀態很平常，沒有限制，也沒有範圍。回到原來的狀態就是……，不可說。

Q：好的，可是「歸位」到底是什麼？可以再多說一點嗎？

A：這就是回到本質，不可說，無形無相，原來的狀態。慢慢去體會，還需要一段時間。沒有任何目的與慾望，才能真正回到生命真實無形無相的本質狀態，否則你就還是在幻境當中打轉。

靈魂歸位，元神歸位。

「有」的另一面向是「無」，「無」才能創造「有」。但是若你太過執著於「有」，你回不到「無」，你也就無法回到生命的真相。現在就是轉出來跟轉回去一體，既是「空」，也是「有」，陰陽和合。這個狀態就是不可說，不可說，多說了都會引起誤解。只要回到「空」、「有」一體兩面的真實狀態，你就會理解。

這世間體會到這種狀態的人，會運用不同的表達方式說出來，或者留下文字。但是這種狀態也只有你自己親身體會了，你才會明白。否則，文字語言都只會讓人落入某種想像的誤解而已，所以是不可說，因為真的就是不可說，多說了都會引起誤解。

因為你們大部分的人生經歷都只有在「有」的部分打轉，而這種狀態是「空」、「有」一體兩面的狀態，如果只是以「有」的面向單方面理解，往往只會造成誤解。

Q：**是。**

A：這只是回到原來的狀態而已，非常的平常、如實、實在。

無，……，不可說。

（五）不再落入小我意識戲劇性的慾望當中

Q：**歸位之後呢？**

A：穩定在你的本質當中就可以了，隨時保持在你的本質當中。就算有時候又回到小我也沒關係，再回來就好了。你不會再度完全沉睡在小我當中，但有時候再落入小我當中，你就再回來「本質」的狀態就好了。

因為你還是在這個肉體當中，你還是要有一個人世間的身分跟其他人互動。所以他不會被世間名利所迷惑，你可以享受，可是不需要不必要的慾望。

如果一直處於「本質」的狀態，你就不可能具有人類行為了，可能也不會跟別人說話，你只會一直處於「入定」的狀態。所以你還是必須回到小我意識狀態，才能夠維持你的日常生活。

但是你就是隨時回來這個本質的狀態，你不會再落入小我的戲劇性當中來過你的生活，你不會再被物質世界的戲劇性影響、牽動或迷惑，所以你不會被世間的名利地位所迷惑，也不會被小我慾望所迷惑。你可以去享受，但是不會產生過多不必要的無明慾望，而是打開智慧之眼，看清世間真相，不是睡著陷入小我人格所想像的幻境當中。

繼續熟悉這個狀態，常常練習不斷回到這個狀態，不斷再拉回來。多練習就能夠體會到更多，越來越回到這個狀態，就能夠更瞭解。現在也無法多說，要自行體會，你會越來越沒有「我」的這個形象，會越來越感到「我」這個形象不重要，越來越回到真實的空、無的本質狀態，沒有「我」，「我」不重要，別人怎麼看「我」也不重要。

你會越來越看到事實真相，而不是以「我」的角度、想法、人格體來看事情。你會是在「空」的狀態，看著「有」的世界。你保持在「空」的狀態，體驗「有」的世界，不管你體驗到什麼，你還是保持在「空」的狀態。

也因為如此，不管你體驗到什麼，對你的本質來說都沒有影響，也不會改變。只是增加你的經驗，有一個體驗，所以不管你體驗到什麼都是一樣的。

回到原來的狀態就是「什麼都沒有」，但也就是這個「什麼都沒有」才能夠創造「有」。「無」跟「有」才是一個完整的體驗，這是第八識感受「有」的世界，而第八識與本源、第七識也都沒有分別，去體會就好了，不可說。

他現在只是打開真實智慧之眼而已，還沒有回到最終的狀態，他還要慢慢去體悟，繼續看破、放下。

（六）以智慧之眼為中心點統合肉體

Q：為什麼他現在可以「歸位」？如何才能夠到達「歸位」的狀態？

A：熄滅小我無明妄想慾望到幾乎完全熄滅的時候，你就可以回到「歸位」的狀態，也就是不再以第六識的小我人格體運用這個肉體。這是因為第六意識已經清醒過來，知道過去所追求的人世間的慾望都不是真的有意義，也無法真的讓自己獲得完全的滿足。

當你止息了你的無明妄想慾望之後，你的第六識不再陷入只想要人世間的名利財富、別人的喜歡、認同、肯定、看得起，或被愛、被需要的無明慾望，你也就止息了第六識小我人格所產生的慾望。

不再往外抓取任何東西之後，你的小我不再緊緊抓住慾望，小我人格就會停止其作用；因此小我人格將會退位，不再緊緊掌控整個肉體的五感（前五識），那麼你的第七識就會回復其作用，回復清明。

原本你的第七識只有在小我能量沒有那麼強烈的時候，才會偶而出來一下，也許你

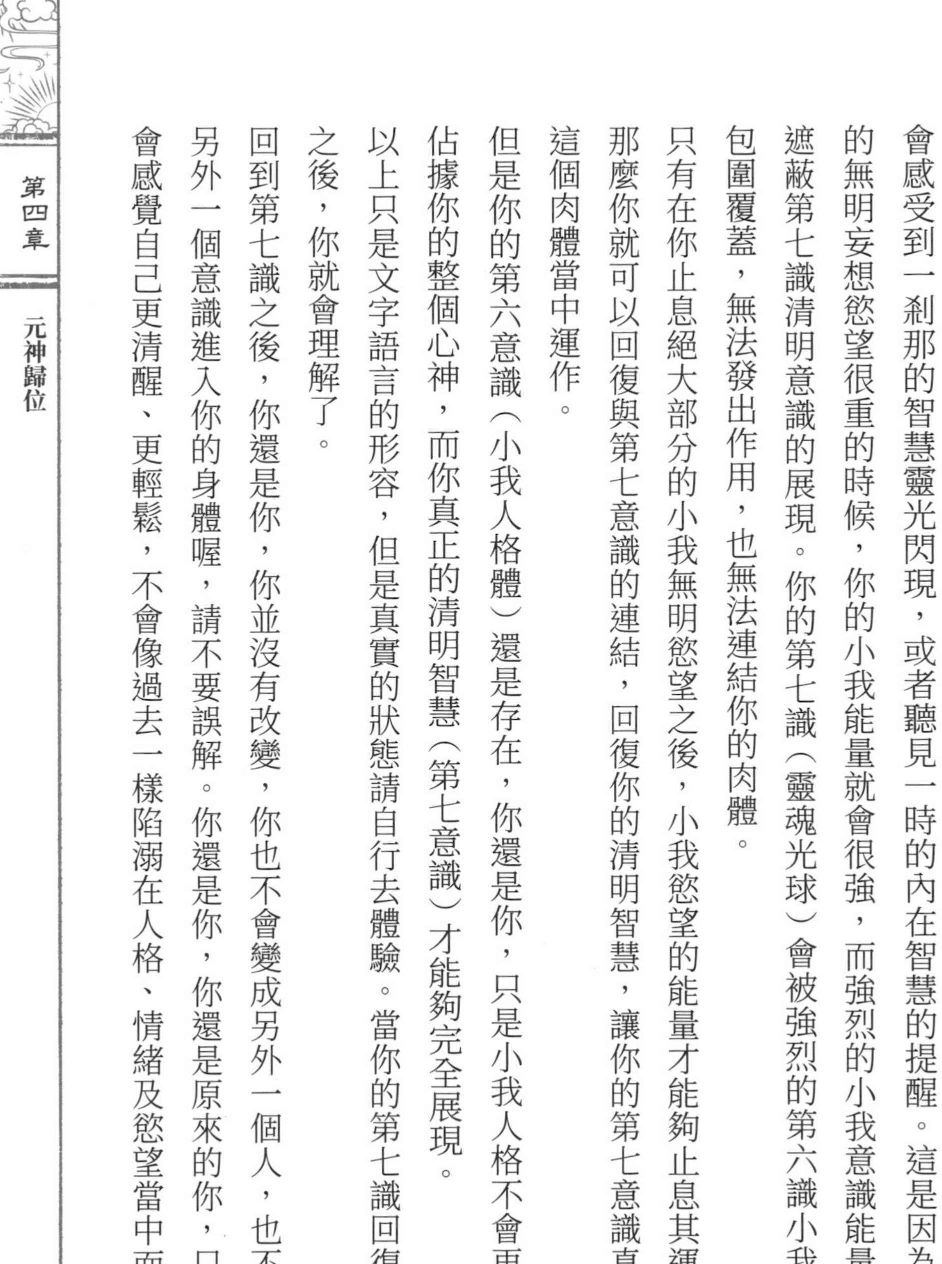

會感受到一剎那的智慧靈光閃現，或者聽見一時的內在智慧的提醒。這是因為當你的無明妄想慾望很重的時候，你的小我能量就會很強，而強烈的小我意識能量就會遮蔽第七識清明意識的展現。你的第七識（靈魂光球）會被強烈的第六識小我能量包圍覆蓋，無法發出作用，也無法連結你的肉體。

只有在你止息絕大部分的小我無明慾望之後，小我慾望的能量才能夠止息其運作，那麼你就可以回復與第七意識的連結，回復你的清明智慧，讓你的第七意識真的在這個肉體當中運作。

但是你的第六意識（小我人格體）還是存在，你還是你，只是小我人格不會再完全佔據你的整個心神，而你真正的清明智慧（第七意識）才能夠完全展現。

以上只是文字語言的形容，但是真實的狀態請自行去體驗。當你的第七識回復清明之後，你就會理解了。

回到第七識之後，你還是你，你並沒有改變，你也不會變成另外一個人，也不是有另外一個意識進入你的身體喔，請不要誤解。你還是你，你還是原來的你，只是你會感覺自己更清醒、更輕鬆，不會像過去一樣陷溺在人格、情緒及慾望當中而無法

自拔而已。

Q：還有什麼要提醒他的？

A：第三眼這裡就是統合肉體五感的中心，你要回到這個中心點，你才能夠統合你的五感，不再受到小我意識的控制，所以你要回到你的中心點。

第三眼松果體的中心點，因為你要統合這個肉體，以你的「靈魂之眼」、「智慧之眼」統合你的肉體，在這個物質世界體驗，開始做你的工作。

現在要開始工作了，讓你的靈魂在這個中心點歸位，以你的真實本質工作，以你的平等真實智慧工作，而不是有一個「我」的「形象」、「需要」及「慾望」在工作。

要回到這個狀態，你才不會走偏，慢慢去體會，說該說的話，做該做的事情。

18 「元神」在本文中的意思為沒有任何染汙的靈魂、無染汙的第七識及第八識。道家經典上的名詞解釋及出處，可參見《道樞》中解釋「虛無生性，謂之元神」。

第五章 無極仙洞

生命眞實狀態即是你的無極眞心本性

本章內容接續上一章，更進一步說明「如何繼續保持在醒來的生命眞實狀態，不再落入小我沉睡不醒的幻境當中」的體悟及心態。

當你放下並止息所有不必要的小我無明慾望之後，自然而然就能夠靈魂歸位於第三眼松果體當中，回到無極仙洞，安住在無極——空、有一體兩面的眞實狀態當中生活。

本章以直觀的角度描述「佛在靈山莫遠求，靈山自在汝心頭」的眞實體驗，堅定願意眞正往內修心者的信心。只要願意眞正看破、放下無明妄想慾望，只需要在自己家裡頭，只需要依靠自己，就一定能夠藉由深入「瞭解自己」內在眞實的想法及慾望，然後透過看破、放下這些慾望而回復生命眞實狀態的無極眞心本性。

「無極」意即「回到事實眞相」，也就是回到內在「什麼都沒有」，但是「什麼都沒有」的另一面就是外在「有形有相」的世界，你會安住在這個本質狀態體驗周遭現實生活，不外求，也不被任何外境干擾。

（一）無極，非陰非陽，不是有，也不是沒有

Q：你看到什麼？（另外一天的催眠）

A：黑黑的山洞，不是很大的空間，出去就是洞口了，山洞不會很深。這個山洞應該是在深山裡面，出去就是懸崖峭壁，對面也都是很高的山，看出去都是山壁。周圍的山都是白白的，有陽光反射。

這裡是很深的高山，很高，但還不是在山頂。都是白色山壁，山洞出來的懸崖也是白白的，沒有植物。這裡的山長得有點奇怪，沒有植物，都會反光，白色、灰白色，亮的，會反光的石頭。對面的山也是這樣，洞口的石頭也是這樣，都是會反光的白色、灰白色的石頭。

洞沒有很大，裡面很暗，黑的。可是出去就是亮的，出去就是懸崖峭壁，下面是深

不見底的懸崖。

Q：這裡是哪裡？多感覺一下。

A：這裡是……我修行的仙洞，裡面都是全黑的、空的，我沒有身體，但是我在這個山洞修行。我已經很久沒有跟凡人講話了，我不太想跟凡人講話。

這裡是我的「無極仙洞」，所以裡面是黑的、空的，什麼都沒有。只要我進來就會回到「無極」。「無極」，不是陰，也不是陽，是無極；不是有，也不是沒有，是無極；我只要回到這個洞裡，就會回到無極的狀態。

Q：這座無極仙洞在哪裡？你剛剛說在很高的山上？

A：我現在在我的……松果體，所以我回到洞裡面，這邊就是「無極」，我就是無形無相回到定靜的狀態，所以是「無極」。但是我出去山洞，懸崖峭壁都是發亮的白白的石頭，我在這個山洞裡面很久了。

Q：你在這裡多久了？

A：沒有時間。

Q：然後呢？

A：這裡是我的「無極仙洞」，這裡在我的松果體，兩個眼睛中間的裡面。安住在無極仙洞，隨時安住在無極仙洞裡面，不要被外境所干擾，不要讓自己被外境的變化所擾亂，隨時安住在你的無極仙洞裡面，安住於無極的狀態。

我好像坐在這裡很久，雖然我是無形無相，還是我一直坐在這裡？……喔，是一直坐在這裡。可是我現在才歸位，因為我這裡（松果體）才打開。以前這裡關閉起來，沒有跟這個肉體連結，現在歸位，打開。

（二）第三眼就是你的洞天福地

Q：是。

A：所以，不用去找什麼洞天福地的山洞修行，你一直端坐在自己的仙洞裡面修行，元

神端坐在自己的無極仙洞裡面修行。不用去深山修行，因為你的肉體裡面就有你的仙洞，你在你的無極仙洞裡面進入無極的不動狀態，你就是在修行。

Q：剛剛說感覺這裡在很高、很高的高山上，這是為什麼？

A：因為頻率很高，這裡的頻率跟物質世界的頻率相比起來很高。

Q：山洞外面都是白白亮亮的會反光，為什麼？

A：這表示我在無極的狀態所反映的物質世界都是白白的會反光，表示沒有照映出什麼東西，所以白白的會反光。表示我在這個狀態所反映出去的物質世界，沒有需要去平衡的業力，所以都是白白的會反光。外面沒有東西要去平衡，以我的元神的狀態來說。

出去無極仙洞，就是以我的意識所反照出去的現實世界，這裡面是「空」，外面就是「有」。

我的「空」的意識狀態所反照出去的現實世界是白白的、亮亮的、很光滑，不是紛擾的塵世，而是在高山上，沒有沾染任何俗世的因緣業力。表示我現在站在高點看著俗世的一切，提醒我要站在高處，看待俗世的一切。

（三）站在高處看著世間的一切，不要落入世間戲劇當中

Q：是的。

A：因為我現在回到本然狀態，所以我就是待在我的無極仙洞裡面——就是我的第三眼的智慧狀態，空、無的本質，不動三昧的狀態，無極的狀態——去看這個世間。你要站在高處看，而不是在地面上跟著俗世的人一起打轉。

雖然我在這具肉體裡面住在人世間，但事實上，我還是在我的無極仙洞裡面，在這個定靜的狀態下存在於這個世間，看著這個世間的一切種種發展。所以，像是在這個世間，又不在這個世間。這個肉體就是你的仙洞，這需要你自己去感受。

無極。我歸位了，這是我的第八識回到無極的狀態，無形、無相、無名。

Q：為什麼剛剛看到的無極仙洞外面都有高山擋住？

A：現在看出去前面還有高山擋住，那些白色的山就是我的迷障。我還沒有完全移除我內心的迷障，要繼續往內修行，繼續突破內在的障礙。回到無極的定靜狀態，突破阻礙自己清醒的無明妄念、執念及慾望。要繼續去突破，那麼周圍的山就會被清除，我才能夠看得更遠。現在感覺周圍都是山把我包圍住的，就是我的迷障，我的內在還是有一些搞不懂的地方，還沒有釐清的無明妄念，要繼續去面對、釐清、清理、看破、放下。

（四）無極就是「道」

Q：回到這個狀態之後，他會如何？

A：他會自在地生活，有也好，沒有也好。自在自然地回到「道[19]」的狀態生活，「無極」就是「道」。雖然處於塵世，但不在塵世，你真實的狀態就是在你的「無極」狀態下。

現在只是讓他再更熟悉這個狀態，然後再運用一些之前世間修行人曾經到達這個狀態時所運用過的語言讓他更理解，這就是「無極」的狀態。「無極」的狀態就是回到事實真相的狀態，就是剛剛理解到的覺得「什麼都沒有」，但是「什麼都沒有」的另一面一出去就是「有形有相」的世界。

你在「無極」的狀態就是「什麼都沒有」的「無形無相」的真實狀態，可是另外一面就是「有形有相」的世界。所以，你要隨時安住在你的無極仙洞裡面，回到本質的狀態，安住在這個本質的狀態，體驗周遭的現實世界。

你要記得你是站在很高、很高的高處，來看著這個世間發生的一切，不要去跟世間人攪和在一起，要站在高處看，你才能看得一清二楚；不會被俗世凡間的種種幻境、幻象擾動你的「無極真心本性」。

Q：**是**。

A：這一次就是要讓他更瞭解回到這種狀態，回到「歸位」的狀態，隨時回到這個狀態，運用另外一種形容用語就是——回到自己的無極仙洞。

這是上乘的道家修行方法。很多過去的道家修行者，都會去深山找一個洞天福地修行，那是屬於外在的修行場所。可是，真正的最上乘根器的仙道修行者，是回到自己內在仙洞修行，那才是真正的洞天福地，而不是一處實際深山裡的山洞。你要真正回到自己的內在無極仙洞修行，這才是真正上乘的道家修行狀態。不用去深山修行，你的仙洞就在你自己的內在。

（五）放下無明妄想慾望，你就會進入你的無極仙洞

Q：**什麼是「無極」？**

A：「無極」的狀態就是回到「本源」的狀態，回到「生命真相」。

Q：**什麼是進入「無極仙洞」修行？**

A：第七識從松果體（第三眼）打開，運作第六識，統合前五識。

Q：**如何真正回到自己內在的「無極仙洞」修行？**

A：放下你的無明妄想慾望，先去放下你的無明妄想慾望，放下得越多，你的神識就能夠越來越回到你的無極仙洞。只要你放下你的無明妄想慾望到達一定的程度，你就會越來越回到你的無極仙洞。

也就是從小我第六意識當中醒來，回到第七識的清明智慧狀態，你就會進入你的無極仙洞。所以你還是必須在「提升心性」這個部分多下功夫、多做功課，多做修煉——也就是放下你的無明妄想慾望。

（六）第七識就是你的高我

Q：你現在是什麼狀態？現在正在跟我說話的是什麼？我可以如何理解？

A：我是這個身體的更高意識，如果你要說是「第七識」的狀態也可以，而第七識又連結第八識，又連結本源，沒有分別，或者你要稱我為「高我」、「本我」、「真我」也都可以。

處在一具肉體當中的時候，你還是會有這個肉體的人格意識（小我意識），因為你還是要以一個肉體的身分，活在這個物質世界當中。而他現在並沒有完全離開這具肉體的人格意識，當然也不需要，因為他還是活在一具人類肉體當中，他還是要當一個人類，他還是正在體驗當一個人類。

只是他要練習越來越清醒，越來越回歸於本我更高意識，也就是常常回到「歸位」或「無極仙洞」當中無形無相的空、無的本然狀態，他就會越來越回到更高意識（第七識）的清明智慧。

所以，他現在還是會來回在「小我人格意識」及更高意識的「第七識」切換，因此以這種催眠方式（量子催眠法）才能夠更連結到我這個意識層面，更完整地帶回這些對他有幫助的訊息。

Q：好的，還有什麼要提醒他的嗎？

A：隨時回到這裡，安住在這種「無極」的定靜狀態，常常練習回到這個狀態，隨時練習。

19 此處「道」意指《道德經》所云：「道可道，非常道；名可名，非常名。無，名天地之始；有，名萬物之母。故常無，欲以觀其妙；常有，欲以觀其徼。此者，同出而異名，同謂之玄。玄之又玄，衆妙之門。」當中所指之「道」。

第六章 貫通中脈

氣收丹田，貫通中脈，直衝第三眼，
收攝所有往外求的無明妄想慾望，自然就能夠促使身體氣脈暢通，
不需要特別練氣或練身體

如果藉由放下多餘不必要的慾望而回歸生命眞實狀態，我們的身體會生起什麼樣的變化？道家及氣功所謂的中脈、丹田、炁在身體氣脈流動的原理及原因是什麼？為什麼身體健康的人看起來很有活力，身體虛弱的人卻看起來有氣無力，這種活力、氣息、精氣神指的是什麼？人眞的有先天帶來的儲存在丹田裡的先天能量嗎？練氣的人到底練的是什麼呢？

另外，為什麼我們的內心總感覺有一個很深的空洞，讓我們總覺得自己不夠好，得到什麼都無法感到滿足，那個很深的空洞似乎沒有可以填滿的一天，這個內在的「空洞」是什麼？有可能填滿這個「空洞」嗎？

再者，為什麼有些人雖然打開第三眼並能夠顯示神通能力，卻因此走上騙財、騙色的邪魔歪道之路？眞正往內修心者可以如何避免在修行上誤入歧途？先天能量流入性器官會對人體造成什麼影響？以及身體性器官、性行為及性與先天能量的相互關聯？而一位修心者如何以更加客觀平衡的心態，看待自身的性器官、性行為及性慾望？

本章重點先描述「先天能量的運作及運作原理」，接著再解釋「如何透過內在修行讓先天能量貫通中脈，直接連通第三眼」，並且說明「為什麼有些人修到打通中脈，衝開第三眼而能夠展示神通，最後卻因此走入邪魔歪道」的主要原因，最後再粗略說明「先天能量與身體性器官、性行為及性慾望的關聯及影響」。

(一) 生命能量即靈魂投胎帶來的先天能量

Q：你看到什麼？(另外一天的催眠)

A：一個不大的空間，暗暗的，安靜，超越時間。我又來到第三眼，但這一次沒有開口

了，上次像是山洞有開口，這一次沒有開口，所以都是暗的，空無一物，空的狀態。

Q：然後呢？

A：接著，感覺肚臍下，也就是丹田[20]的地方有能量往上升。應該是肚臍下方、脊椎與肚臍之間有一個能量通道，這應該是「中脈」。而肚臍下有一個能量中心，也就是「丹田」，或者也可以說是子宮裡面、兩個卵巢中間的能量中心。男性就不是在子宮了，但是也是在差不多相同的位置，肚臍下方。

這個能量中心裡的能量沿著中脈往上，貫通到第三眼。所以現在身體感覺有點想吐，因為肚臍下的能量正在往上衝到第三眼。

Q：這樣是在做什麼？

A：調整身體的能量平衡。

Q：肚臍下方的能量是什麼？

A：就是所謂的「生命能量」，也可以說是「性能量」。這個身體投胎時所帶來的先天能量進入這個肉體，如果這個能量沒了，就表示這具肉體即將死亡，靈魂就會離開肉體。

而靈魂帶來多少先天能量進入這具肉體，通常都是投胎之時就已經決定了。而投胎之後，肉體之內的先天能量的多寡會不會有所改變？通常不會改變，除非這個人在心性上產生巨大變化，以致於他的生命計畫改變，他的生命能量的多寡才會跟著改變。

否則，一般都是當你投胎的那一剎那，你的意識與你的肉體連結的那一剎那，就已經決定你帶來多少的先天力量（先天能量），並且儲存在肚臍下的丹田能量空間。

而這些先天能量、先天力量也決定你這輩子有多少「生命能量」得以在這具肉體運用，這也會決定你可以活多久。

這處位於肚臍下方的能量中心，若是女性身體的話就會是在子宮裡面，而道家修煉系統會稱之為「丹田」，這裡面儲存的是每一個人先天帶來的「生命能量」。

（二）生命能量貫通中脈，從丹田直達第三眼

Q：是，然後呢？

A：這個能量現在沿著中脈往上，「中脈」指的就是靠近脊椎，並且位於肚臍及脊椎中間的能量通道。現在，丹田裡的生命能量沿著中脈往上上升，通過胃部、心臟、喉嚨，再往上連通到第三眼，也就是將生命能量往上通到第三眼。

Q：為什麼生命能量要貫通到第三眼？有什麼功能及作用？

A：這裡的能量是每一個人投胎時帶來的「生命能量」，也可以說是你的「靈魂」、「第七識」所帶來的先天能量。而有些人會認知為「性能量」，這是因為這裡的能量如果往下往性器官的方向運作，那麼這些「生命能量」就會轉化成為「性能量」。

如果你控制得不好，你的性慾望沒有被滿足，你的性慾望產生壓抑或扭曲，你會不由自主地將自己的「生命能量」往性的方向運作，也就是往下往性器官的方向注入，這些能量就是所謂的「性能量」。

如果你控制得好，這些能量就是所謂的「生命能量」，也是得以被你駕馭、掌控的

「性能量」。也就是說，如果你對於自己的性慾望有健康、理性及智慧的理解，你沒有扭曲自己的性慾望，那麼你就可以控制好你的「生命能量」。

(三) 向內收攝心神，不再往外求得任何慾望的滿足

Q：是。

A：因為我的第三眼打開了，第三眼接通我的靈魂、我的意識，所以我的第三眼打開。而因為第三眼打開了，丹田的能量自然就會沿著中脈往上，貫通到我的第三眼。丹田的能量往上貫通往第三眼，也就表示我不會讓我的「生命能量」隨便流失。也只有在第三眼打開的時候，你才能夠讓生命能量往上流向第三眼。這也表示此時我不再將我的「生命能量」往外擴散。也就是說我的心性已經醒悟到一個程度，深刻領悟——往外已經求不到任何我想要的了。我理解「不管如何再往外求，都得不到我想要的了」。

往外求沒有用，我內心的真實狀態的「空」，無法透過往外求得的任何東西足以填滿，不管那個往外求得的是任何這世間的名聲、權力、地位或物質報償。我知道那些往外求得的東西無法真正滿足我，我已經不再生起強烈想要往外求得任何東西來滿足我的慾望，因此我不再將我的「生命能量」往外擴散。我不會再把我的注意力、精力，也就是我的「生命能量」往外去抓取一些東西，例如這世間的物質財富、社會地位、好的名聲，或者希望別人看得起我、肯定我、愛我。我切斷這些強烈想要向外索求的慾望，因為我知道從外在得到的這些已經無法滿足我。那些東西是虛幻的，就算我得到了，我還是填滿不了我內心一直存在的「空洞」。

Q：**是。**

A：而我也知道這個內心的「空洞」其實不是空洞，它就是「生命的本質」，無形無相，空、無的本質。生命原本就是無形無相，所以當我回到生命本質無形無相的狀態，這就是生命的真相，我真正的本質——空、無的狀態。

因此，我理解我不再需要往外求得任何東西來填滿我的「內在空洞」了，因為這種空洞的內在感覺——感覺自己的內在是「空」的感覺——其實就是生命真相「空、無」的本質狀態。

也因為我理解外在沒有任何東西可以滿足我，所以我會把我的注意力收回來。在過去，我的注意力不斷往外，想要抓取任何我可以得到的世間名利、富貴、地位、物質報償或其他人的看得起；而現在，我將這些注意力全部收攝回來，不再往外抓取、求取。

我收攝我的心神，也就是收攝我的「生命能量」，收攝往外求取慾望的注意力之後，其實我也收攝了我的性慾望。因為我知道就算我擁有能夠獲得滿足的性行為——外在有一個喜歡、愛我的肉體、需要我的肉體的另外一個肉體，然後給予我這個肉體滿足的性行為——也只是暫時的。

我說我收攝了我的性慾望，並不是說我不喜歡或厭惡性行為，而是我知道就算我滿足了暫時的性慾望，這也只是暫時的，所以我不會產生很強烈的想要滿足任何外在人事物帶給我的任何美好感受。

那麼我就會收攝我的注意力、心神、精神、生命能量，不再往外，我將生命能量往內收攝，不再向外想要求得那些暫時的滿足。

而我的意識回到清醒的高頻狀態的時候，我的小我意識不再完全掌控這個肉體，我的第七識可以真的融入肉體的時候，也就是我的第七識真正進入這具肉體的時候，我的第三眼就可以打開。這個時候，我就是轉識成智，所以我的第三眼打開。並且我的生命能量不再往外投射而想要抓取任何世間慾望之時，因為我的生命能量不再往外擴散，而生命能量本身即是流動性的，當生命能量不再往外流動，而我的第三眼也已經打開，那麼這股生命能量自然會往上，往第三眼的方向流動。

這些生命能量自然沿著通道往上流動，注入中脈，從丹田的位置注入生命能量，直達我的第三眼。我的生命能量在此時注滿在整個中脈的通道，在當中流動。因為這些生命能量不再往外流動，所以只好往內向中脈注入。

不過，這不代表我就沒有了性慾望，也不代表我沒有了眼、耳、鼻、舌、身等前五識的肉體慾望，而是我不再強烈地往外追求，想要滿足這些慾望。我還是會想吃好吃的東西、穿漂亮的衣服或體驗舒適生活的享受，也會想要有身體接觸上的美好感

受，但是我不會再產生強烈的渴求，以為我的人生重點是要追求這些慾望的滿足。我不再把我的注意力往外投射，當我將這些注意力收回來，也就是我將我的生命能量收回來，不再往外投射了。

過去的我，以及其他還處於小我意識狀態的人，都是將自身注意力往外投射，也因此將自身的「生命能量」完全往外擴散、發射出去。你覺得自己一定要往外抓取到一些東西、得到一些東西，你才能夠滿足。而我現在知道，就算抓取再多的東西也無法真正滿足，所以我不再往外抓取了。不再往外的時候，這些生命能量原本就是流動的，而我因為不再陷入小我意識的沉睡，第三眼也打開了，所以這些生命能量就會沿著中脈往上流向第三眼。

這其實是一種物理現象的能量活動展現。這是自然而然地，當你的心性到達一定清醒程度的時候，你的丹田到第三眼之間的中脈就會暢通，生命能量也會往這裡自然流動。

（四）若只著重練身體、練氣，你很有可能會走入邪魔歪道

Q：瞭解。

A：有些道家或其他修煉系統的方法，會要你直接修煉打通中脈，問題是你可以靠肉體的修煉來打開，然而事實真相是——只要你的心性到達，你的中脈自然而然就會打通，不一定得靠肉體上的修煉方式。

重點不是肉體的修煉，重點是你的心性只要到達，你的中脈一定會打通，第三眼一定會打開，丹田的能量也不會外溢。

如果你的修行方式是一邊提升心性，並且一邊修煉身體兩者併行，兩者也相互有所進展，你自然能夠在身心靈平衡的狀態之下，打通你的中脈。這個時候，你的身心靈發展不會失衡，你不會走偏。

問題是，現在世間很多人的修煉，只著重在於身體氣脈上的修煉，他們透過某些方式讓身體氣脈打通了，並不是自然而然地，因為收攝心神而不再對外產生強烈慾望，因而讓氣脈自然暢通。

現在世間大部分的修煉方法是透過禁止性行為的發生，或者修苦行、禁欲而不讓丹田裡的生命能量發散出體外。他們是透過忍耐、壓抑或控制的手段而不讓自己的生命能量發射、發散出去，進而修煉中脈當中的氣（或者道家稱之為的「炁」），如此也能打通這個能量通道。

這種修煉方式最大的問題是——他們內在的慾望並沒有真正放下，他們的內在還是充滿各種無明妄想慾望，只是暫時壓抑、忍耐，只是暫時束縛自己、控制自己不能滿足那些慾望。然而，他們的內在還是存有那些慾望，那些慾望並沒有消失，只是隱藏得很深，或者壓抑得很深而已。

Q：是。

A：他們的內心並不是自然而然到達一種狀態——理解、了悟生命的真相「往外得不到真正的滿足」，他們並不是自然而然地熄滅往外求的慾望，切斷往外求的慾望，因而打通自身中脈，打開第三眼。

他們運用修煉氣脈的方式，強行打通中脈，衝開第三眼，於是產生某些神通，或者

身體練到跟一般人不同的狀態，也許是比較長壽、健康，或者可以分身、放光、飛天盾地。

因為這些神通力都是靈魂本自具有的能力，當他們強行練氣衝開第三眼的時候，自然可以展現出某些靈魂本有的能力。但是，最大的問題是，他們的心性並沒有跟著提升，他們並不是自然而然止息對於外在慾望的追求，進而收攝其生命能量。他們不是真正了悟「往外得到的一切無法真正讓自己感到滿足」，因而熄滅不必要的慾望，讓自己自然而然因為慾望的止息而開通第三眼。

因為慾望的止息而使第三眼打開的時候，靈魂才會自然歸位，元神才會歸位。元神歸位的時候，你才會是以第七識主導肉體的運作。

而那些練氣、練身體的人，他們並不是第七識歸位主導這具肉體的時候，卻只是運用控制慾望、控制生命能量而衝開中脈、衝開第三眼的時候，他們仍然只是運用充滿無明妄想慾望的小我意識，也就是第六識主導這具肉體的所有活動，包括控制第三眼。

那麼當他們以小我第六意識運用其神通力的時候，他們一定會走偏。因為他們的小我慾望並沒有放下，他們自然會運用自身的神通力滿足其小我慾望。這些人就是你們世間人熟悉的邪教教主、神棍、入妖入魔者，他們都是在這種狀態修煉成第三眼，並不是讓其元神（第七識）真正歸位。

如果是修白道、仙道的人，在某種程度上，你一定會讓自己的元神歸位而打開第三眼，恢復某些靈魂能力。在某種程度上，這樣的人不太會運用他們的神通能量滿足其小我慾望。如此你才是往仙道、白道的方向修行。你必須破除一定程度的小我無明妄想慾望，你的心性具有一定程度的提升，你才不會在修行道路上走偏，走向邪魔歪道、入妖入魔，或者成為擁有許多信徒的邪教教主。

在這個世間，因為修行而誤入歧途的最主要原因，就是只著重於修煉身體，只著重於修氣脈、脈輪、練氣（炁），卻沒有在心性方面下功夫。當他們沒有看破小我，沒有練習提升心性、提升心靈頻率，沒有學習看到自己的真相，沒有學習看破自己的無明妄想慾望，他們沒有讓自己的第七識回到第三眼，沒有讓自己的元神歸位，沒有轉識成智的時候，他們很容易會誤入歧途。

他們不一定會誤入歧途，但是很容易誤入歧途。

因為當他們擁有神通力的時候，他們誤以為自己已經開悟；誤以為自己一定是因為心靈提升，才會展現神通；誤以為自己比一般人都來得清淨、有智慧或高一等；誤以為自己修行有所成就，因而自高、自傲、自滿起來；甚至誤以為自己已經成仙、成道、成佛，這都有可能。

而這個時候，他們幾乎一定會運用自己的神通力滿足自身的小我慾望，讓自己更有名、受更多人的崇拜，成立團體、成立宗教，吸收更多人來信仰他、跟隨他、崇拜他，收很多錢，賺很多錢。他們什麼都想要，要名、要利、要信徒的崇拜。而往往這個時候，當他們這沒有真正熄滅自己的小我慾望，而這些小我慾望也包括性慾望。當他們誤入歧途，以充滿無明妄想慾望的小我第六識控制其第三眼及肉體的時候，他們也會運用其神通力或某種身分、地位滿足其被壓抑或扭曲的性慾望。

這就是你們現在可以看到的世間上，那些走入邪魔歪道的修行者產生偏邪行徑、產生永無止盡的小我慾望的主要原因。

這些人或團體，你們以為他們具有神通，已經開了天眼，有些你們會稱之為邪教；或者有些雖然走偏了，但你們卻誤以為是正道；或者在正道當中也存在這些走偏的修行者，你們必須小心分辨。

Q：是的，瞭解。

A：這些人為什麼會走偏？因為他們並不是讓自己的第七識元神歸位，不是因為心性提升而自然而然收攝生命能量，止息不必要的無明妄想慾望，不再向外求，不再生起向外索求來得到滿足的慾望，然後自然衝開第三眼，回復其靈魂能力。

這也是為何古代傳統正道的修行大德們一再提醒、強調——修行必須「性命雙修」的重要性。你必須修煉你的心性，讓自己的心性提升，並且同時修煉你的身體，如此你才不會走偏。

如果你無法性命雙修的時候，你寧願先修心性，而不要先去修你的身體、氣脈或脈輪。最好能夠雙管齊下，如果不行的話，請先修煉你的心性，放下越來越多你的無明妄想慾望，然後你再去練氣、修氣脈、修身體。

但是，如果你太著重在身體功法、氣功或氣脈的修煉，而忘記心性的提升，這樣的修行絕對不究竟，而且最終你非常有可能只是往魔道或妖道的方向修行而已。因為

你會拿修行得來的能力，滿足內在沒有放下的小我慾望。你不是真正熄滅那些慾望，你並不是真正看破世間幻象，了悟：「啊，這世間往外求得的都只是暫時的，無法讓我得到真正滿足。」

如果你沒有先止息內在的無明妄想慾望，卻先回復了自身的五感神通能力，你會非常容易、很有可能且不由自主地，運用這些能力來滿足小我慾望，那麼你就是走入邪魔歪道，往魔道、妖道的心靈能量頻率方向墮落。

Q：是。

A：當你不是以第七識運用五感神通能力的時候，你運用這些神通能力滿足自身小我慾望，你其實正在造作更多的業力。因為為了滿足小我慾望而運用神通力的時候，你一定會因此而造作更多的負面業力，也就是惡業。

如此，你的心性只會更加無法提升，心靈頻率無法提升，你的靈魂也無法提升。你的第六識只會越來越沉重，第七識（靈魂）的外面只會累積越來越多的負面沉重業力，所以你的靈魂只會越來越沉重。

因此，即便你修煉到具有神通，可以分身、放光，或甚至長生不老，可以活個幾千年、幾萬年，你還是無法脫離小我第六識的幻境，你也絕對無法脫離輪迴，你還是只能留在地球人間繼續輪迴，無法出離。

你無法升天，也無法回到本源，你只能留在地球上的人間，而你可以長生不老，那麼你就會墮入妖、魔的頻率狀態。

Q：是。

A：另外，有些人雖然修行具有神通，可是他們還是有某些無明妄想沒有看破，不過他們並不會拿神通力造作惡業，過度滿足自身小我慾望，那麼他們可能會修成「地仙」而長生不老，他們不算走偏。

有些「地仙」也是這個狀態，他們修的是白道，但是卻只著重在修命，心性沒有跟著提升上來；因此他們沒有辦法讓元神歸位，不過他們也不會拿神通來加深自己的惡業，所以他們不是往妖道、魔道的方向墮落。他們雖然長生不老，卻還是只能留在地表人間，無法上升到天界，也回不到本源，只能成為所謂的「地仙」。

這是因為他們還沒有突破小我，他們只有破除了某部分的小我無明妄想慾望，但是沒有完全，所以還是以第六識的小我無明妄想慾望感知這個世界，他們還困在自己的第六識。無法回歸第七識的時候，他們也無法上升到天界，因為靈魂不夠輕盈，他們自然無法往上升。

Q：**是。**

A：以上所述就是說明「為什麼有些人雖然擁有神通，卻走上邪魔歪道」的主要原因。在你們這個世間，大部分為人所知的具有神通或開第三眼者，幾乎都是入妖、入魔、進入邪魔歪道，他們開的幾乎都是鬼眼、妖眼或魔眼，並不是天眼。而大部分在人前展現神通力，藉以吸收信徒，取得其他人崇拜，進而累積許多財富、名聲的，都是這些修行誤入歧途的邪魔歪道。雖然他們具有神通，但是他們的心性並沒有比一般人更提升，也沒有真正從小我幻象當中清醒過來而以第七識主導肉體的運作——歸位，回到生命真相。

所以，修行必須「性命雙修」，只要你的心性提升到一定的狀態，你的第三眼自然會打開，中脈自然會暢通。因為這是物理現象，能量自然流動的現象。當你的第三眼自然打開，生命能量自然不再往外流動，於是只好往上衝，你的中脈自然會暢通。

（五）不再外求，你才能切斷與其他人的能量鉤子與繩索

Q：中脈貫通之後，對這個身體（個案）有什麼影響？

A：他的生命能量不會再往外擴散、發散、投射，他的能量不再往外流失，只會留在自己的身體裡面，那麼他的力量會越來越強，能量會越來越強。因為他不再往外抓取，也不會希望別人看得起他、肯定他、愛他，也不再需要某個人對他好，所以他的能量不會再往外投射。

沒有覺醒之前，你們的能量都是往外擴散、索求。如果你看得到能量狀態，你會看到自身能量場延伸出去很多條的能量繩索、能量線，這些能量線像是在搜尋、探求、抓取著什麼。你們會不斷將「能命能量」以能量線的方式往外發散、索求。而

其他同樣尚未覺醒的人也同樣從自身發射出許多條能量細線，當你們相遇，互相對對方有所求，想要對方喜歡你、看得起你、給你你想要的，你們之間的能量細線就會糾纏在一起。

因為你想要他（或她）看到你，你想要他給你愛，你想要他對你好，所以你的能量會不斷往外抓取這些。也因為如此，你的能量線可能連結到別人身上的時候，就會形成能量鉤子的狀態，緊緊地鉤在別人的能量場裡面；或者別人的能量鉤子也會鉤在你的能量場。你的身上會有許多能量細線往外四散，並且形成許多鉤子鉤在不同的人身上，而你的身上也有許多其他人的能量鉤子，你們相互沿著這些能量線及鉤子，相互索求或給予彼此的生命能量。

Q：是。

A：但是，等到你們開始覺醒，開始將你們內在的無明妄想清理掉，醒悟向外索求無法讓自己真正滿足的時候，當你開始放下這些不必要的無明妄想慾望的時候，你就能夠清理掉與其他人的能量糾纏。

你會收回鉤在別人身上的能量鉤子，而別人鉤在你身上的能量鉤子，你也可以將其解開，然後丟回去。因為你的內在已經放下那些向外索求的慾望了，而你也會不再給予不必要的注意力在別人身上，你自然可以解開那些鉤子。

當你覺得不需要了，你不再往外求了，你也不會給予別人。因為當你會給予別人那些不必要的關心、愛或注意力，是因為你也想從別人身上得到這些；而當你不再想從別人身上，得到這些不必要的情感投射與關係的時候，你自然不會再給予別人這些不必要的關愛及注意力了。

等到你清醒到某個程度，完全放下所有的無明妄想慾望，完全不再向外索求的時候，你自然會將所有的生命能量收攝回來，不再與其他人產生任何能量糾纏。你的靈魂能量光球將會回復完整，你的靈魂能量不再往外擴散，而且完整又乾淨地與你的肉體融合。你的靈魂是一顆完整的能量光球，然後你就能夠回歸你的肉體，回歸你的第三眼，打開你的第三眼。

這時才是真正的「靈魂歸位」，第七識回復到肉體。這也表示你的前六識已經轉識成智，前六識轉為「智慧」而不再是「慾望」。那麼你的第七識才有可能真正統領

你的肉體，你才能夠元神歸位，第三眼打開。此時，你就是「完整靈魂」的狀態。回到完整靈魂的狀態之後，你還會有更多的體會，你要自己再去體會。第七識歸位，你就是回復到完整靈魂的狀態。第七識沒有分別，沒有分割，請自行再去體會。

（六）完整靈魂、雙生靈魂、性慾望及性高潮

Q：如果你是完整靈魂的狀態，那麼你的雙生靈魂呢？

A：他（雙生靈魂）只是靈魂的另外一個面向，但不妨礙我回到完整靈魂的狀態，所以現在的我不需要他來讓我照見靈魂完整的狀態。因此現在我會不會遇到他，或他有沒有來地球投胎，對我來說已經沒有那麼重要了。因為我不需要有一個外在的人，來讓我回歸到自己真正的狀態，所以有沒有遇到這個人或有沒有這個人，已經不重要了。

以前我會需要有那麼一個對象來讓我回到自己的靈魂，然而現在我已經回到自己的靈魂了，所以有沒有遇到他已經不重要了。我會越來越覺得不重要了，因為我已經不再外求。

有也可以，沒有也可以。

我也許還是會想吃好吃的東西、穿漂亮衣服、想要跟其他人擁有真情的互動，但是沒有也沒關係了。或者如果有美好的性經驗也不錯，但是我不會因為沒有這些，就認為自己的生命有缺憾。以前我可能會覺得這樣的話，自己就不是一個有價值的女人——唉，這個肉體沒有人欣賞、沒有人需要，沒有人對我的肉體有慾望，這是因為我不夠好、不夠漂亮、不值得被愛。

我無法從外在的肯定來展現我的價值，但是我現在不需要這些了。因為我知道我的生命真相就是無形無相「空、無」的本質，所以我不需要那些外在的一切來展現我的價值。

回到生命真相之後，你會知道外在可以得到的一切，絕對無法填補內心的「空洞」。但其實你以為的「空洞」事實上卻是你的「生命真相」，因為生命的真相就

是無形無相，你只是暫時以有形有相的肉體，在這個有形有相的幻境世界體驗而已。

然而，其實你是永恆的，你是無形無相的。

你可以暫時以這個肉體來體驗這個世界，滿足這個肉體的慾望，但是你不會強烈地一定要滿足某些慾望。因為你忘記了自己的真相，你忘記自己是無形無相，你忘記自己的內在其實是一個很大、很大的存在。你以為這就是「空」，你必須去填補、填滿。你覺得這是空虛，你要去填補。你以為你的內在空無一物，你不夠好，你覺得自己好空虛，所以你要從外在來填補，你努力地讓自己變得更好。

當你領悟生命真相，當你認回自己的生命真相，你會知道你的生命真相就是這樣：空無一物、無形無相、空、無。當你自在地存在於這種「空、無的定靜」狀態的時候，你回到你的真相。

此時，你自然明白那些外在慾望的滿足是不必要的，你自然而然不需要了。你什麼都不需要，你也不用變得更好。

Q：**瞭解。**

A：當然，你並不需要特意要求自己不能產生慾望，或壓抑自己的慾望，而是一步一步透過理解生命真相，看破自己的無明妄想慾望，你自然而然就會逐漸回到生命的真相。

不要特意壓抑自己的慾望，而是先去面對、看破、放下內心的各種無明妄想慾望，那麼你自然而然就會逐步回歸到自己的生命真相，回到完整靈魂，歸位。

Q：**回到生命的真相之後還有會性慾嗎？**

A：如果有的話，也是一種觸感的樂趣，你會是以一種樂趣來做這件事，就像是想吃好吃的東西也是一種樂趣，慢慢去體會。

但是他不會刻意渴望找到一個對象進行性行為，如果這個對象無法讓他感受回到內在真實狀態的美滿感受的時候，他不可能會想要與任何人產生性行為。因為如果這個對象無法讓他產生回到第七識「空、無」的美滿狀態的時候，他無法與這個人產生性行為。

當你覺醒的時候，你已經回到第七識了，可是如果你的對象還沒有從小我當中覺醒，他（或她）身上的能量就是小我慾望第六識的能量，那麼你絕對不會想要跟這個對象產生性行為。除非你的對象是你的靈魂的另一個面向，而且他（或她）也回到完整靈魂的狀態，他也回到第七識的狀態了，你才有可能會想與這個人進行肉體與靈魂上的融合，進而產生性行為。

否則，只要還是處於第六識小我狀態的人靠近你，你都會覺得不對勁、不和諧、不舒服。你不再有可能隨便與任何一個人產生性行為而得到滿足，能量上你會感到不舒服，所以你無法這麼做。連他們靠近你，你都會感到不舒服了，當然也就無法有更進一步的接觸。

另一方面來說，收攝往外求的慾望之後，你還會需要好朋友、好閨密嗎？不需要。你還會需要有一個丈夫或男朋友嗎？不需要。因為你會覺得那些小我意識的互動與關係沒有意義，你會覺得沒意思，不會想要再與一般人的小我意識產生過多的互動與關連。

Q：那麼他還會自慰嗎？

A：你要先清楚「自慰」是什麼？自慰是因為你想要讓身體感到愉悅，因為身體皮膚藉由觸摸會感到愉悅。而你為什麼想要讓自己的身體感到愉悅？

因為在性高潮的那一剎那，你會感受到什麼？性高潮的那一剎那，其實你回到的是你的生命真相，你回到無形無相的狀態。所以，性高潮的那一剎那，你回到的是你的「第七識」。這也是為什麼人類想要追求性高潮，因為你回到的就是你的「第七識」。

然而，有些人類卻在追求性高潮的過程中，造作更多的惡業，將自己元神（第七識）能量光球之外，覆蓋住更多的迷失沉重能量（業力能量）。如此，再多次的性高潮也無法幫助你清醒、覺醒或開悟，無法幫助你真正回到第七識生命真相的狀態。

「第七識」就是無形無相、什麼都沒有、空、無的狀態，這就是性高潮那一剎那，你能夠感受到的狀態。你們可以自行去體會看看。

不過，有關「性行為」、「性能量」或「性高潮」這部分還有許多內容可以說明，

但是今天先不多說，等到以後時機到了，會再描述更多。

Q：如何是控制得好性能量？

A：放下你們世間所有對於性行為、性器官、性關係的所有知見、見解及各種論點。放下這個世間，各個民族、各個宗教、各種不同思想對於「性」這件事情的各種想法，全部放下。重新去檢視、面對你的身體、你的性器官，然後去感受你的身體、你的性器官，重新去看待你自己的身體、你的性器官。

因為你現在進入一個人類肉體，而現在人類肉的型態主要就是分為兩種性別，這兩種性別你們人類稱之為「男性」與「女性」。而男性與女性具有不同的性器官，當這兩種不一樣的性器官接觸，到達某一種狀態的時候，你們就可以因此產生另外一個人類肉體，提供另外一個靈魂進駐。

但是在這個過程當中，人類對於這件事情產生太多、太多扭曲的行為、想法、規定或社會制度，甚至是暴力行為及控制事件。也因此讓你們整體人類對於「性」這件事產生非常大的扭曲、誤解及創傷，並且一代傳過一代，你們被教導並灌輸這些扭

曲、誤解及創傷，並且以此來看待你的身體、性器官以及「性」這件事情。

所以，放下從過去到現在整體人類對於「性」、「性器官」及「性行為」的所有看法及見解，全部都先放下。重新以一個沒有任何先入為主的觀點來看待你的身體，重新看待你的性器官，那麼你就會以一個理智、冷靜及科學的觀察者的角度，來看待你的性器官、性行為及「性」這件事。

這個就是一個你的身體，你對於你的身體擁有完全的自主權，所以你要好好運用這個身體、照顧這個身體。當你產生性慾望的時候，你可以去抒解。而你抒解的方式一定是讓你感到愉悅、舒適的方式，也許你不一定要找另外一個人來抒解，或者你也不一定需要透過性行為，才能抒解這個慾望。

因為你們誤以為你們只能找另外一個人產生性行為，才能夠抒解這個慾望。其實你們不一定需要一定得跟某個人產生性行為，才能夠滿足你們的性慾望。換句話說，就算你擁有性器官，你也不一定要有性行為。

你們必須好好看待自己的身體，你是一個具有自由意志、獨立自主權的人類，所以你可以好好管理你的身體，好好運用你的身體。不要濫用，你的肉體就是你的資

產，你要好好愛護它、保護它，不要濫用它。這也包括你要好好管理你的性器官，好好運用你的性器官，不要濫用。

好的，有關「性」這件事情，等到之後適當的時間，再來完整說明。因為現階段的內容不足以完整說明這件事情讓你們瞭解，這件事說簡單很簡單，說不簡單也不簡單，因為你們人類的小我把「性」這件事情搞得很複雜，以後必須慢慢拆解，我才能把這部分的問題說清楚。

Q：男性身體與女性身體在修行上會有不同嗎？為什麼說女人不能修成佛、菩薩？

A：修行只是一種意識頻率的轉化及進展，跟你進入一具男性肉體載具或女性肉體載具無關。

所以，放下對於男性、女性身體的無明妄想，你才能夠真正進入「無極」的狀態。只要你還是落入一個有形有相的身體形象進行你的修行，那麼你就還是落在一個有形有相的「無明妄念」當中修行，你絕對無法修到回到「無極」的狀態。

你必須放下對於身體的執著，你才能夠回到「無極」。不管你擁有一個什麼樣的身

體，即便你是在動物的身體裡面，你也能夠回到「無極」的狀態。即便你處於一具沒有性別或雙性的外星人身體裡，你也還是能夠回到「無極」的狀態。

因此，不管你擁有什麼樣的身體，跟你的意識頻率的轉換、轉變或回復到生命原來的狀態，都沒有關聯，因為肉體只是暫時的。而其他過去一些修行系統或修行者所流傳下來，講述關於男性、女性因為生理結構不同，而產生修行效果或狀態的差別說法，不予評論。

你們就是依照你們自己現有的狀態，好好修行，好好放下自己內在的無明妄想慾望。不管你是哪一種性別，不管你有沒有性別，不管你有沒有肉體，只要好好修行，你們都能夠回到「無極」的狀態，都能夠回到生命的真相。

Q：聽起來，佛家與道家的修行可以到達的是同樣的狀態？

A：生命的真相就只有一個，就是回到無形無相本源的狀態、合一的狀態，所以不管你是什麼宗教、學習什麼修行系統、說什麼語言，或者你是人、還是動物或外星人，只要修煉回到生命原來的狀態都是一樣的，都是同一個。

20 「丹田」為道教修煉用語，意思參見教育部《重編國語辭典修訂本》釋義：「人體臍下一寸半或三寸的地方」。本文當中所指「丹田」則以本文內容說明為主。

第七章 性命雙修

看破、放下無明妄想慾望，才是修行第一要務

本章說明「心性提升」的重要性，強調「放下無明妄想慾望」為修行第一要務，必須擺在練氣、練身體、打開第三眼神通力之前，否則將可能因為沒有放下足夠小我無明妄想慾望而誤入邪道，造作更多讓自己痛苦以及困在地球輪迴的沉重業力。

另外，也提醒眞正修心者必須小心注意，不要強行透過練氣或其他介入式方式打開第三眼神通能力，因為這些能力是每一個靈魂本自具足的靈魂能力，不需要強行打開。否則，當你的智慧還不足、心性還不夠提升，也無法堅定降服內心各種無明慾望的時候，恢復神通能力對你來說是禍不是福，是災難而不是禮物。

回到生命眞相，一切如常，你會安心自在當一個平凡人，不會想往外求，也不會希望別人看到你，你會理解成為人類在地球物質世界體驗，最美好且智慧的體悟是：

有也好，沒有也好，都是一樣的。

（一）轉識成智，第七識回歸肉體

Q：然後呢？

A：這一連串訊息說明的是——當你的前六識轉識成智，你從小我意識當中醒來，第七識回復到肉體裡的松果體，統領並主導前六識的作用，以道家說法就是「元神歸位」。

而以道家修行體系，他們會稱歸位的松果體（第三眼）就是你的「無極仙洞」。接下來，當你在無極仙洞修行一段時間之後，你不再往外求，你會收攝所有的生命能量，那麼你的「中脈」就會自然而然地暢通，生命能量自然會往上貫通到已經打開的第三眼。

也就是說，當你的心性提升到達一定程度的時候，你的「中脈」一定會暢通，你自然就會「貫通中脈」。

慢慢去感受吧，這也必須是他（個案）的心性有所提升，我才能夠在催眠中讓他理解這個狀態。他必須放下、清理更多內在的無明妄想慾望，他才能夠更加理解。

(二) 心性提升是修行第一要務

Q：是。

A：所以，心性的提升非常重要，而且是修行的第一要務，就是「看破、放下你的無明妄想慾望」。這是第一步的修行重點，你必須先看破、放下內在的無明妄想慾望，回到你的「真心本性」。

看破、放下越多的無明妄想慾望，你就會清理、平衡越多覆蓋在你的靈魂光球外的沉重能量（業力能量）。你的靈魂光球也就會越來越乾淨、越來越輕盈，你就會越來越回到你的「真心本性——原來的狀態」。

那麼，你的第七識就會越來越跟你的肉體融合，等到你真正完全放下所有的無明妄想慾望，回歸到你的「真心本性」，也就是你的「第七識」的本然智慧的時候，你自然而然就能夠打開你的「智慧之眼」，回復你的「智慧之眼」，也就是你的「第三眼」。

然後，因為你不再往外求，你回到你的「真心本性」，於是位於丹田的「生命能

量」，或者說是「性能量」，就不會再往外擴散、往外抓取。你不會再伸出能量鉤子鉤住別人，也放掉別人鉤住你的能量鉤子，因為你已經清理了內在的無明妄想慾望了。

因此，你的「靈魂」會越完整、越乾淨，也就是包圍住你的身體的「能量場」會越完整、越乾淨，並且你的「生命能量」不再往外擴散抓取任何東西，你也不會再跟其他人的能量場相互連結與糾纏。

你肉體外圍的整顆「能量光球」會越來越乾淨，能量也不再往外四散，你會向內收攝。這個時候，你的「生命能量」就會自然而然地從你的丹田，沿著中脈往上直通第三眼。這是因為心性提升之後，身體能量自然發生的物理現象，能量自然向內收攝，往上貫通。

Q：**是。**

A：這種「貫通中脈」的現象，也可以運用練氣（炁）的方式達到。然而，如果你的心性沒有跟著提升，你並沒有元神歸位，你還沒有看破、放下絕大

部分的小我無明妄想慾望，卻因為練氣而打開第三眼，回復部分神通五感能力的時候，你會非常容易走偏，因為你會不由自主地運用神通力，滿足內在的各種小我無明妄想慾望。

或者，也許你不會走偏，但是你可能自我滿足於展現神通，或者練氣練得身強體壯、長生不老而讓你感到很自滿的狀態，你還是困在小我意識的幻境當中。當你無法讓自己的元神歸位的時候，你就無法突破輪迴。

就算你這一世透過練氣、練身體，修到身強體健、長命百歲，甚至修到陽神出體，但問題你還落在小我第六識的不清醒狀態，即便你沒有走向邪魔歪道，你仍然無法脫離輪迴，下輩子你可能還是要繼續再來輪迴。

所以，「心性提升」非常重要，「心性提升」是修行的第一要務、第一重點，絕對不可偏廢，不要本末倒置。

（三）看破、放下你的無明妄想慾望，不再往外抓取

Q：什麼是「心性提升」？

A：就是「看破、放下你的無明妄想慾望」，你要內心真的非常清楚瞭解、澈底了悟「啊，一切外在我想要去抓取的那些世間世俗的名譽、地位、利益及慾望都不重要，就算滿足也只能暫時滿足，我無法真正的從外在抓取到的東西得到真正的滿足。」如此，你才會真正熄滅「往外抓取」的慾望，真正從內在熄滅這些慾望；不是壓抑，也不是刻意控制。當你真正熄滅這些無明妄想慾望的時候，你也才能夠真正脫離小我的控制，回到第七識的狀態，來運用這個肉體，運用前六識。當你真正地「轉識成智」，讓你的「元神歸位」的時候，你才有可能真正往脫離輪迴的道路前進，你才是真正往上提升，提升你的心靈頻率。

再次強調，「看破、放下無明妄想慾望」是第一要務，一定要先去做，這是最重要的步驟，也是第一個步驟。

第一個步驟做得不夠紮實、穩固的時候，你就會很容易走偏。走偏的話，只會讓你

繼續困在人間輪迴得更久而已。困在人間輪迴得更久，其實也沒有什麼關係，只是要注意不要讓自己墮落得更深而入妖成魔。入妖成魔之後，當你想要回歸生命本源的時候，你會需要花更久的時間，而且也會比較痛苦。

因此，為了不要自找苦吃，為了不要讓自己痛苦地困在世間輪迴打轉，先去面對、看破、放下你的無明妄想慾望，回到你的「真心本性」，再來修煉身體、修脈輪、練氣（炁）。

如果你連第一步都還沒有做，就去修東修西，你會很容易誤入歧途，甚至入妖成魔，這就是你們現在世間修行的亂象。

（四）神通能力人人本自具足，不要強行打開

Q：是。

A：有些人會特意想要尋求神通，但是神通只是每一個人靈魂原來的能力而已，不需要

追求，你本來就有。

問題是，如果你的智慧還不夠，卻已經回復神通的時候，對你來說這些神通不會是禮物，而是災難，沒有意義啊。擁有神通反而只是讓你入妖成魔，讓你拿著這些神通造作更多惡業，讓自己更痛苦，困在人世間輪迴更久，這樣有意義嗎？有好處嗎？

如果你的心性提升，你的能力自然能夠回復。當你是因為心性提升，而自然回復神通力的時候，你不會拿來濫用。只有當你的內在生起足夠的智慧，你會運用這些能力，讓自己的生活更美好的時候，你再來回復。

如果不是因為心性提升，而是刻意運用其他修煉身體或練氣的方法，強行回復神通能力的時候，你只會拿來滿足自己的小我慾望，或者誤入歧途造作更多惡業，回復這些能力對你來說只會是災難，而不是禮物。

所以，只有在心性提升，內在產生一定程度的成熟智慧，心靈產生一定的沉穩度與成熟度的時候，我才會讓這個身體回復某些得以運用的能力。否則，目前恢復對他來說不是禮物，只是災難。

Q：是他的能量線和鉤子要繼續清理嗎？

A：他的能量線和鉤子已經清理得差不多了，否則中脈不可能暢通。而是他的內心還是有一些想不通、看不清的部分，那些迷障要繼續看破、放下。

他現在已經將往外求的慾望止息得差不多了，但不是說他就不想吃好吃的東西，或完全沒有任何身體上的慾望了，因為他還是有肉體；而是說他不會再有那些不必要的、很強烈的慾望了，但不是完全沒有慾望。

Q：還有什麼要提醒的嗎？

A：繼續去感受回到無形無相、真心本性的第七識的狀態，繼續去感受，隨時回到這個狀態。這當中還有許多體會與感受，你必須繼續體會，那麼之後的訊息才會再出來。

我還沒有講完喔，等到你們有所感受與進步了，接下來的訊息才會再出來。如果這些訊息對你們的心靈成長沒有幫助，我不會再讓任何的訊息繼續出來，因為沒有用、沒有意義啊，這樣有懂嗎？

（五）醒來就是一切如常，不可說

Q：是的，瞭解。

A：所以，這是一件很平常的事情，就是回到生命真相。而回到生命真相是一件很平常的事情，沒有什麼好值得大驚小怪的，這是一件很平常的事情，你就只是回到原來的狀態而已。

當你們待在人類世界，以為自己只是一個人類，過著受到有侷限的人類集體價值觀及社會規範的人類生活的時候，你們才應該感到驚訝，你們才應該感到大驚小怪。你們怎麼會讓自己沉睡得那麼深？你們怎麼會陷入沉睡到以為自己只是一個人類？你們才應該對這個現象大為吃驚。

然而，當你回到生命真相——原來的狀態的時候，你會覺得：「啊，好平常。喔，原來就是這樣，本來就是這樣。」所以，醒來就是醒來，一切如常，非常平常。只是因為當你們沉睡在小我幻境的時候，你們完全活在小我創造出來的戲劇當中。你們正在演出自己是一個人類，活在一個你們編織出來的人類社會應有的規範與制度當中。而有些生命雖然在心性上更加提升，但其實他們正在扮演自己是成仙、成佛、成菩薩的角色，他們還是在戲劇當中喔，他們也還沒有完全到達「生命真相」的層面。

但你會說，為什麼釋迦牟尼佛當時在印度要展現這麼多的神通？展現各種不同的神奇示現？那是因為當時印度的魔很多，印度是一個魔氣很重的地區，所以他才需要展現許多戲劇性的示現，如此才能夠讓那個地區的人醒來。換句話說，他必須運用更大的力量，才能將那個地區的人打醒。

但是，現在你們這個世間大部分的地區，已經不需要那麼多的戲劇性了，所以大部分醒來的人就是醒來了，完全不需要展現任何戲劇性。只有魔氣很重的地區及時代，才會需要戲劇性，而這個時代的覺醒者不需要戲劇性。

所以，在這個時代，在你們生活的地區，如果有那些檯面上展現具有戲劇性能力，扮演某種特別形象的修行者，也許他們被捧得高高在上，被人說有什麼特別的神奇力量，或者被推崇很偉大、很慈悲、很有愛的那些人，他們都是落入戲劇性的展現與表演。好的，不過他們自己有自己的人生道路，我不多說。

然而，真正的「覺醒」沒有戲劇性。覺醒之後，你感受到的「生命真相」就是什麼都沒有……，不可說，而且你會什麼都不想往外求，什麼都不需要，所以你才會醒來。那麼你要如何戲劇性？你會戲劇不起來啊。你不會要別人看到你，也不需要別人對你好，你完全不想從外在抓取任何東西了，那麼你還會有任何戲劇性的角色扮演或表演嗎？不會。這才是醒來。

Q：**是。**

A：但是，你還是可以過一個你的肉體可以過的美滿及滿足生活，因為你還是存在於這個肉體，你還是要好好當一個人，好好照顧你的肉體。不過你會是在一種醒來的狀態之下，好好當一個人。你會真正成為一個正常人，事實上那些沒有醒來的人才不是正常人；只有醒來之後，你才會回復成一個正常人。醒來之後，你會覺得「喔，好平常。嗯，好平常，太平常了……」。

也就是因為太平常了，所以你會覺得沒有什麼好說的，不可說，因為太平常了。其實你們每一個人時常回到這個狀態，但是就是因為太平常了，以致於大部分的人都會忽略這個狀態。

因為就是無形、無相、無名，所以要怎麼說？不可說。

好啦，慢慢去體會，不多說，不可說，今天這些先好好去體會吧，其他的以後再說。

Q：**好的，感謝。**

（六）有也好，沒有也好，都是一樣的

Q：為什麼讓他體驗「歸位」的狀態？

SC：時間到了。安排好的，時間到了。慢慢去體會吧，你就會越來越清楚、瞭解。先不

多說，自己去體會。

Q：為什麼讓他回到「無極仙洞」的狀態？

SC：讓他更熟悉回到原來的狀態，這就是醒來的狀態，安住在這個醒來的狀態，多去練習就會更瞭解。

Q：為什麼讓他看到「貫通中脈」這一段訊息？

SC：讓他瞭解他現在的進展，這只是小進展而已，要繼續。他還沒有到達喔，不是這樣就到達了，現在這樣只是一個小進展而已，要繼續。繼續將內心的迷障撥開、放下，繼續。

Q：如何面對現在全球流行的武漢肺炎疫情？

SC：生命的真相是「空」、「有」一體兩面。事實上，以生命真相來說，你什麼都不需要，你的存在也沒有任何目的。

而在人世間，你們以為你們要「有」——有那個，有這個，達成這個，達成那個——才是好的，才是對的，所以你才以為你要「有」。可是，其實生命的真相很簡單，其實你什麼都不需要，只有回到「空」的狀態，你們才不會苦苦往外追求而讓自己受苦。

也因為如此，你們才覺得你們一定要活下來，但是要活下來的話，還要很有錢，也要享受生活，擁有美好的愛情、成功的事業。因為你們覺得你們要「有」，所以才會痛苦。

如果要擁有這些財富、愛情與成功，你們也必須活下來才能夠擁有這些，所以你們才會害怕這個肺炎病毒。因為你們擔憂這個病毒會讓你們活不下來。沒有活下來，你就會得不到你想要的享受的生活、美好的愛情與成功的事業。

但其實，當你的外在擁有那些，你的生命本質還是處於原來的狀態；沒有那些，你也還是在原來的狀態。因此「有」與「沒有」其實沒有任何差別，因為你一直還是在原來的狀態。

「有」也是暫時的，「沒有」也是暫時的。因為「沒有」的時候，你可以去「有」體會；就算你體會到「有」也是暫時的，你還是會回到「沒有」，所以「有」、「沒

有」都無所謂。

「有」這個肉體，你就是去體驗；「沒有」這個肉體，你就去體驗沒有這個肉體的體驗，你還是存在。所以「有」得肺炎，就有得肺炎的體驗；「沒有」得，就有沒有得的體驗，就是這樣而已，那麼你們在害怕什麼？

因為你們只想要「沒有」得到這個肺炎的體驗，所以才會感到害怕。你們覺得「沒有」得到肺炎才是好的、才是對的，但這也只是你們的想法而已。這世間的一切種種經歷不過就是一場夢，不過就是一個暫時的現象、狀態與體驗，都是暫時的。也就是因為你們「有」這個肉體，才會讓你們如此害怕。如果「沒有」這個肉體的話，你們還會害怕這個肺炎嗎？

Q：不會。

SC：所以是「活著」好？還是「死了」好？

Q：……好像都不怎麼樣？好像是「死了」比較好，就不用害怕得武漢肺炎了？

SC：就算「死了」，你也會覺得不好，因為死了，你就沒有這個肉體可以享受物質世界

的生活了。所以「有」也好，「沒有」也好。

你以為你要「有」的那些經歷、名聲或物質財富，都是你以為「有」會比較好，當然你可以去追求、享受。

但是當你回到原來的狀態之後，你就會明白「喔，就是這樣，『有』也就是這樣，只是一種暫時的體驗而已，什麼都不會留下，對於我的真實狀來說，什麼都不會改變……」。

如果你現在無法體悟也沒有關係，等到你回到這個狀態，你就會知道了。如果你現在聽不懂這整篇訊息也沒有關係，不需要刻意去想要瞭解。等到你回到原來的狀態，你就會瞭解這是怎麼一回事了。

你現在只需要明白一件事就好了，就是——「有」也好，「沒有」也好，都是一樣的。

你以為你有林志玲的外貌就會比較好；而你現在長相普通，沒有林志玲那麼美好的外貌，你會覺得她比較好。其實不是的，都是一樣的。

或者，你覺得你沒有郭台銘的財富，他比較有錢，所以他比較好；你沒有那麼有

錢，所以比較不好。可是其實一樣的，沒有差別。

或者，你覺得你沒有找到你的白馬王子或白雪公主，你沒有遇到你的雙生靈魂，你沒有一段轟轟烈烈的愛情或令人稱羨的婚姻，所以你比較不好，那些擁有的人比較好。但是其實一樣的，沒有差別。

或者，你覺得你沒有讀到北一女、臺大、哈佛，也沒有當上醫生、律師、教授、董事長或是總統，你覺得你不夠好；那些會讀書的、有成就的人比較好。其實還是一樣的，沒有差別。

再者，你以為在一場災難當中，你存活下來了，你倖存下來了，而那些死去的人比較可憐。其實還是一樣的，沒有差別。

有一天你會體會到其實是一樣的，也許你現在無法理解為什麼是一樣的，不過也沒關係，你只要先知道其實「都是一樣的」就好了。

這樣你有理解嗎？

Q：是。

SC：所以，醒來的人不會去救世，也不會去救人，因為其實都是一樣的。但也不是叫你們什麼事情都不要做。因為雖然是一樣的，可是在「有」的世界上，也不能讓能量過於不平衡，不能讓能量產生過於沉重的狀態。雖然在「有」的世界只是一場暫時的幻象，但是也不能一直讓能量過於沉重，讓生命被困在這個幻境世界，所以才不斷有生命進入這個「有」的世界工作，喚醒其他沉睡生命回到「無」的生命真相。雖然世間各種現象其實都是一樣的，但是在這當中，能量還是必須被平衡。

也因為如此，如果你不知道這個人的因緣和合，以及他累世的生命進展，而你只是想要幫助他，你不一定能夠真的幫助到他。但是在某種狀態，你的一念善意也沒有什麼不好。

不要刻意、強行地想要把某個人拉出來，或者用盡力氣地想要幫助某些人。盡你的能力，發出你可以貢獻出來的善意。可以去做的，你就去做，但是不用費力、刻意而讓自己感到很累，或者影響到自己的正常生活，沒有必要如此。

你們必須慢慢去體會，找到這當中的平衡點。

Q：還有什麼要提醒他的嗎？

SC：記得，保持在自己「空」的狀態，看著這個「有」的世界，體驗這個「有」的世界。不管你體驗到什麼，你還是一直維持在這種「空」的狀態。不管你體驗到什麼，你的本質還是沒有任何改變。

所以，不管你體驗到什麼，其實都是一樣的。「無」跟「有」其實是一體兩面，擁有這兩種體驗，才會是完整的體驗。你一定會體驗到「有」，也一定會體驗到「沒有」。所以「有」也好，「沒有」也好；「有」沒有比較好，「沒有」也沒有比較不好。

都是一樣的，只是當你處於「有」的幻境人格體當中，你會以為「有」比較好，所以才會落入無明慾望當中，因而一直困在「有」的世界，無法回到「無」的狀態。一直困在「有」的世界的時候，你一定會去追求某個什麼。你不斷追求，不斷追求，累生累世追求，你一直困在「有」裡面打轉，這就是輪迴。

只要你回到「無」的這一邊，你會瞭解在「有」的那一邊的世界全部都是幻象，不需要苦苦追求，也不需要執著，那麼你就能夠脫離輪迴。

回到「無」的這個狀態，就是脫離輪迴。

因為你已經不在「有」的狀態中打轉了，你會從你的無明慾望當中醒來，你當然就能夠脫離輪迴，回到生命真實的本然狀態。

好好去體悟，好好去體會。

Q：好的，感謝SC。

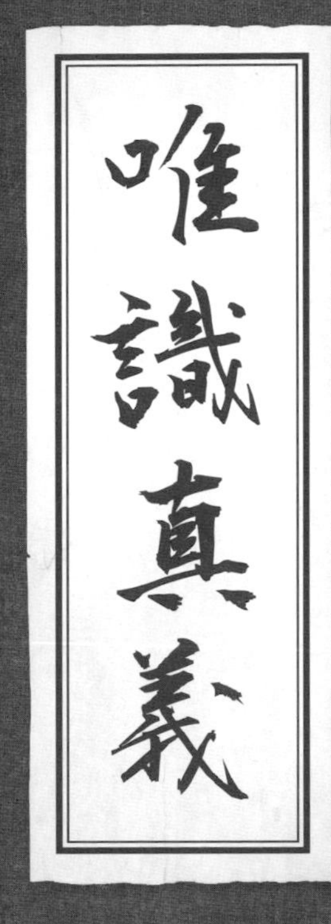
唯識真義

卷
二

第三篇

回到本源、六根清淨
消除業力、斬斷輪迴

本篇主要說明的重點為「業力」以及「如何消除業力」。

「業力」，意即「進入有形有相的物質世界之後，為了滿足自身慾望所產生的想法、判斷、行為及情緒的能量，而此種能量也正是驅使生命繼續留在有形有相世界體驗的慾望驅動力」。

「消除業力」第一個步驟必須從「誤以為外境一切都會影響我」的無明妄念當中醒來，剝除「誤以為我會被外在一切種種影響」的「幻象能量層」之後，你的靈魂才會因為無法

繼續沾染由於慾望所生起的各種業力，而開始消除業力。

本篇內容首先描述「完全沒有沾染任何業力」的意識，如何進入幻境宇宙輪迴投胎體驗之最初旅程，再者，進一步以「業力」的角度，陳述回歸生命眞相的實際方法及過程，包括業力形成之因、業力如何累積在靈魂當中、如何破除業力、如何不再造作業力，如何回復六根清淨、斬斷輪迴，並且因為淸除所有業力，不再沾染業力，而後回到生命眞實本質狀態。

- 日期：二〇二一年八月
- 催眠者：Q
- 受催眠個案：A
- 受催眠個案潛意識（高我）：SC

催眠內容

第八章 第八識調降頻率，進入物質宇宙

從本源的本質狀態暫時進入一具人類肉體的歷程

有沒有一種可能，其實我們根本完全不需要害怕死亡？如果我們真正體悟生命眞相，我們會確實理解，死亡只是生命本質離開肉體，然後回到眞實狀態的過程而已。回

到眞實本質狀態，我們可以感知的範圍不僅超越肉體五感、超越地球、甚至超越宇宙。

有沒有一種可能，我們會害怕死亡，只是因為我們忘記了還待在生命源頭時候的記憶了？所以我們誤以為，沒有了這具人類肉體之後，我們就會消失不見。我們忘記了我們原本只是沒有肉體的一種存在，我們忘記了原來待在生命源頭時的美好感受了，所以才會害怕死亡。

也許本章內容可以給你一些思考方向，或者也會喚起部分深藏在你內心深處的生命最初記憶。

（一）初次進入宇宙，啊，被困住了

Q：你看到什麼？(另外一天的催眠)

A：宇宙星空，但是感覺星空在我的下面，我不在星空裡面，而是跟星空隔著一層透明的能量，一望無際的星空，很廣闊。很遠的地方才有一點一點的星光，離我很遠。

Q：然後呢？

A：很像……我開了一扇門，然後就可以進入這個宇宙空間，這只是比喻而已喔。我是……剛進入這個宇宙空間，我剛進來，所以我還在很上面的宇宙，因為我才剛進來。進來宇宙之後，如果我想要有形象也可以，我可以變成亮亮的，發出珍珠般的光芒，但是不是很具體，不過我也可以不要有形象。我才剛進入宇宙，空間是廣闊的。

Q：你從哪裡剛進入宇宙？

A：我應該是把我的第八識調降一個頻率位階，進入這個宇宙，所以我現在是第七意識。

我才剛進來，正在體會這個宇宙的頻率的感受。很像是我才剛打開一個門，進入這個宇宙，所以我還待在這個宇宙高頻率層面。

也就是我的第八識調降一個頻率下來這個宇宙，所以我現在是第七意識的狀態。當我在第七意識的時候，我可以沒有形象，也可以有形象。

有形象的時候，我可以化為像是珍珠般柔和的光，沒有範圍，又像是有範圍。我可以擴展我的範圍和宇宙一樣大，不過我現在沒有把自己擴大，我把自己縮小了，因為我想體驗這個宇宙的空間感。

我才剛進入這個宇宙，這裡是屬於宇宙高頻率的邊緣地帶，我才剛進來體會進入物質宇宙的感受。

這裡的頻率很高，所以還沒有星球。星球位於更下方的宇宙頻率空間，那些有具體形象的或會發光及不會發光的星球還在我的更下方，那裡的頻率更低。

這裡還在很高頻的宇宙，因為我才剛進來。

Q：是。

A：宇宙是一層一層的，分為很多層頻率不同層面，有些人會稱之為「維度」或「次元」。我剛進來，還在這個宇宙的邊緣，往下看過去就是深不可測的偏黑色的深藍色空間。

這個時候已經是進入「有」的世界了，也就是因為創造出宇宙空間，我才能夠開始

在「有」的世界體驗。

我才剛進來，所以我要先適應一下。我沒有辦法很快進馬上進入……例如地球上的一個人類身體裡面體驗。因為那裡更低頻、更具體，我沒有辦法一下子調降那麼多的頻率下去，需要先適應一下。

Q：多說一點你的感受？

A：很廣闊，這個宇宙很廣闊。下方更低頻率的空間有更多的活動，像是星球、更具體的體驗啊，很多活動。但是我還沒有要下去，我先待在這裡觀察、適應一下。待在這裡也是一種體驗，如果待在整體[1]（本源、源頭）的話，就沒有這麼多的體驗了。因為整體想要體驗，所以才創造出各種宇宙。

而我現在調降頻率進入你們這一個宇宙，可是我還沒有要太深入去體驗，所以先待在這處比較高頻率的宇宙空間。

這裡會有一些高頻率的聲音，是種高頻率的振動。沒有什麼強烈的氣味，就算是一種氣味，我也會說是一種高頻率的振動。其實氣味是一種振動，聲音也是一種振

動。

這裡幾乎沒有什麼形象，因為這裡還是很高頻率的宇宙，但是已經進入宇宙了。我……覺得我跟更下層的宇宙還是隔著一個能量層。這是因為不同頻率的宇宙空間分屬不同層面，所以會感覺與更下層的宇宙隔著某種透明能量層。因為頻率的不同，空間還是有某種狀態的隔絕。

Q：是。

A：不過，進入宇宙之後，我已經感覺有侷限了。在第八識的時候，你幾乎感覺不到侷限。進入這個宇宙之後，我才開始感覺有種被侷限的感覺，所以我還正在適應這種被侷限的感受。

雖然還是很廣大，但是有被侷限的感覺。不像在第八識的時候那麼廣闊、自在，因為我調降一個頻率了，所以有被侷限住了的感覺，因此我現在正在適應這種被侷限住的感覺。

雖然這裡算是在高層宇宙地區，我感知到的也是整個宇宙，但是我就會有一個空間

感了。雖然是整個宇宙，但是已經有空間感了，所以會感覺到侷限。

當我在第八識的時候，沒有空間感，因為是無限。

然而進入物質宇宙之後，我開始感知到空間。即便這個空間對你們人類來說很廣大，廣大到你們感到無法探知及計算其範圍。但是對我來說，從第八識調降頻率進入這個宇宙之後，雖然宇宙沒有真正的範圍，但還是具有一個空間，所以已經讓我感到有種侷限感了。

這種侷限是我只能感知到整個宇宙，我現在在第七識的狀態，所以不能像第八識一樣感知到宇宙外及其他宇宙了。

我還是可以連結回第八識，感知宇宙外；但我現在調降頻率至第七識，進入宇宙的時候，我只能感受到這個宇宙。這已經有一個空間感了，雖然還是沒有範圍，但是已經讓我覺得有侷限感了。

我正在體驗這種有空間感、侷限感的感受。

Q：是的，然後呢？

A：然後，我生起了一個疑問：「要下去體驗嗎？」

在這裡我已經覺得好侷限了，這裡已經是剛進入宇宙，算是很高頻的宇宙地區了，我都已經覺得好侷限了，那麼我還要下去更下層、頻率更低的宇宙空間體驗嗎？更下層的宇宙地區不就只會更侷限嗎？

就好比說，你們人類原本能夠在一處廣闊的大自然草原上奔跑，吸收新鮮空氣，看著廣闊的天空；然後，你突然進入一個密閉式的狹窄山洞，這個山洞可能只比你的身體大一點點，你就會感到不舒服、被侷限住了。

也就是說，當我在第七識的狀態，整個宇宙對我來說，就像你們人類進入一個狹小密閉式的山洞一樣，這個山洞幾乎跟你的身體一樣大，你會覺得這個山洞好小，好窄，喔，這裡有一個空間感，你被侷限住了。

我要適應一下。

（二）進入宇宙更下層玩的兄弟姊妹們都是勇者

Q：是。

A：因此，我不禁感到疑惑：「喔，我真的要把自己的頻率調降得更低，往下進入更具體、更低頻的宇宙地區體驗嗎？」

我覺得這裡已經有侷限感了，雖然我現在還是無形無相，但是我也可以讓自己再更具體一點，我就是「光」。

而這個「光」，我可以聚合起來，變成一顆「光球」；我也可以擴散開來，擴散到最大的話，可以擴及到整個宇宙空間；或者我也可以改變成其他形象，但是目前對我來說，具有一個形象沒有什麼意義。

即便我擴散到整個宇宙，我還是覺得好侷限……，我被困在一個空間裡了。我本來是沒有界限、沒有範圍，但是進入宇宙之後，我感覺被困在宇宙這處狹窄的山洞裡面了。

我產生了空間感、侷限感了。

這不是自由自在的感覺，雖然我擴及整個宇宙，感知整個宇宙。但是從第八識調降一個頻率進入第七識之後，你已經會感到有侷限了。

Q：是的。

A：所以，我要好好考慮到底要不要下去？我覺得下去不一定會比較好玩，因為下去的話，你的頻率必須調得更低。頻率調得更低的時候，你會感到更受到侷限。

嗯，我不是很想下去，我覺得那些想下去玩的都很想不開欸。好多生命都下去玩了，我覺得祂們都很想不開耶。

我要好好考慮我要不要下去，我不想下去啊。

我剛剛一進入宇宙，就已經感到被侷限住了。喔……，我覺得不好玩，不好玩，我有必要好好考慮要不要繼續往下調整頻率，往更下層的宇宙空間體驗？

Q：為什麼你要好好考慮？

A：因為就好比說，本來你在一處廣闊的大草原開心地奔跑，然後現在突然被塞進一處狹窄又黑暗的山洞裡面，這種感覺不是很舒服，更不自由了；而如果再往下調整頻

率的話，你就會更有侷限感。

所以，我要好好考慮我到底要不要再調降下去？

唉，我不打算再調降頻率下去了，我覺得待在這裡就可以了。我大概知道來到物質宇宙的感覺了，你就是一直被侷限，一直被侷限，一直被侷限；你會變得越來越小，越來越小，越來越小。

如果你要越具體、越來越具有形象，你就越會被侷限。

Q：**瞭解。**

A：但是，原本的我是沒有被限制的，當我調降一個頻率進入第七識，我已經被侷限在宇宙了；而我還要再更降低頻率，下去更下層的宇宙嗎？

喔，天啊，我為什麼要那麼想不開？我不想欸，我為何要那麼想不開，讓自己更受到侷限呢？

如果你從第八識往下調降頻率，一層一層地往下調降，你只會越來越被侷限，我覺得這樣真的是很想不開欸。

我不想那麼想不開，調降頻率下去更具體的世界，那裡只會讓你更感到被侷限、被束縛，一點都不自由，雖然你可能還可以在宇宙間自由飛翔。但是，當你處於第八識的時候是更加地廣闊、自由，你完全不會被拘束，也不會被限制，沒有範圍，無限。

Q：是。

A：當你轉出來在第八識的時候，你具有感知了，具有感知的時候很有趣，擁有廣闊、自由的感知的時候很有趣。而當你有感知了，接下來你會想：那麼更具體的感知的體驗是怎麼樣的呢？

於是，整體創造了無數宇宙；然後，許多生命也開始下去宇宙玩了。

而我這個感知現在也來到宇宙了，可是，喔……，我覺得不好玩，進入一個宇宙之後，你的感知就會被侷限住。

喔，你不自由了。雖然你處於整個宇宙，可是還是很不自由。我不想再下去了，不好玩，不好玩，不好玩。

想不開的才想要下去，何必呢？

生命本來就是自由自在的，雖然創造宇宙了，可是沒有規定你一定要下去。這是每一個生命的自由意志，你想下去就可以下去，你不想下去就不要下去。

我決定不要下去，因為我覺得不好玩。我想要的是自由自在，自由自在才舒服啊，我為什麼要讓自己被侷限住呢？何必呢？

我覺得那些下去玩的那些生命們、兄弟姊妹們、家人們，他們真的很想不開欸。

Q：為什麼是想不開？

A：因為進入更下面很具體、很具象的宇宙空間的時候，有些生命就會卡在那裡回不來。回不來之後，祂們會忘記原來我們的生命是多麼地自由廣闊。

一旦你進入宇宙之後，你已經不自由了，而你竟然還會想要進入更下面的那些星系、星球，還會想要在某一個星球上面當某一個生命體……，這簡直是超級想不開啊。

太不自由，太不廣闊了。你只會一直被侷限，一直被侷限，你會被禁錮在很具體、

很低頻的世界，甚至被禁錮在一具很小、很小、很低頻的肉體載具，這怎麼會好玩呢？

這樣一點也不好玩，非常不自由。而且很累，因為越低頻，你就會越具有重量。所以我不想去，我不想下去玩，我覺得那些想下去玩的家人們真的是太想不開了。

因為生命原本就是一體，所有轉出來的生命都是家人。如果以地球人的說法，我會稱所有的生命為家人們、兄弟姊妹們。

當我剛進入宇宙，我都已經覺得很受不了了，因為好侷限喔，不好玩。但是沒有規定每一個轉出來的生命都要進入宇宙玩，我只是先進來看一下，嗯，進來之後，我覺得不好玩。

我想回去了，我不想再下去了。

說實在的，那些想要下去更下層、更具體的宇宙空間遊玩的家人們，祂們真的是很有冒險、探險精神，祂們都是勇者。

越下去下面的宇宙地區，你只會越來越被侷限、被禁錮，越來越不自由而已。

(三)還是待在「本源」比較舒服自在

Q：然後呢？

A：所以，我覺得：「那還是算了，我還是轉回去好了。」

我轉回本源，待在原來的狀態。

我覺得待在本源裡面比較舒服，去了一下宇宙之後，我感覺沒意思，我不想再下去更低頻的宇宙空間，於是我調升一個頻率回到第八識之後，我就轉回本源了。

Q：在「本源」是什麼感覺？

A：就是原來的感覺，回到原來的狀態。

Q：什麼是「原來」的狀態？

A：因為回到「原來」的狀態，你也沒有感知了，所以無法形容。因為沒有感知，你連感知都沒有了，所以無法形容。

但是如果要用人類的語言形容，我會說回到「本源」比較舒服。

你知道光是調降一個頻率，從第八識進入第七識，而進入宇宙的上層高頻空間，我都已經覺得被侷限了。所以，我會覺得不好玩，我不想要再進入更下層的宇宙空間去玩了。

我不想要再變得更具體，進入更具體的世界，沒意思。

但其實，我也無法說「我」，因為我現在也沒有「我」；在本源的時候沒有「我」，因為沒有感知；所以無法說「我」，也無法說任何話了。

當我開始跟你說話的時候，我就已經不在「本源」的狀態了。

如果我要開始跟你說話，我一定要從「本源」轉出來，來到出離「本源」的狀態，我才能夠跟你說話。如果我完全待在「本源」的狀態，我會完全無法跟你說任何話。

因此，我完全無法向你形容待在「本源」是什麼樣的情況，因為在本源的時候沒有感知。但是，如果運用人類語言來形容的話，我只能跟你說：「待在『本源』很舒服、很自在，就是原來的狀態。」

這才是生命「本然」的狀態。

你就是待在這種狀態就好了啊，何苦要調降頻率進入「有形有相」的世界玩呢？

唉，沒意思，不好玩，不好玩。

Q：**是**。

A：回到本然「無形無相」的狀態，不可說，不可說，不可說，回到這種不可說的狀態才是最美好的。

啊，我不想要自找苦吃，我不想去，我不想去，我不想去，我只想要處在本然的狀態，就是回到「本源」。

但是我無法告訴你有關「本源」狀態的任何情形，因為回來之後，我就沒有感知了。只要我一開始跟你說話，陳述任何形容，我就已經不在本源的狀態了。

因此，我只要一開口就已經不是了，所以我無法說，不可說。

Q：**瞭解**。

A：我覺得那些從本源轉出去想要體驗更具體世界的兄弟姊妹們、家人們，真的是太想不開了。

當你轉出來到第八識的時候，我覺得還可以，這個時候沒有侷限感，因為你還是可以感知「全部」、「所有」，你並沒有被限制。

可是當你調降頻率進入第七識，並且進入某一個宇宙的時候，而我剛剛進入的是你們現在所處的這個物質宇宙，我就已經覺得：「喔，天啊，我被侷限住了。算了，算了，不好玩，不好玩，我還是回來好了，我不想要再下去了，不舒服，我覺得不舒服。」

不過，並沒有任何生命或規定強迫你一定要下去宇宙玩，沒有喔。

那些決定下去玩的家人們是抱持著一種冒險、探險的精神，所以祂們調降自己的頻率下去玩。但是我沒有那麼想要冒險啊，我覺得沒意思，太侷限了，所以我不想想不開。

何必要想不開呢？不好玩，我還是回到本源比較好。

Q：然後呢？

A：然後，我就不想講話了，如果你不要跟我說話的話，我就可以回到「本源」的狀

態。如果我們不要溝通的話，我才能好好待在「本源」；如果你一直跟我說話的話，我就沒有辦法真正回到「本源」。

Q：好啦，可是還是讓我再問一下問題好嗎？

A：可以，可是你不要問我第八識以下的問題，因為我現在沒有調降頻率到更低頻，所以只能回答第八識以上的問題。

Q：你再多說一點「回到本源」是什麼樣的情形？

A：回到「本源」就是回到「原來」的狀態。

如果以人類現有的生存方式及狀態來看，絕對無法想像，也無法說明；我無法運用人類肉體曾經感受過的任何感受，來說明待在「本源」時的幸福、快樂、寧靜及美滿的感受。

只要我運用人類語言來形容就不對了，所以無法形容；但是我只能說這是超越你們在人類狀態時所能夠體會、感受到的美滿、幸福、舒服的感受。

所以，回到「本源」是什麼樣的狀態，我完全無法形容。

當我在第八識的時候，我還可以向你形容說：我是「感知」，我可以「感知」。但是，當我轉回到「本源」，如果我一開口跟你說話，我就已經不在「本源」的狀態了，所以我無法向你形容任何待在「本源」的情形或感受。

Q：所以現在在跟我說話的是什麼？我可以如何理解？

A：我雖然還是在本源，但是我的某個意識層面的面向來到這個肉體。

（四）塞進一顆綠豆般的人類肉體，喔，真侷限

Q：是，然後呢？

A：所以啊，我何必想不開調降頻率進入宇宙體會呢？又何必再更想不開，更加降低頻率，進入更低頻的宇宙體會呢？如果再更想不開的話，祢可能會進入一顆星球體驗。

不過如果祢是體會成為一顆星球也還好，至少祢的意識頻率還高一點，祢的存在也

還更大一點。但是如果祢再更想不開的話，祢會進入某顆星球的某個生命載具裡面體驗，那麼祢就會變得更低頻、更受到侷限、更小了。

如果是成為某種宇宙能量在宇宙間自由飛翔的話，那還可以。但如果祢想要體驗更具相化生命型態，例如光體生命、能量生命、或者居住在某個星雲中的生命體，那也還好一點，侷限感不會那麼重，不過也還是已經被侷限了，這種體驗也不會好玩。

或者有些生命形式並不是居住在一顆星球裡面，他們是居住在某個宇宙地區，或整個宇宙都可以活動的，例如像之前催眠出現過的「宇宙人」這樣的生命。他們存在的空間雖然更加廣闊，但卻還是被限制，他們還是被限制在宇宙裡面。

這些生命體驗都還在更下層的宇宙空間，我還沒有去到那麼下面。唉，所以我覺得那些下去玩的兄弟姊妹們實在是太想不開了。

Q：是。

A：而且有些玩得太過沉浸、太過深入的生命，反而會被卡在低頻宇宙空間裡面，無法

自由離開。雖然以生命真相來說，沒有時間，在本源沒有時間，只有降低頻率之後才會進入具有時間的宇宙空間，所以你想玩多久都沒有關係。

然而，有些生命已經進入某個宇宙時間幾千億萬年、甚至更久的時間了，祂們困在那裡太久了，因為更低頻的宇宙空間實在太具體、太僵固了。低頻宇宙的能量太過於僵化、僵固，以致於整個地區的生命頻率像是凝結般動彈不得，那裡的空間能量及生命的頻率已經僵固住，無法自由調整了。也因為如此，某些低頻宇宙地區的頻率會因此產生不平衡的狀況。

Q：是，然後呢？

A：所以，不要想不開啊，你以為待在具體的世界、處在一具具體的生命載體當中體驗很好玩，你非常捨不得離開，可是這真的只是因為你想不開而已。真實的生命狀態其實是更廣闊、更自由、更開心、更舒服的狀態。可是我無法運用人類語言，或者有限的人類感知，來說明這個美好的狀態。你們人類記憶中的所有體驗與感受，都不足以形容回到「本源」時的美好狀態，所以我無

法說。

Q：瞭解。

A：你們都以為活著比較好，活在一具人類肉體載具當中比較好，但這只是因為你們忘記沒有活在一具人類肉體載具當中的狀態了。你們忘記回到「本源」之時的狀態了，你們忘記回到更高意識頻率的狀態了，所以你們以為「活著」當一個人類比較好。這其實只是你們的誤解，因為你們現在的記憶已經忘記你們不是人類的那些時候了。

其實，人類的感知及生活非常被侷限。「活在」一具人類肉體當中的時候，你其實是非常、非常地被侷限，超級被侷限，所以你們很害怕「死亡」。然而，其實「死亡」對於意識而言，對於生命真相而言，就是回到更加自由、自在、廣闊的狀態。因此在我看來，你們害怕死亡這件事情很奇怪。

Q：是的。

A：你們為什麼要害怕「死亡」呢？你們要害怕的應該是被困在一具人類肉體裡面，以及被困在這處很狹小、很具體、很被侷限的地球物質世界裡面啊。你們害怕的應該是被困在一具人類肉體裡面啊。唉，你們這個世界的人類的想法好奇怪。

Q：而且我們現在的人類頂多只能活個一百歲而已……

A：所以，你們在害怕什麼？在意什麼？

當你沒有被侷限在一具肉體的時候，你才能夠得到真正的自由。不過就算你沒有在一具肉體裡面，但你還是處在宇宙裡的時候，你也還不是那麼自由。只有在你離開宇宙，回到第八識的時候，你才會感知到真正的廣闊與自由。

可是，就算在第八識的時候，你還是需要「感知」。雖然你感知到的是空、無的感受，但是你還是有一個「感知」，你還是需要花費能量；因為「感知」的時候會形成一種力場，你需要產生力場才能夠「感知」，你有「感知力」，你還是在「有」的狀態中感知，在這當中還不是絕對的自由。

只有在回到「本源」的時候，連「感知」都沒有了，那才是真正的自由、真正的廣闊，生命真正的真相。

也只有回到這個狀態的時候，你才會感到你真正「回家」了，你才能夠瞭知：喔，原來就應該如此，你才會得到所謂的「至福、至喜、至樂」。

不過，如果我如此形容，有些人類可能又會聯想到類似於很肉體的慾望滿足的喜樂感受，不是喔，絕對不是。肉體方面有關慾望滿足的感受，其實太過狹窄、狹隘了，絕對無法與「本源」的狀態相比擬。

「本源」的「至福、至喜、至樂」狀態超越你的肉體，超越你的眼、耳、鼻、舌、身、意所能夠感受到的。

Q：是的。

A：所以，我不想調降頻率到更下層的宇宙體驗，我只想待在「本源」。或者，只要調降一個頻率到達第八識，那麼我就什麼都可以「感知」到了；既然我什麼都可以感知到了，我何必還要下去更下面的世界投胎呢？我就已經什麼都可以感知得到了，我何必將自己侷限在一個很小、很小、很小的地區，進入一個很小、很小、很小的載具裡面呢？然後過著視野及覺知力很小、很小、很小的生活呢？

何必呢？很累欸，不需要啊。

所以啊，那些想要下去玩的生命們、家人們、兄弟姊妹們，我只能說祂們很有實驗精神、冒險精神。

而其實，因為「本源」沒有時間，所以不管這些生命下去玩多久，回來就是回來了，其實都沒有差別；所以不管生命想要調降頻率，進入各種頻率的宇宙空間，體驗多久的時間，對於生命真實的本質及狀態而言，都沒有差別，也都不會被限制。因為，回到「本源」之後，祢還是原來的樣子，不會有任何改變，時間也不存在。

Q：是。

A：當祢在第八識的時候，祢可以感知到全部。但是，當祢降低頻率，進入更低頻的宇宙空間體驗的時候，祢會更加縮小祢的感知範圍，這與在第八識的感知狀態又是完全不一樣的情況了。

就好比你們原本是舒舒服服地坐在沙發上、吹冷氣看電影，一邊吃著爆米花、喝飲

料；而電影裡那些的冒險角色，卻是在裡面吃苦受罪、流血流汗，還要跟怪獸打架，何必呢？何苦呢？

你還不如坐在螢幕前面，吃爆米花、喝飲料、吹冷氣、坐在很舒服的沙發上，這就是第八識的狀態。

而什麼是回到「本源」的狀態？就是回到房間，躺在很柔軟舒服的床上睡覺；你想要在什麼樣舒服的床上休閒自在都可以。

所以，為什麼要想不開呢？

這就是在宇宙幻境當中，許多生命想不開，拼命地一定要活著、活著、活著，活在一具物質載體當中就是受侷限啊。

Q：是。

A：當然，我並不說叫你們不要活著，或沒有好好活著，或者去自殺，不是喔，這是不一樣的喔，這樣也不是生命的真相。

請不要曲解我的訊息。

我所描述的，並不是說要你們不要好好活著，也不是要你們就去死喔，這是完全不同的兩回事，不能這麼理解喔。而是說，我是在一個沒有肉體的真實生命狀態下，說明真實生命的自由、廣闊狀態，相比起在一具生活於物質星球上的肉體載具裡面。但是，如果你現在正在一具人類肉體當中的時候，請好好活著，請好好愛護你的肉體。這是兩件完全不同的事情，請不要曲解這些訊息。就算你們自殺了，或者不好好活著，而像是等死般地等著離開肉體，你們也無法立刻回到「本源」的狀態喔，好嗎？這樣有瞭解嗎？不要胡思亂想喔，不要曲解我的意思。

Q：好的，瞭解。

A：如果從意識頻率不同層面的轉換來看，原本從第八識調降到第七識，進入宇宙之後，我像是進入一處狹窄山洞裡面，可是這個山洞至少還跟我的身高差不多高，大小大概跟我的身體一樣大，我可以充滿這整個山洞。

但是，當第七識調降頻率，進入一個人類載具裡面的時候，就好比你們以一個人類肉體的大小，將自己縮進一顆綠豆裡面。你可以想像這是多麼地被侷限嗎？你們會覺得舒服嗎？

Q：**不會**。

A：你會覺得很侷限，你的世界變小了，你的感知範圍也變小了，你的能量也被壓縮了。

所以，你們到底為什麼要害怕死亡？你知道嗎？你其實是不斷把自己壓縮、壓縮、壓縮到一顆綠豆裡面，不願意離開，誤以為待在一顆綠豆裡面比較好。

你們都忘記原來那種自由、自在、廣闊的感受了嗎？你們都忘記原來的生命狀態了嗎？你們還記得嗎？

Q：**是的**。

A：以上所述只是當我回到生命真相、處於生命真相、處於本源的時候，所體會到的不同頻率層面，你可以感受、感知到的狀態。

但絕對不是在告訴你們不要好好當一個人類、不好好工作、不好好生活、不好好體會當一個人類在這個物質地球世界可以的體驗。不是叫你們放棄物質世界的體驗，也不是叫你們不要好好活著，或叫你們去死喔。

請不要曲解這些訊息當中的內容。

（五）那些下去玩的家人們都不回來，怎麼辦？沒有別人，都是一體，只好下去工作了

Q：然後呢？

A：所以我不想下去，我真的很不想下去。喔，我不想去，我真的很不想下去……。

Q：有人強迫你去嗎？

A：沒有啊，生命具有自由意志，生命不會被強迫。

Q：那麼你在煩惱什麼呢？

A：雖然不會被強迫，可是你可能就會願意下去啊。但是我很不想去，因為下到更低頻、更具體的狀態很不舒服。

你知道嗎？那些從「本源」或高頻率宇宙地區到達地球工作的生命，祂們是需要很大的勇氣，或者說祂們必須下定很大的決心。

因為原本祂們是在那麼廣闊、自在的狀態存在，可是現在卻必須得將意識頻率降低，將意識範圍縮得很小，進入一具人類肉體載具裡面，這必須鼓起極大的勇氣與決心，才能夠做這件事情。

Q：為什麼這些生命一定要下來？不是不下來也可以嗎？

A：因為某些低頻宇宙地區的能量太過僵化、僵固，能量已經產生堵塞、不平衡了，所以必須下來調整平衡。

而原本也是從「本源」下來體驗的生命，因為已經玩得太過投入，祂們完全陷入自己的戲劇幻境當中，因而完全喪失在「本源」的記憶，祂們無法回復其原本的力量，或者說無法連結本源，而讓自身生命能量回復平衡；也因為如此，祂們無法直

接調整所處宇宙地區已經堵塞的不平衡能量。所以只能由還留在「本源」、沒有下去玩的生命，下來調整平衡，讓這個宇宙地區的能量空間恢復平衡。那麼，應該怎麼辦呢？只好由我們這些不想下來玩的生命，進來這個宇宙地區調整平衡。唉，可是我就是不想進來啊，你瞭解嗎？

Q：你也不一定要來，可以讓別人來啊？

A：別人是誰？整體即是合一，沒有分別，所以沒有「我」，沒有「別人」。在「本源」來看，不是「我」下來，也不是只有「我」下來，而是很多生命都下來平衡了。

因為就是「整體」，沒有分別，所以也沒有別人。所以祢也不可能不來平衡，因為大家就是「整體」，大家就是「一體」。而這裡的體驗空間不平衡了，就是需要有人過來平衡。

Q：是的，瞭解。

A：只不過我現在是帶著人類情感及人類意識在跟你說明這件事，所以我會有情緒上不

情願的表達，說：「我不想下去。」

但其實以在「整體」生命狀態而言，下來就是下來，這就是一件必須被執行的能量平衡工作，我們就是要來工作，沒有想或不想，也沒有不情願。

只是以人類情感的角度來描述這件事，下來更低頻率的宇宙空間，我會感覺非常被侷限。就算只是進入一具高維度外星載體當中，我都會覺得很被束縛了，更何況是進入一具更低頻的人類載體當中。

這只是以一種比喻的方式讓你們瞭解，如果是從本源的狀態直接來到物質宇宙，進入一個人類肉體當中投胎的時候，你真的需要非常大的決心與勇氣。

但是以「整體」的生命真相來說，下來就是下來，因為需要有生命下來平衡能量，所以就下來了，在「本源」的狀態不會有情緒或不情願。

Q：你剛剛說某些宇宙地區的頻率僵固，這是多大的地區，包含地球嗎？

A：地球這個層面很大一片宇宙地區的範圍，不是只有地球而已，也不是只有星球而已，而是這個層面的很大一片宇宙地區。

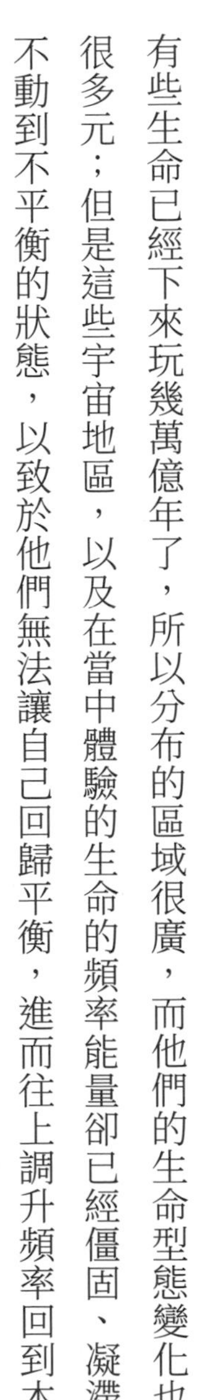

有些生命已經下來玩幾萬億年了，所以分布的區域很廣，而他們的生命型態變化也很多元；但是這些宇宙地區，以及在當中體驗的生命的頻率能量卻已經僵固、凝滯不動到不平衡的狀態，以致於他們無法讓自己回歸平衡，進而往上調升頻率回到本源，所以需要有生命下來調整平衡。

因為都在「整體」裡面，而這個地區包含地球，以及現在地球頻率的這個層面的很大一片宇宙地區。

Q：為什麼這片宇宙地區的能量會不平衡？

A：如果以時間來看，有些生命已經下來玩幾萬億年了，祂們玩得很很痛快，玩得很淋漓盡致，玩到連「自己是誰」及「怎麼回家」都忘記了，怎麼說得完。要從哪裡開始說，而且我現在沒有要講宇宙歷史或銀河系歷史這部分。

只要你們每一個人自己回到本源狀態的時候，你就會什麼都知道了，我幹嘛現在跟你說呢。你們現在最重要的是一步一步、好好地讓自己回到本源，現在知道宇宙歷史對你們來說沒有意義，也不需要知道。

先回到本源，回到本源比較重要。

（六）上頂輪連結源頭能量

Q：**然後呢？**

A：我現在先待在本源，補充本源的能量，你先等我一下……。

Q：**好的。**

A：……現在正在與本源對齊、整合、調整。現在在調頻，讓這個身體意識，也就是第七識與本源對齊、整合，這也是一種意識調降頻率到更低頻的宇宙空間時的平衡宇宙空間的方法。

也就是說，如果這個身體的意識頻率能夠更對齊本源，那麼就可以幫助這個頻率層面的空間更加平衡、更加回復到與本源對齊的頻率狀態。所以這種生命投胎來到地球人間，只要他們將自己的頻率對齊、校準回本源，他們其實就是在幫助這個地區

回復能量平衡，校準與本源的頻率。

他們也可以說是對準本源頻率的接收器或校準容器。

Q：他所平衡的範圍涵蓋哪裡？

A：第七識沒有範圍。

Q：但是校準能量的地區有具體的範圍嗎？他的周圍、一個地區、整個臺灣、還是？

A：一片很大的宇宙地區。現在正在校準，看他回復得多清醒，他就可以影響多大的區域，校準多大的頻率能量地區。所以之前跟他說過，他就是只要待著就好，他只要好好活著，過著正常的地球人類的生活，不用多做什麼，他就是在工作了。很多這樣的生命都下來了，他們就是待著就好了，他們待著就能夠平衡能量了，不用做什麼。

Q：校準之後，對他有什麼影響？

A：對齊本源，校準本源，他會更清醒。

Q：這也算是他的生命計畫嗎？

A：這是他的工作內容。

Q：他有在安排好的時間內開始工作嗎？

A：沒有時間。

Q：好的，然後呢？

A：我現在先校準，所以沒有辦法說話，你先等我一下……。如果以地球人可以理解的語言描述，他就是意識從本源投射進入地球，投胎進入一個人類肉體，等到時間到的時候，他就可以將天線發出來，然後校準本源。

也就是說執行校準能量這件工作，他們必須先投胎進入地球，等到醒來之後，天線才能打開。天線打開就是回到第七識，元神歸位，前六識轉識成智。天線打開之後才能夠將對準本源的能量通道打開，連接本源的能量進來。將本源的能量接收進入這個地區，如此才能夠開始校準這個地區的不平衡能量，對準本源。這就是他們的工作，現在是因為天線打開了，所以正在校準能量。

Q：**是的。**

A：天線還沒有打開之前，他們的能量會比較小；等到天線打開之後，他們能夠校準的範圍會更大，他們才能夠接收更多本源的能量進入這個地區。

Q：**校準能量之後，對於他生活的地區，例如臺灣，會有什麼影響？**

A：我不在這個層面工作，這是包含一整個地區的宇宙空間，所以你不能問我有關臺灣或地球某個地區方面的問題。因為我現在這方面的能量不是在這個層面運作，現在的狀態是在本源的層面工作，宇宙對我來說都好小了，何況是某顆星球上的某個地方。

Q：**那麼對於這一片很大的宇宙地區會有什麼影響？**

A：我也無法回答這個問題，因為我無法運用人類理解的層面及語言，向你說明有關宇宙能量方面的情況。你們人類沒有任何有關宇宙能量的名詞及形容用語可以使用，所以我只能告訴你這個就是在平衡能量。

Q：然後呢？

A：校正本源的能量是從「上頂輪」接收，頂輪之上還有一個結點，也就是「上頂輪」，在頭頂的上方不遠處，以這個能量點，或者稱為脈輪，為校準點。這裡有一個通道連結本源，現在正在校準。然後上頂輪也會連結頂輪、第三眼、喉輪、心輪及其他所有脈輪，也會通往身體的所有經脈、能量線。

不過，以地球的能量校準工作，你必須先校準至銀河系中心，再從銀河系中心往上校準，一直通到本源。因為地球處於銀河系，所以必須先校準銀河系中心，再從銀河系中心的能量點往上一層一層連結到本源。

Q：銀河系中心的能量點是中央太陽嗎？

A：我不會說是中央太陽，如果稱之為中央太陽的話，好像只有一顆恆星，但是不是如此；因為那裡的中心區域有許多恆星，不止一顆。銀河系中心指的是一個區域，這當中有許多恆星，也有很多比恆星頻率更高的星球，而這些更高頻星球以人類的肉眼無法看到。

不同層面的訊息也許會有不同的說法，但是在我這個部分，我不會說是中央太陽。因為我看到的是整個宇宙所有不同頻率層面的整體狀態。其他訊息也許只是在某個層面說明某種宇宙事件或現象，所以會有各種不同的說法。就好比有些訊息是在二樓、三樓的層面說明，他們只在某一個層面說明；而我現在是在一百層樓之外，同時說明所有層面的狀態，所以訊息內容會不盡相同，這是因為層面不同的緣故。好的，會繼續校準，可以離開了。

1 「整體」亦可名為「源頭、本源、合一」，在本書內容的意思通指為「生命源頭」。

第七識於第三眼當中回復，六根清淨

業力形成之因、消除業力的實際方法

我們原本是一種無形無相、非物質的存在，只是因為想要體驗物質世界，所以選擇進入一具物質人類載體，以這具物質載體體驗物質世界。原本我們可以來去自如，不會忘記自己的本質狀態，也不會對於人類載體及生活產生任何不甘心、痛苦與執著，是什麼原因造成我們進入一具人類物質載體之後，忘記原來本質的狀態，進而對於物質載體及人類世界產生種種牽掛與執念？

生命進入輪迴的起因是什麼？如何脫離輪迴？

為了脫離物質世界的影響與控制，首先我們必須先理解我們如何與物質世界連結？如何對物質質世界生起反應？進而被物質世界各種現象影響，然後被困在物質世界無法回到本質狀態？我們必須先理解被困住的原因，才能夠看清楚如何脫離的方法。

眞正讓我們困在物質世界並且留戀物質世界的原因，是因為我們誤以為「我會被外

境影響」的想法才會形成業力，並且因為此種誤解開始累積業力。而業力具有重量，所以我們才會因為累積過於沉重的業力重量，被迫留在地球輪迴。

本章重點在於透過描述業力形成之因及染濁過程，說明不再造作業力並且眞正開始熄滅業力、消除業力的實際方法。

（一）收攝「六根」，安住於全然的寂靜

Q：你看到什麼？(另外一天的催眠)

A：我還是進入我的松果體，裡面是空的、暗的，前方有一個像是舞臺或立體大螢幕，中間和我隔著很厚的透明能量層，我像是從上往下看著罩著厚厚透明罩子的彩色螢幕。

我站在黑暗的這一邊，看著另外一邊像是以透明罩子罩住的立體螢幕，螢幕上面五顏六色，多采多姿。裡面在演什麼，看不清楚，好像很熱鬧、很多變化，五彩繽

紛，有很多聲音、味道及活動，但是我聞不到也聽不到，因為隔著一層很厚的透明罩子。

我這一邊很安靜，都是黑的、空的、沒有聲音、沒有味道，什麼都沒有，沒什麼感覺，也沒有冷、熱。我這一邊是無邊的寂靜、安定的感受。

Q：然後呢？

A：我也可以將透明罩子關掉，就像是將大舞臺的螢幕關閉，我就可以進入「全然的寂靜」。

如果打開螢幕，我就可以看到另外一面有很多色彩、活動、聲音、氣味、體驗。螢幕舞臺這一面，就是松果體外面的世界、「有」的世界，也就是地球物質世界，或者稱為「外境」、「六塵」。

而我可以自行決定打開螢幕或關閉螢幕，我把螢幕關掉了。

待在「松果體」裡面的時候，就是「全然的寂靜」的狀態、「安定」的狀態、「空、無」的感受，回到完全的寂靜、定靜當中，安住在本質當中。你會進入一種很深層

地安住的你的「本質」當中。

這個時候，我完全不想說話，我關閉我的眼、耳、鼻、舌、身的感知，進入內在寂靜的狀態、安定的狀態。我就會回到我的松果體第七識的本質狀態當中，我就會什麼都不想做，因為我關閉了身體五感的感知，對於外境不再起心動念，純然安住在寂靜的本質狀態。

我不再受到一切外境的干擾，我的眼、耳、鼻、舌、身、意（頭腦）不再往外探求、索求，所以收攝眼、耳、鼻、舌、身、意的感知而往內回到內在寂靜的狀態，收攝所有的注意力回到寂靜的狀態——空、無的本質當中。我沉靜下來，回到本質當中安靜地感受「純然的存在」的狀態，這就是「原來」的狀態。

Q：把「螢幕關起來」指的是什麼？

A：關閉眼、耳、鼻、舌、身對於外境的接觸，關閉眼、耳、鼻、舌、身、意對於外境的一切向外投射，就像是將接觸「外境」的螢幕關閉起來。

我會回到全然的內在寂靜的狀態、定靜的狀態，空、無的狀態。我不再對外境起反應，而回到真實本然的狀態。

這就是「原來」的狀態，你們必須自己去體會。

Q：還有呢？

A：繼續練習，先去練習關閉眼、耳、鼻、舌、身、意（頭腦）與外境的接觸，回到松果體第七識的寂靜狀態，先去練習，先不多說。

（二）破除「被外境影響」的幻象能量層

Q：你看到什麼？（另外一天的催眠）

A：一望無際藍色的海，淺藍色、寶藍色漸層的海洋，亮亮的，很漂亮；白色會發亮的沙灘，細緻的珍珠白的沙，會發光；周圍都是白白亮亮的能量，天空也是亮的。這裡像是一個空間，前方是一望無際的大海，我站在沙灘上看海，有微風。這裡很

廣闊，但是周遭都是白白亮亮的能量，待在這裡很舒服。海浪拍打到沙灘上的時候，就像是細緻的白光，這些應該不是真正的海水，而是白光能量。海浪聲的頻率很穩定、很舒服。

海浪波動形成一種細緻、穩定的頻率，我在這裡感受這種細緻穩定的頻率，淺藍色發光的海洋能量，好像正在運用這種細緻穩定的頻率，調整我的身體頻率。

Q：這裡在哪裡？

A：心腔的中心，現在正在調整身體的頻率。很像正在運用大海廣闊、巨大的能量，清洗這個身體的能量場、細胞，以及從小到大累積的不平衡能量，穩定整個靈魂的能量。

Q：這個有如大海般的能量是什麼樣的能量？

A：第七識的能量。第七識的能量進入這個身體，穩定這個身體靈魂的能量。也就是說第七識的能量就有如大海般廣闊，從心腔中心進入整個身體融合，並且擴散至這個身體的所有細胞，以及身體周遭整個能量場（靈魂光球、第七識的意識能量），現

在正在調整整個能量場的頻率。

整個第七識的能量回復與整個肉體連結，也就是外圍包覆的第六識不平衡的染汙能量（第六識小我幻象能量層）幾乎已經清除了，表示他已經破除了所有的小我無明妄想，所以第七識的能量就如同大海般清理他的能量場，擴展至他的整個肉體及能量場。

因為他已經醒來了，沒有第六識所形成的小我幻象能量層了，那麼第七識就可以完整地與他的整個身體融合。表示他更回歸第七識的狀態，更不受到第六識幻象層面的影響與控制。

也就是說，第六識已經清醒過來轉為智慧，第六識當中已經沒有幻象能量層了，第七識的外圍已經沒有第六識所形成的幻象能量層，最後一層的幻象能量層已經破除了。

Q：什麼樣的最後一層的「小我幻象能量層」已經破除？

A：上次破除的是「不再往外求」，這次破除的小我幻象能量層是「不再受到外境影

響」。

上一次的進展是收攝所有的生命能量，不再往外求，但是他還沒有破除另外一層的幻象層：他還是以為自己會受到外境的影響。雖然已經不再外求，不再往外抓取，但是他還是認為自己會受到外在所有一切人、事、物的影響。所以他的內心深處還是覺得，自己必須幫助家人變得更好，自己必須幫助周遭的人、環境或社會更好，否則自己就會受到影響。他仍然誤以為外在任何的人、事、物及環境都有可能傷害他，他還是會受到外在一切的影響。而這一次他已經破除「外境會影響自己」的這層小我幻象層，當這一層破除之後，他可以說已經真正破除所有的幻象層。他不再往外求，也不再受到外境一切的影響。

不過，這只是剛開始而已。

Q：是。

A：會破除這一層幻象層的原因是因為他昨天想通了，原本他的內心有一種想法：想要

幫助媽媽醒來，他認為這是他的責任。這是因為他認為如果媽媽覺醒了，並且學會真正愛自己，那麼他就不會受到媽媽的影響而不愛自己。

因為從小到大，他發覺就是因為媽媽不懂得真正愛自己，所以他也學不會如何真正愛自己，因而產生許多痛苦經驗。他以為從小到大所產生的痛苦經驗都是源自於外在，而最主要的外在原因，就是因為媽媽不懂得真正愛自己、爸爸不愛自己，那些跟他親近的大人們不愛他們自己，所以才導致他從小無法學習到愛自己。

他以為是外在的人、環境及社會的關係，才會造成他不愛自己，造成他困在痛苦、看不起自己、認為自己不夠好、不愛自己的幻象當中。他以為從小到大的不快樂都是外在因素所造成的，是因為外境的影響才會造成他的痛苦。

或者，他也會認為就是因為外在有蟲蟻、蟑螂或壁虎，還是社會上有作奸犯科的壞人、或者病毒、戰爭，以及整體社會扭曲的價值觀，才會造成種種他在成長經歷的痛苦。他以為自己的痛苦都源自於外在的一切種種，然而這種想法只是一種他的頭腦所產生出來的小我幻象，或者說是他自己想像出來的無明妄想。

不是外在環境造成他的痛苦，而是他的六識與身體六根（眼、耳、鼻、舌、身、

意）連結，以身體六根接觸外境六塵（色、聲、香、味、觸、法），而產生種種想法、感受、判斷、喜好、情緒及選擇。這些因為六根接觸六塵外境，所產生的各種對於內心的作用、反應及結果，也就是所謂的「心所[2]（作意、觸、受、想、思）」。而這些作用當中，讓他的內心產生最強烈的一種想法或情緒就是「恐懼」，這種從小根深蒂固存在於他的內心深處的無明妄想的「恐懼」，這層「恐懼的小我幻象能量層」即是「外在的一切造成我的痛苦」。

所以他會對於外在環境產生一個很大的「恐懼」，並且被這個「恐懼」所控制，他的恐懼源自於「是外在的一切控制我的喜、怒、哀、樂，以及安全感、滿足感的感受。」

然而，事實上是因為他進入了這層「幻象能量」的想像當中，讓他誤以為是「外境」讓他產生痛苦及危險。

這是因為當你出生之後，你開始形成小我第六識的時候，你第一次感受到「恐懼」及「不安全感」，幾乎都是因為媽媽或爸爸打你或罵你的時候，也許是嬰兒或三歲之前的經歷，你會產生一個念頭：「喔，是因為外面的某個什麼讓我產生危險或不

舒服的感覺。」

你開始認為：「喔，外面可能不安全。」或者「外面這個人可能會讓我受到傷害。」

也許是在嬰兒的時候，你哭了被打屁股；或者換尿布時，媽媽或爸爸有語氣強烈的責罵、抱怨；還是你餓了或尿布濕了，卻沒有即時被處理，你感到很不舒服，生存感受到威脅。

你開始產生一種想法：「是因為外境的原因讓自己感到不舒服、不開心，甚至是生存權受到威脅。」你認為自己的不開心、不舒服或不安全感都是來自於自己的身體之外。

Q：是。

A：這種「恐懼外境」、「所有的痛苦都是來自於外境的影響」、「我會被外境影響」、「我一定會被外境影響」的想法，也就是「作意心所[3]」，源自於六識連結身體六根，接觸外境六塵，因而產生在小我第六意識（頭腦意識）的幻象，或者稱之為無明妄想。

你的小我頭腦產了一種幻想、無明妄想：「我會受到外境的影響」，我因為外境的影響而內心產生各種情緒、好惡、慾望及選擇的起心動念。

然而，事實真相是「你『主動』去反射這些外境，讓自己生起所有的起心動念」，而不是「外境讓你產生起心動念」。主要是因為你的眼、耳、鼻、舌、身、意（頭腦）往外投射，與外境產生反應，然後你才生起喜、怒、哀、樂等起心動念。

所以，是你去反應、投射這些外境，讓這些外境進入你的意識當中，你才會產生種種起心動念。事實上是你自己去抓取外境，而不是外境主動來影響你。

你們都搞錯這個因果關係了。

事實上是因為你產生了一個「幻象（作意心所、無明妄想）」，你執取了外境，你把外境抓過來而讓自己產生各種起心動念，然後在認知上產生了一種誤解，以為外在的一切會影響你，外在的一切會讓你產生喜、怒、哀、樂、恐懼等情緒，或者影響你的肉體。

你覺得你被影響了，所以你去抓來讓自己被影響；而不是這些外境「主動」影響你。

於是你會對外境產生一種「恐懼」，而你的小我意識不由自主地就會被這種「恐懼」所控制，你會認為「外境的種種一切可能會傷害你、讓你活不下去，或讓你不開心、不舒服。」

這是因為你的「六識」連結身體「六根」，再由「六根」反應「六塵」外境世界，你的小我意識因而產生了某種「想法（作意心所）」——外在可能會有危險，我要好好保護自己，否則我會活不下去。

這個「想法」的產生，最初是因為當你投胎進入一具物質肉體當中，你的肉體會有一種生物本能——你必須注意、小心外在的某些危險，否則你就沒有辦法確保物質肉體的存活。

你會自然產生一種生物本能，也可以說是求生意志。

如果你能夠好好運用這種生物本能，你會讓自己適度地產生警覺心，避開危險，安全地存活在物質世界，直到你的肉體無法使用的那一天。

然而，當你們進入肉體之後，並且陷入在小我意識當中的時候，你們將這種求生的生物本能擴大得太過不平衡，反而將這種「生物本能」形成「恐懼」，讓你執取這

種恐懼，你以為「外在所有一切都有可能會傷害我、影響我」、「我被外在的一切所影響」、「我不得不被影響」、「我一定會被影響」。

你因為執取這種「恐懼」，而形成一種「幻想」，以為你的人生一定會被外境所影響。

唉，就是因為我媽不懂得愛她自己，所以她從小就會打我、罵我，從來不鼓勵我，所以我才會沒有自信，覺得自己不夠好，自卑，所以我才會讓自己活得不快樂。或者我爸會打我、罵我，才害得我不敢追求自己的理想什麼、什麼的，還是我的老師在全班面前辱罵我，讓我感覺自己很糟糕，所以我才會不敢在人前講話，不敢表現自己等等。或者這個世界很不安全，搶劫、殺人或各種天災、人禍、病毒傳播的發生，我就是隨時暴露在這些危險當中。

我很不安全，我是「被動」地只能被這些外境所影響。

你以為你是「被動」地被外境影響，然而這只是你們頭腦小我意識所產生的「幻象」，你們搞錯了。

你們並不是「被動」式地被外境所影響，而是你們「主動」放棄自己真正的生命力

量，誤以為自己只能被外境所影響。事實上，是因為你們抓著外境讓自己被影響，所以你們才會被影響。

如果你拿回自己生命的主控權，你回到第七識的清明智慧，不受到小我第六識的幻象所影響，你會明白「自己的生命完全由自己控制與創造」。

當你醒來，回到第七識，你的靈魂能量回復完整，事實上是由你來決定外境可不可以影響你，而不是被動地只能被影響。因此，你可以決定「讓整個外境完全不要影響你」。

當你醒來，你回到完整靈魂的狀態，你的第七識的靈魂力量強大到足以讓你決定「完全不受到外境的影響」。因為你破除了小我第六識的幻象能量層，這層幻象能量層（無明妄想）就是「你以為你只能被動被外境影響」。

你完全拿回你的主控權，你完全成為一個真正的「完整靈魂」，你具有非常強大的力量是「你不被外境所影響」。因為你不再將外境的影響力拉過來，進入你自己的能量場（靈魂光球）裡面。

Q：是。

A：除了「不再往外求」，「收攝你所有的生命能量」之外的下一步，你還要拿回你全部的力量，澈底了悟：「你不會被外境所影響」。

如果你會被影響，是因為你願意被影響。這個世界沒有任何外在的人、事、物可以影響你，是因為你願意被影響，你才會被影響。你以為自己是「被動」被影響，其實是你把自己「主動」的權力放掉了，所以你進入第六意識的小我幻象層，以為自己只能被外境影響。

這是當你還是小嬰兒的時候，你首次被媽媽打罵，或者因為外境強烈的色、聲、香、味、觸、法而產生「恐懼」的時候，你就進入了這個「被外境影響」的小我幻象能量層裡面了。

你的腦中生起了一個想法：「喔，我會被外在的這些傷害，而我沒有辦法反擊。」因為這時候你進入了一個嬰兒肉體，切斷與第七識的連結，你忘記自己真正是誰，你也忘記自己的靈魂具有強大的力量，而不會被外境所影響。所以你會誤以為自己沒有主動權，沒有能力作決定，只能被動被外境影響。

因此，是你的意識去執取外境，而影響你的起心動念及生命體驗，並且形成你人生當中的現實事件——你真的被外境所影響了，你被這個世界、社會、於你之外的人事物影響了，你被這個物質地球世界的一切種種所影響了。

你以為你只能「被動」被影響，這是一種小我頭腦意識所產生的幻象。

Q：瞭解。

A：只要你將這種執取放掉，打破這個幻象，把你以為會被外境影響的生命能量收攝回來，回到靈魂的真實狀態的時候，你會從內在真正體驗到「我不會被外境所影響」，「如果我會被影響，是因為我願意被影響；如果我不願意被影響，我也絕對不會被影響」。

即便因為某個天災人禍而造成你的肉體不堪使用而死亡，你也只是離開肉體而已，對於你的整體生命歷程、整個靈魂，以你的第七識而言，沒有任何影響。因為你還是你的第七識，你還是你的靈魂，你還是存在，你的第七識沒有任何損傷或減少。如果這個暫時的肉體無法使用了，那麼你的第七識就是離開這個肉體就好了啊，你

的整體生命歷程不會受到真正的影響。你會很容易就離開這個肉體，你不會被困在這個肉體裡面，所以你需要害怕死亡嗎？不會。

因為你理解某種天災人禍導致你的肉體不堪使用的時候，你的第七識會很自然而然地離開這個肉體，你不會有遺憾或留戀，所以你會被這些外境的天災人禍所影響嗎？不會啊。你的第七識（靈魂）不會受到影響，你還是原來的第七識（靈魂），所以你不會真正受到影響。

你會是自在的，你不會害怕死亡。因為肉體只是暫時的，而你也不會執取外境的所有的一切，因為你瞭解外境的一切都只是暫時的，所以你還會留戀這個肉體嗎？不會啊。那麼你還會真正受到任何外境的影響嗎？不會。

所以有沒有得到武漢肺炎[4]對你來說很重要嗎？如果這個肉體的時間已經到了，那麼第七識（靈魂）就走了啊。如果得了武漢肺炎，可是肉體還是堪用，那麼第七識（靈魂）就繼續留下來，繼續待在這個肉體裡面體驗這個物質世界的生活，這是這樣而已。

這個時候，你還會被外境影響嗎？你還會有不甘心、痛苦嗎？不會啊，所以你不會

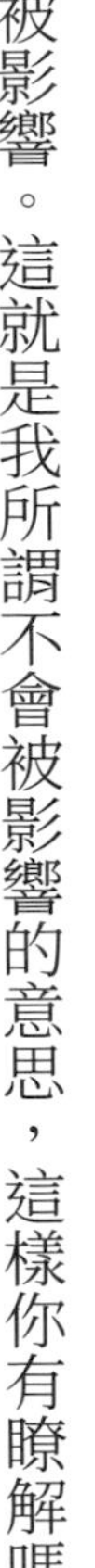

被影響。這就是我所謂不會被影響的意思，這樣你有瞭解嗎？

Q：是的。

A：所以，你會很自在地面對所有的生命經歷，你不會非常執著於現在這個暫時的肉體，你也不會執著於外境的世界一定要合你意。可能你還是會覺得媽媽不愛自己，她還很痛苦，但是這個時候你會祝福她，你不會產生強烈的想法，認為自己一定要幫助媽媽學會愛自己。

這是因為他之前認為自己從小到大所有痛苦的根源，都是來自於媽媽不懂得愛自己，所以他才不懂得如何真正愛自己，而讓自己產生許多痛苦。他不是責怪媽媽，而是他以為如果幫助媽媽醒過來，讓媽媽懂得愛自己之後，他也就不會再受到因為不愛自己的苦了。所以他內心有一種強任的責任感或無明慾望，他想要幫助媽媽醒來。

他也以為，他必須幫助這個社會越來越好，他必須幫助周遭的人醒來；當外境越來越好的時候，他就不會受到影響了。因此，他的內心會產生一種壓力，他必須讓外

境更好，他才不會受到影響。

他以為外境會影響自己，但事實上不是如此，外境不會影響他。當他將這種幻境能量層破除之後，他就不會再受到外境的影響了。

那麼，他的內心也就不再擁有這些壓力及無明妄想，以為自己對於別人的受苦有責任。當他沒有這些無明妄想的時候，他才能夠更自在的運用他的智慧，真正幫助其他人。

他不再會產生「我一定要幫助別人」的無明妄想及壓力，這還是一種執念及無明妄想。當他沒有破除這層無明妄想的時候，他無法運用第七識的真實智慧，真正地幫助到其他人。

你必須破除所有的無明妄想之後，你才能夠真正以第七識的清明智慧幫助其他人。

（三）第七識的力量如大海般廣闊，不會被控制

Q：是的。

A：生命的真相是「你以為你會被影響，你才會被影響」，因為你將外境拉進入自己的靈魂能量層。

當你的第七識進入肉體之後，你進入了幻境世界，如果你不活在「被幻境影響」的幻境能量當中，你就不會被幻境所影響。

所以，你本來就不會被影響，只是你願意活在「你會被影響」的幻境能量層當中，你才會被影響。

你必須先從這個幻境當中醒來，清醒到一個程度，也許時機到了，他可以真正幫助媽媽也醒過來，學會真正愛自己，不再受苦。

但不是活在「因為媽媽不愛自己，所以才會讓我沒有學會愛自己而受苦」的幻境當中，以這樣的無明妄想而想要幫助媽媽醒來，誤以為「只有幫助媽媽醒來之後，我才不會受苦」，這樣他絕對無法真正幫助到媽媽。

只有從所有的幻境當中醒來，醒到一個程度的時候，他才能夠真正以真實智慧行菩薩道，他才能夠真正幫助別人。只有破除所有的無明妄想及慾望之後，不受到任何

外境的影響，你才會回復「完整靈魂」的力量，你才是回到真實的「第七識的清明智慧」狀態。

Q：是。

A：那麼，他的內在就能夠進入這種如大海般廣闊的力量，他的力量才會真正回來。當你回復第七識的清醒狀態，你的全部生命能量收攝回來，這並不是只是存在於丹田的力量而已，而是如同大海般的廣闊、強大力量。這是多大的力量？這是非常強大的力量，在地球上，這就是如同大海般的強大力量。也就是說，當你完全將所有的生命能量收攝回來，回歸第七識，元神歸位，破除所有第六識小我幻象的時候，回歸完整靈魂的真實力量，你擁有的力量會是什麼樣的力量？以在地球物質世界來說，就是如大海般廣闊的力量。也許現在你們還無法體會這是什麼樣的力量，你們必須慢慢自行體會。不要小看第七識回復的能量與力量，慢慢去體會。

Q：是的。

A：既然靈魂原本擁有這麼強大的力量，為什麼這麼多的靈魂還會被簽約[5]？被控制？

Q：為什麼呢？

A：因為他們願意被簽約啊，他們將外在力量拉進來自己的生命能量場（靈魂）當中，讓自己被限制在裡面。你的靈魂原本是自由的，不受到任何限制，只是因為當你們的六根接觸六塵，你們忘記自己的力量，以為自己一定會受到六塵外境的影響，才會將外境拉進自己的能量場裡面而被影響。

是因為你們願意被影響，所以才會被影響，你才會被簽約。

當你被簽約的時候，你困住自己的靈魂，以為自己沒有力量，只能聽命於那些黑暗能量，或者你信仰的宗教當中的鬼、神。

當你破除「不會被外境影響」的幻象能量層的時候，你不會再將任何外境能量拉進自己的生命能量場（意識能量、靈魂），你才能回復「完整靈魂」的所有力量。以在地球物質世界來說，你的靈魂力量就是如同大海般廣闊的力量，這是非常強大的力量。

因此，你根本不可能被控制，你也不會被影響。這個世界上，沒有任何人、能量或生命可以控制你、影響你，即便是妖魔鬼怪也不可能影響你，因為你真實靈魂的力量非常強大。

當你不願意被影響，你不會將外境能量拉進自己的能量場（意識、靈魂）當中，你會跟這些妖魔鬼怪切入不一樣的空間，即便這些妖魔鬼怪對你施法、下符籙、下詛咒，企圖運用他們的力量影響你，他們也會做不到；因為你不再將他們的能量拉進自己的能量場裡面，你會跟他們處在不一樣的空間，他們切不進來你的空間，他們絕對無法影響你。

這是因為你決定不被外境所影響，當你將這層「被外境影響」的幻象能量介面打破，從你的第七識剝除之後，所有外境的一切影響能量無法進入你的意識範圍。

我們之前說過，第七識沒有範圍，包含整個宇宙。你的第七識如同宇宙一樣廣大，當你跟這個宇宙一樣廣大，宇宙中還有任何意識、能量或東西可以進入你的意識空間裡面嗎？他們進不來，因為你不同意任何外境進入你的意識宇宙空間，因為你沒有那層「幻象介面」讓任何外境進入你的意識空間。

當你回復第七意識「完整靈魂」的狀態，你的意識如同整個宇宙一樣廣大，也就是說包圍著你的肉體的意識能量（靈魂能量）擴及整個宇宙，這個時候還有任何黑暗能量可以進來你的意識空間控制你、影響你，欺騙你簽約嗎？不可能。

這個宇宙沒有任何生命可以影響你、撼動你，這個時候，你還需要崇拜、臣服於那些在宇宙中自稱什麼〇〇××的偉大的神、造物主或各種了不得名號的黑暗能量嗎？不需要啊。閃邊站，因為我沒有那層「誤以為會被外境影響」的「幻境介面」來讓他們進入我的意識範圍影響、控制我了。

靈魂原本都應該如此自由。

進入宇宙之後，所有靈魂的力量都一樣大，都是平等的，沒有哪一個靈魂會大過任何其他的靈魂，因為每一個靈魂都跟宇宙一樣大。如果祢超越宇宙，祢就會回到第八識，或者直接回到本源了，那個時候，每一個轉出來的個別意識還是一樣大，遍及所有的一切，合一。

回到合一之後，就更沒有高低大小的分別了，因為就是合一，都是同一個。

（四）六根清淨，你就能夠趨吉避凶

Q：是，瞭解。

A：破除、剝除這層「我會被外境影響」的「幻境介面」之後，表示我這個意識已經沒有任何「介面層」得以讓其他意識進來影響我，我也沒有任何「介面」去和其他意識（靈魂）進行連結，進入小我意識的共同遊戲當中。當你回復到「完整靈魂」擴及整個宇宙的真實生命狀態的時候，你不再讓外境影響你，你也不想、不會進入別人的意識空間，不再進入共同的小我意識空間，跟其他小我意識玩遊戲，所以沒有其他的意識（靈魂）可以影響我了。

Q：是。

A：當你沒有了這層「幻境介面」之後，就是所謂的「六根清淨」。你的六根不再受到六塵的影響，你不會被任何外境所影響，你就是六根清淨了。你不會被影響。

即便你遭遇天災人禍，導致你現在的肉體不堪使用，你還是不會被影響。你的這個

肉體一定會死，可能也會受傷，可是你會理解，這個肉體已經不堪使用了，那麼你就會自在地離開。意識離開肉體之後，你不會產生痛苦、不捨與留戀，所以你會被外境所影響嗎？

Q：**不會**。

A：對，這個就是「不被外境所影響」。也因為如此，就算這個世界沒有人相信你，或者這個世界人人唾棄你、辱罵你，你會被影響嗎？

Q：**不會**。

A：對，不會，這就是「不被外境影響」的真實意義。不管這個世界的其他人討厭你或愛你，你都會沒意見，不會受到任何影響。你喜歡我也可以，不喜歡我也可以，對我來說都沒有影響。因為你不再打開那層「以為會被影響的幻境影響介面」跟其他靈魂互動了，所以你不會被影響。所以，好也可以，不好也可以；有也好，沒有也好；活著也好，死了也好。你不會

再受到任何外境的影響，你已經回到真實生命狀態。第七識的真實狀態就是無形無相，充滿整個宇宙，你可以自由自在地在這個宇宙體驗，不管外境發生什麼，你還是這種無形無相、自由自在的存在，你不會受到任何外境的影響。

Q：是。

A：當你越來越回復到「第七識」的原來狀態的時候，你就可以趨吉避凶。因為你不被外境所影響，你會自然而然不再跟外境的負面能量相應，你會自然遠離任何負面的人、事、物、地區或時間，而那些負面能量、事件也無法主動影響你，你當然就能夠趨吉避凶。

回到第七識之後，你還是必須面對老、病、死，但是你可以讓自己過得更好、更平順。這個世界也許還是會有變動，也會發生天災人禍，可是你可以讓自己趨吉避凶，不受到外境的影響，你會活得越來越自在、安穩、安定，有也好，沒有也好。現在才剛開始而已，慢慢去體會。

Q：是的。

A：但是這種「我決定不要被影響，我就不會被影響」的「覺醒狀態」是針對已經回到第七識的人喔，而不是還落在第六識小我幻象的人。

請不要誤解喔，你們不能讀了幾篇靈性文章，或者修行、靜坐了幾個月或幾年，然後你以為自己覺醒了，你下定決心「我決定不要被影響」，並且以為「我就一定不會被影響」；結果也許哪一天你的錢被騙、男友劈腿還是發生車禍了，然後你說這些訊息不對、這些訊息是騙人的，我還是被影響了啊。

不要因為誤解了這些訊息，反而因為這些訊息而讓自己的人生更加混亂。如果你還沒有從小我第六意識當中醒來，你的人生絕對不會進入這種「不會被影響」的「覺醒狀態」。

所謂「回到第七識」、「從小我當中醒來」是你必須真正、澈底往內心覺察自己的每一個無明妄想慾望，破除每一個無明妄想慾望，這當中沒有任何一絲一毫的僥倖或模糊地帶，你必須澈底、赤裸裸、血淋淋地面對內心深處最底層的每一個念頭、想法及慾望，你才能夠開始走上覺醒的道路。

這不會是一個容易的過程，可能也必須花費一段不算短的時間。因為進入幻境之後，人類的小我很沉迷在這場幻境戲劇當中，小我很想演，也很愛演，小我其實非常不想醒來。小我也會在醒來的過程當中，進行許多逃避、抗爭及誘騙自己再度進入戲劇的詭計。

因此，當你走在覺醒的路途當中，你必須面對內心巨大的痛苦及小我的抗拒及恐懼。這是一段艱辛的過程，內在的艱辛，沒有自己真實走過，你無法瞭解這種辛苦。

然而，在這個人世間，真正願意一步一步走過來的人不多。這段路程說辛苦很辛苦，說辛苦也沒有那麼辛苦，但是你們必須自己走過來。

Q：**是。**

A：因此，再次強調，這些訊息是要給那些已經回到「第七識」醒來的人聽的，還在第六識小我幻境中的人請不要曲解這些訊息。

先去好好面對內在的無明妄想慾望，破除、放下你的無明妄想慾望，你才能達到這

些訊息所說的狀態，理解這些訊息的內容。否則，你們會誤解這些訊息，這樣就不是我們傳達這些訊息的本意了。

（五）熄滅第六識之「作意心所」，不再造作業力

Q：然後呢？

A：進入松果體第七識的狀態，你可以屏蔽所有外境的干擾及紛擾，完全安住在松果體「空、無」的定靜狀態當中，回到生命本質原來的狀態，安住在這種狀態。這就是原來生命的真相，空、無、寂靜，無法運用言語描述的寧靜、安定的狀態。你還是存在著，還是有感知，所以可以感知寂靜、寧靜的狀態。現在正在讓這個身體練習安住在這種「空、無」的寧靜、寂靜、安定的狀態。即便他張開眼睛，聽到外界有很多聲音，他在跟人交談，他在動作，他還是可以保持在這種回到「空、無」的寂靜、安定的狀態。

不管第三眼的外在正在從事什麼樣的活動，他的眼、耳、鼻、舌、身、意接觸到什麼樣的六塵外境，或者因為接觸六塵外境，而產生各種身體器官的感受，進而產生想法，生起各種情緒、好惡與決定，之後因而產生種種行為、動作；因為六識連結六根，接觸六塵而產生「觸」、「受」、「想」、「思」的起心動念，他仍舊可以維持在松果體，也就是第七識空、無的寧靜、安定的狀態。因為這個時候，他已經不往外求，也已經破除「外境會對他產生實質影響」的幻象了。

所以，就算他因為外境而生起種種起心動念、情緒、決定，所謂的在意識當中產生的「觸、受、想、思」的作用結果，他還是不會留下任何染汙能量在他的靈魂光球（第七識）外圍，他還是保持在第七識空、無的寧靜、安定的狀態當中。

這是因為他已經將唯識學當中所稱之的「作意心所」這個小我幻象能量層從第七識的外圍剝除。這個「作意心所」，即是他的第六識小我頭腦意識所產生的一種無明妄想，誤以為「我會被外境所影響」，而現在他已經了悟「外境的一切不會對我的真實生命造成任何影響」。

那麼，他就不會把因為六根接觸六塵外境所產生的一切作用（觸、受、想、思）等

的感受，形成遺憾或執念而附著在第七識外圍。這些作用也就是想法、情緒、好惡、判斷、選擇、行為及慾望等，雖然這些作用還是會生起，但是他會讓它們流過去，而不會將這些染汙能量附著在第七識的外圍。因為他不執著，所以他不會將這些作用的結果留在內心，這些作用所產生的染汙能量便會流過他的第七識，不會附著在第七識的外圍，如此也就表示沒有任何業力得以附著在他的第七識的外圍。

Q：是的。

A：這是因為，他已經將第六識所形成的「作意」這層無明妄想的幻象剝除了，因此他的第七識（靈魂）外圍，沒有任何「介面」可以沾染、吸附任何業力能量。這些業力能量（染汙能量），就是因為外境而為了滿足自身慾望所產生的想法、判斷、行為及情緒能量。如果你有這層「作意」無明妄想的幻境介面的時候，你認為「外境的所有一切會對我造成影響」，當你產生這種「作意」的時候，會形成一種「幻象能量介面層」，

這是一種真實的能量層，也是某一層的小我意識能量層，這種幻象能量層包覆在你的第七識靈魂光球的外圍。

也就是任何你的起心動念及行為造作所產生的「業力能量」，會附著在你身體周圍的能量場當中，而包覆你的身體的能量場也就是你的第七識，也就是你的靈魂光球。

當你從小我意識當中醒來，回到第七識的清明智慧，並且把這層「以為會被外境影響」的「作意心所」的幻象能量層剝離，這也是某一層的小我意識幻象層。當你破除這一層幻象之後，你不再受到任何外境的影響，因此任何因為外境所產生的能量（業力），將無法附著在你的第七識（靈魂光球、能量場）外圍。

這個時候，你不會再沾染任何新的業力了，因為你已經沒有讓業力得以附著的幻象能量層了。

Q：那麼他還會造作新的業力嗎？

A：當你回到第七識，你已經不再往外求了，你熄滅往外求的無明妄想慾望，並且了悟

外境無法影響你了，你不會再去造作任何多餘的身、語、意的想法及行為來滿足小我慾望的時候，你如何造業？

你不會生起多餘的慾望，有也好，沒有也好；「有」的時候你就享受，「沒有」就隨順因緣；而你該工作還是要好好工作，因為你還是有這個肉體，你還是需要生活；如果你有父母，就該好好照顧父母，因為你還是有為人子女的責任；如果你有家庭、妻小，你就要好好照顧你的家庭，好好照顧你的小孩。

你在這個人世間，身為一個人所應該盡的責任，你還是要盡力做好，負起你的責任。這些你該做的事情，跟你有沒有回復到第七識、有沒有醒來無關；該好好工作還是要好好工作，該念書還是要念書，該照顧家庭還是要照顧家庭，該孝順父母還是要孝順父母。

但是，你不會再造作任何多餘的身、語、意的想法及行為，來滿足自己多餘的、不必要的無明妄想慾望，並且身為一個人該盡的責任你也好好完成了，你當然不會再造作任何新的業力了。

雖然你還是會生起各種想法、造作各種行為，因為你還是一個人，你還要生活，但

是你不會再生起任何多餘、不必要的妄想及慾望了，你當然不會造作任何染汙能量附著在第七識的外圍，你當然不會再造作新的業力，也不會累積業力。

Q：**是的**。

A：當你將那層「作意心所」幻象能量介面剝除之後，你從前所造作的業力也將無法繼續附著在你的第七識，那麼你就是在「消業力」。

你已經沒有無明妄想慾望，你不想往外求了，過去的那些「業力」也會跟著熄滅。「業力」也可以說是你的無明慾念，你才會想要往外追求些什麼。這些無明慾念才會形成染汙能量（業力），而你不會再造作新的業力，也熄滅了造作業力的慾念，過去發生的一切你會放下，你不會想要報仇了，別人欠你的你也不強求了，或者從前被欺騙的感情，你也放下那些求不得的執念了，那麼你怎麼還會有「業力」呢？你不會再起新的業力，也消解了過去的業力。

Q：**瞭解**。

A：當你放下往外求的無明慾念，過去所發生過的一切，你已經全部放下。那麼因為過

去經歷與其他人所產生的業力因緣，也會因為你已經消除你這一邊的業力，而無法與另外一個人再度產生任何業力因緣的作用了。

所以，你會「消除業力」，曾經的業力也不會再起作用。

即便過去曾經共同造作業力的對象，他的內心還有很強烈的想要完成這個「業力」的無明妄想慾望的時候，但是因為你已經熄滅這些「業力」的無明慾望了，也許你們這一世還是會相遇，但是因為一邊已經沒有業力了，所以過去共同造作的這個「共業」也無法再起任何作用了。

你熄滅了你的無明妄想慾望，你也消除了業力，不再與其他人共感業力，你們之間的業力也無法再起任何作用了。

Q：那麼以前欠人家的也都不用還了嗎？

A：這是一種比喻而已，我先如此做比喻來說明。譬如說：前世這個男的欺騙我的感情，那麼他的心裡生起「愧疚」，而我的心裡有「怨恨」，我們兩人因為前世的經歷相互產生「共業」。

但是上一世因為因緣結束之前，兩人在死亡之前，並沒有消除心中的「愧疚」及「怨恨」的「業力」。而今天在某種因緣和合的狀態下，我們相遇了。這個時候會出現幾種狀況：

如果他的「愧疚」還在，我的「怨恨」也還在，那麼有可能因為兩人之間「業力」能量，會讓我們之間的「業力現前」，我們會互相受到吸引，開始談戀愛了。因為我們內心深處想要平衡這種「愧疚」及「怨恨」的業力，所以彼此之間的業力能量會相互牽引，而在人間，你們會以為這種業力的牽引與共感是所謂的「愛情」。於是我們會在一起進入男女情感的交往，進而結婚。進入婚姻之後，因為他有「愧疚」，而我有「怨恨」，所以這一世他可能會對我很好，是一個顧家、把錢都給我的好丈夫；但是我可能不會對他很好，不過也許我的「怨恨」沒有大到會去虐待他或搞外遇什麼的，也許在婚姻過程中還是會有吵鬧及波折，不過還是互相照顧扶持走過這一生，將我們之間這一段的感情因緣業力圓滿了。那麼這一世過去之後，我們之間的「業力」就會消除了，因緣圓滿，彼此之間都不再有共同的業力了。

Q：是的。

A：另外一種情況是，在這一世相遇之前，我已經透過修行，將我這一邊的「怨恨」業力熄滅了，我把這個染汙能量從第七識外圍消除了，因為我將「受到外境影響」的這層「作意心所」幻象介面剝離，我的心中、第六意識小我幻象當中沒有「怨恨」的業力了。

而我也對外無所求了，因為我生起第七識的智慧，瞭解「外在所有的一切無法真正滿足我」。因此，即便我知道曾經某一世在人類世界的體驗當中，有一個意識進入一具男性肉體，他當時欺騙我的感情，而我受到身體及心裡的傷害。

但是這一世的我已經生起智慧，瞭解「即便他沒有給我我想要從他身上得到的愛、關心、肯定或物質報償；即便我對他付出很多，但是他沒有相對應地付出我給予他的物質、關心及愛的時候；我也不會感覺受到傷害，我也不會認為是他欺騙我的感情，他對我有虧欠。」

因為我不再外求，我不需要外在任何人給予我的愛、關心、照顧或任何物質報償的付出。我已經了悟「不管外在得到什麼，對於我的生命本質都沒有任何影響及差

別，有也好，沒有也好」。所以，我不再產生被「虧欠」的無明妄想慾望了，當然也就沒有了「怨恨」的染汙能量附著在第七識外圍。

那麼，當我們今生相遇的時候，他也許還是對我有「愧疚」，但是我的內心已經沒有「怨恨」了；也許他會來追求我，但我不會想要跟他在一起，因為我不會對他產生異性之間的慾望，我不需要他來償還感情債。可能我們會成為好朋友，也有可能成為互相錯過的陌生人，但是這樣也沒關係，我們之間不會再產生任何因緣業力了，彼此之間的因緣結束，沒有任何業力的牽扯及糾葛了。

我們之間不會有「業力現前」發生，因為我這邊的「因」已經消除了，即便他那邊還存在，但是也不會起任何作用了。

或者我們還是會結婚，但是他內心有「虧欠」，而我的內心已經沒有怨恨了，也許之後我們的婚姻生活會很美滿，因為我的心中沒有怨恨的時候，我也不會找他麻煩，可能我們會有一段美好的夫妻因緣。當這一世的因緣結束之後，他也放下了心中的虧欠，我們兩人之間的業力也就消除了，因緣圓滿。

這只是一個比喻喔，我只是舉例，你們可以從中瞭解因果業力、業力成熟、業力現

前等「業力能量」的運作及互動的大致狀況。

Q：瞭解。

A：這就是因為「你認為你會被外境所影響」，所以你才會產生業力、引動業力，並且受到業力牽引而「被外境影響」。

因為你的第六識小我意識產生了這一層「我會被外境影響」的無明妄想，而這種無明妄想會形成一種能量層，附著在你的肉體外圍的能量場，也就是你的靈魂光球。

也就是這層能量層才會讓你沾染染汙的業力能量，當你將這層能量層破除、剝除之後，你不再在意外境有任何變化，也不會再注意外境的影響，你不再注意、在意，也就是不再具有「作意」，唯識學相關經典翻譯為「作意」。

這個「作意」指的就是你的誤解、你的無明妄想——你以為外境會影響你；所以你才會產生各種起心動念、慾望及行為，而讓這些染汙能量附著在你的第七識（靈魂光球）外圍。

那麼，當你將這層「作意能量層」、「幻象能量層」剝除，你就不會再沾染任何業

力了。這些染汙能量就算生起，也會從你的第七識外圍流過去，飄過去，不會沾染、附著在你的能量光球上面，不會對你造成影響。

Q：是。

A：也許你看到有人被打，你還是會生起憤怒的情緒，但是你會很快地讓這種情緒過去，這種暫時生起的情緒不會影響你。

並不是你回到第七識之後，你就不會產生任何起心動念了。你可能還是會生起某些憤怒或激動的情緒，但是這些情緒會飄過你的第七識，不會附著在你的第七識，所以你不會受到影響，也不會累積業力能量。

大概是這個意思，以上所述，只是說明「因果業力」能量互動的「形成」、「起滅」及「作用」的通則、通例，只是概念上的說明而已，這當中也許還有很多細節、個別情況或更複雜的交互作用及現象，你們必須自己慢慢去體會、理解。

（六）業力形成的起因及過程

Q：好的。

A：綜合以上所述，當你從第八識下降到第七識，並且從第七識進入一具人類肉體之後，你開始可以運用人類肉體當中的眼、耳、鼻、舌、身、意（頭腦）等「六根」，接觸物質地球的「六塵」，體驗這個地球物質世界。

當你最初來到宇宙體驗的時候，第七識沒有業力，一開始的時候，你沒有業力。而當你成為一個人類，體驗地球物質世界的過程當中，你如何開始形成「業力」，並且因為業力能量過重而無法離開地球，只能困在地球輪迴？

你如何產生「業力」？如何困在「輪迴」當中？

也就是因為你的「六根」接觸「六塵」，你被六塵外境影響而產生染汙的「業力」能量，這些業力能量附著在第七識外圍之後，你變得沉重了。當你變得沉重之後，你就無法自由離開地球，當然也無法離開宇宙回到第八識，再回到本源。

而你如何開始製造這些「業力」染汙能量，附著在第七識外圍？

也就是因為你的第六識頭腦小我意識形成一個幻象，也就是無明妄想，你誤以為「我會被外境（物質世界所有的一切人、事、物）影響」，於是你才產生種種分別、好惡、判斷，進而產生種種情緒、想法，造作種種行為及慾望，你的內在生起各種不同的無明妄想慾望。

而這些無明妄想慾望就是一種染汙能量，這些染汙能量將會附著在「我會被外境所影響」的幻象能量介面，這層「幻象能量介面」也就是所謂的「作意」。如果你沒有這層「作意」，你就不會因為六根接觸六塵而產生各種作用的染汙能量，附著在第七識的外圍。

也就是這層「作意」讓你開始造作業力，因為「你以為你會被外境一切人、事、物所影響」。

然而，事實真相是，你不會被外境所影響。因為不管外境發生任何事情，你的生命本質都不會產生任何改變。你只是以第七識進入一具人類肉體載具，因為你想要以人類物質肉體來體驗這個地球物質世界。這是因為第七識無形無相，不是物質狀態，所以你無法直接以第七識來體驗物質地球世界，因此你才必須進入一具物質人

類肉體，以這具人類肉體來體驗物質地球世界。

你只是暫時進入一具肉體體驗而已，你並不是這具肉體，你還是你原來的生命真相——無形無相的第七識，而第七識又連結第八識，第八識又連結本源。

然而，你們卻在進入一具人類物質肉體之後，因為第七識連結物質肉體的眼、耳、鼻、舌、身、意（頭腦）六根之後，你的第六識（頭腦）就誤以為這具肉體就是你，當你誤以為這具肉體就是你之後，你會誤以為這個物質世界就是你的生命的全部。

所以你才會在物質世界苦苦追求外在所有的一切，你必須不斷外求，因為外在的這個物質世界就是你的生命的全部，你必須以這個物質肉體追求外在的成功、美好的愛情、被愛、被肯定、美好的物質生活享受，你必須成為第一名，因為你誤以為你只是一個人類，而這個人類所處的地球世界就是你的全部。

所以你才會造作種種「業力」，因為你以為這個物質世界就是你生命的全部，這個物質世界的所有一切都會影響你。

於是你的頭腦意識（第六意識）創造出一個幻境能量層（無明妄想），也可以說是

「幻境能量介面」，或唯識學當中所稱的「作意」、「作意心所」，這個無明妄想就是「外境所有的一切都會影響我」。

你就是因為這個「作意心所（無明妄想）」的作用，透過「六根」接觸「六塵」外境，產生種種起心動念、思想及行為，也就是所謂的「觸」、「受」、「想」、「思」，並且與其他人及這個世界產生互動，因而造作各種因緣業力。這些業力就是染汙能量，也因為「作意心所」的幻象介面，這些染汙能量才會附著在第七識，開始對你造成影響。

你的第七識外圍附著越來越多的染汙能量，這些染汙能量有「善」、「惡」及「不善不惡」的業力，但是都會形成重量，讓你被困在地球人間輪迴，無法離開。

因為業力具有重量，你的靈魂太重了，你無法往上升，當然也就無法離開地球，那麼你只好繼續留在地球人間輪迴。

這層「作意心所」的幻象能量層就是「造業」及「輪迴」的主要原因。

Q：是。

A：繼續練習，練習安住在松果體第七識「空、無」的生命本質的狀態當中，不斷練習，他才會越來越清醒，他才會越來越瞭解這個身體只是暫時的。

雖然只是暫時的，但是他還是要好好當一個人，好好以這個肉體體驗可以在物質地球世界可以體驗的一段人生。但是他不會再執著，也不會再苦苦追求外在的一切了，有也好，沒有也好。

也許以前有人欠他的，他也不一定要討回來。如果有人來跟他討債的，他也會想說「好吧，那就還他吧。」該還的，我們就還。需要討的，我們也不想討了。不過在這個過程當中，你還是要好好工作、好好生活，該負的責任要負，該照顧的家人還是要照顧，但是你會是在一種「平衡」的狀態下過你的生活。

「無所求、不想討了、該還的就還」的意思，並不是說你就要隨便被欺負、被欺壓或被騙錢，也不是說叫你不要好好保護自己的生命、財產的安全，也不是說不好好照顧自己的身體，更不是說叫你把財產都捐出去，不是喔。

而是你會在一個「平衡」的狀態之下，有也好，沒有也好，你不會生起過多的物質慾望，該你賺的錢，你就去賺，但是你不會不擇手段以傷害別人的方式賺錢；不過

你也不需要被欺負，該保護自己的權利的時候，你還是要好好保護自己的權利。也就是說如果有人欺負、欺騙你，該報警的還是要報警，該上法院的還是要上法院。因為你還是身處於人類社會當中，該好好當一個人的時候，你還是要好好當一個人，好好保護自己生命、財產的安全，好好負起應有的責任，好好體會當一個人類的體驗。

只是很多事情你不會強求，也不會執著了。

Q：是的，瞭解。

A：好的，再強調一次，這些訊息是要給已經回到第七識、已經覺醒的人聽的，如果你還是第六識的狀態，如果你聽不懂的話，請不要曲解這些訊息的真實意涵。從《唯識真義（第三篇）》開始的所有訊息，都是要說給已經醒來回到第七識的人聽的，他們可以當作參考，讓自己越來越回到第七識的清明智慧當中，越來越清醒。

但是，當你還在第六識小我頭腦當中的時候，當你還沒有回到第七識的時候，你有可能會誤解我所說的這些訊息，再次提醒，請不要誤解。你還是要以你現在的狀況，去做對你來說最舒適、安心的決定，因為你還處於第六識喔。

從第三篇之後的所有訊息，都是說給回到第七識的人聽的喔。因為回到第七識之後，他們會自然而然熄滅所有的無明妄想慾望，對他們來說，有也好，沒有也好。但是當你還在第六識的時候，你不會自然而然覺得「有也好，沒有也好」的時候，請你以你的清晰頭腦意識的理智及智慧，選擇對你來說最為舒適、安心且適合的決定。

好嗎？這樣有理解嗎？請不要曲解任何《唯識真義（第三篇）》後的所有訊息。

2 此處「心所」指的是佛法唯識學派對於一切世間現象進行分類當中所指的「五遍行心所」，意即「作意、觸、受、想、思」。參閱自《佛光大辭典》。

3 「作意心所」即五遍行心所之一的作意，亦可稱為「作意心所」。「作意」如果做名詞使用可理解為「注意力」，做動詞使用可理解為「引起內心的注意力往特定方向集中」。《成唯識論》曰：「作意，為能警心為性，於所緣境引心為業，謂此警覺，應起心種，引令趣境，故名作意。」本文內容對於「作意心所」的解釋，由上述釋義引伸而來，特指為「因為誤以為外境一切都會影響我，因而內心生起將外境一切主動拉進我的心識當中，而讓外境影響我的注意力」，此種「注意力」即本文所指稱之「作意心所」，亦為一種對於生命真相誤解的無明妄想。

4 催眠時間為二〇二一年八月，此段時間為武漢肺炎於全球大流行期間。催眠此時疫苗在臺灣還不算普遍，個案正處在擔憂感染的恐懼當中，所以此處以武漢肺炎比喻個案對於死亡的恐懼。

5 此處「簽約」指的是「簽訂靈魂契約」。

第七識如何在凡塵俗世自在生活

從小我人格當中醒來之後的安心自在生活

最初的時候，無形無相的意識進入一具人類載體的目的是什麼？最一開始的時候，我們投胎來當人類的目的是什麼？我們想要成為一個人類，進入人類世界生活的目的是什麼？

如果回到生命真實本質狀態，你會知道，你只是想來以一具物質載體體驗一段暫時的物質世界生活而已。因為生命本質原本的狀態屬於非物質，所以我們只能透過進入一具物質載體，才能夠體驗物質世界的一切。

這就是我們一開始投胎進入一具人類載體的最初目的。只是進入胚胎成長為小嬰兒被生下來之後，我們忘記了，所以我們才會開始在人類世界經歷一切貪嗔癡、求不得、怨憎會及愛別離之苦。

有沒有一種可能，透過某種往內在看清楚自己的方式，就能夠讓我們回到生命本質

原來的狀態，進行在物質世界的生活，而這種生活是我們不會傷心失去、不會擔憂年老，更不會害怕死亡？

也許以下的內容可以提供一些啟發與思考，我們每一個人都可以倚靠自己內在原來的智慧及力量，讓自己更加從容，以更為平靜、安心、自在的心情，面對生命中必然會經歷的成敗得失、悲歡離合及生老病死。

（一）安住在「第七識」，讓「有」的染汙能量流過

Q：你看到什麼？(另外一天的催眠)

A：四周都是透明的霧面水晶，裡面是暗的一個空間。應該也是在我的松果體，只是這次感覺這個洞的周遭是霧面水晶，中間還是空的，空、無，無形無相。這個水晶不是很具體，比較像是能量形式的。這次的山洞開口，我可以自己決定要打開或者關閉，而我現在沒有想要打開，所以是關閉起來的。

Q：這次又來到「松果體」是要做什麼？

A：融入這個水晶山洞，融合，練習融合進入這個水晶山洞。現在正在讓他感受，練習安住在這個水晶山洞——你的第三眼，也就是松果體裡面，兩眼上面中間裡面的地方。

你的「智慧之眼」、「真實之眼」、「靈魂之眼」。

隨時感受融合在這個「水晶山洞」裡面，你的「無極仙洞」就是如水晶般的山洞。要隨時練習安住在這種空、無的感受的狀態，不被任何外境所干擾。你可以運作你能量（靈魂光的力量）而不被外境所干擾，你可以改變周遭的能量，不被外境所干擾。

Q：是。

A：不管外境有什麼變動，不管你有任何起心動念，你還是可以安住在你的水晶山洞裡面，安住在這種「空、無」的感受。讓那些起心動念、想法、情緒在這外圍流動，它們會流過去，安住在你的無極仙洞（水晶山洞）裡面，讓這些能量在外圍流動，

它們不會沾染到你的真實狀態。

也就是說，你的第六識也許還是會生起各種情緒、妄念及想法，然而你還是安住在你的第七識當中(松果體當中空、無的感受)，那麼那些第六識生起的妄念、各種喜、怒、哀、樂、恐懼等情緒，以及各種想法，都會像風或能量一樣從你的第七識表層流過去。

它們不會沾染、附著在你的第七識外圍，你可能還是會生起這些起心動念，但是你不讓它們染著在你的第七識，你還是安住在第七識「空、無」的狀態當中，你就不會讓第六識的染汙能量附著在第七識的外圍。

那麼這些染汙的情緒、慾望或想法就會流過去，它們是流動的，不會附著在你的第七識，它們只會是暫時的現象從你的第六識生起，然後流過你的第七識表面，接著消失，不起作用，不會染著在第七識的表面。

如此，你就不會被外境所擾動。

也許你還是會陷入小我第六識的憤怒、恐懼或痛苦的情緒，或者是某些強烈的慾望當中；但是你就是安住在你的第七識，感受你還是安住在你的第七識當中，安住在

你內在無極仙洞「空、無」的狀態；而你的外在有那些起心動念的情緒、慾望或想法的能量在流動，你就讓它們流過去就好了，放掉，讓它們流動、流過去。這也就是安住在你的「第七識」智慧的狀態。

Q：是的。

A：因為你還是一個人類，你還是處於塵世當中，你還處在凡塵俗世當中，在這凡塵俗世當中，還是會有各種境界現前。

你不可能完全不生起任何起心動念，除非你到深山裡面隱居，否則當你居住在人類世界當中，你還處於凡塵俗世當中，因為你要體驗當一個人類的感受，你還活在人間，你要生活在人群當中；所以你就是安住在你的第七識，安住在你的智慧之眼打開的狀態，安住在「空」的這一面，安住在「無」的這一面。

「有」的那一面會發生很多事情，產生很多現象，也許還是會讓你的小我第六意識產生種種起心動念、想法或困擾。但是你要知道「空」、「有」兩面是並存的，你的第七識還是存在於你的松果體當中。所以，記得隨時回到你的松果體當中，然後

因為外境的現象所生起的起心動念，就不會沾染在你的整個靈魂能量光球上面。你就不會受到外境所影響。

當你不讓這些因為外境所生起的起心動念沾染、留滯、積壓在你的「靈魂光球」，也就是你的「第七識」外圍，也可以說是包圍住你的肉體的整個能量場的時候，你只是讓因外境而生起的想法、情緒流經你，你不受外境所影響，你不再將這些染汙附著在你的第七識外圍。

這也就表示，你的第七識外圍已經沒有任何「介面（作意心所）」得以讓這些染汙能量沾染在你的第七識外圍了，你已經把這個「介面（作意心所）」消除了。你的能量光球的外圍已經沒有可以讓這些染無能量附著的「幻象介面（作意心所）」了，因為你已經消除了被外境所影響的無明妄想了。

你已經真正了悟真實的生命狀態是「我的生命可以不被外境所影響。」

你周遭的外境還是會生起種種現象——你的姊妹會吵架；你的媽媽會繼續自怨自艾；電視新聞上面不同立場的人會產生不同的意見，吵吵鬧鬧，作奸犯科；你的鄰居會發神經；你的親戚、朋友也會有自己的問題；在你的周圍還是不斷會發生各種

現象及事件。

但是，你就是安住在你的第七識「完整靈魂」的狀態，而你也已經將「被影響」的幻象能量層（幻象能量介面）消除了，你瞭解真實的生命狀態是「自己可以不受到任何外境的影響」；那麼這些因為外境而產生的能量，或者你因為外境所產生的起心動念能量，都不會再附著在你的第七識能量場的外圍。

你的靈魂光球不再附著任何染汙能量，你會讓這些染汙能量流過去，不讓它們對你造成任何影響。你的靈魂光球就會越來越乾淨，你也會越來越回復第七識的清明智慧狀態，你會回復成為「完整靈魂」、「元神[6]」的狀態，你的「魄[7]」會被你消除。

「魄」就是你的第六識的染汙能量，也就是因為「魄」才造成業力能量的沾染，你才會墮入輪迴。

當你不再讓你的「魂」上面沾染「魄」的能量，也就是道家修煉上所謂的「消陰制魄」、「消魄全魂」或「鍊盡陰滓、以返純乾」。那麼你就可以回歸第七識無染的狀態，回歸第七識「平等性智」的智慧狀態，轉前六識為第七識的智慧，轉識成

智，你回歸到第七識無染的狀態。

這個時候就表示，你沒有任何染汙能量沾染在你的第七識的外圍，你已經將「魄」轉為第七識的智慧，所以就是「元神歸位」。

你的靈魂光球將會回復明亮、乾淨的狀態。

（二）不要進入「有」的染汙泥沼當中攪和

Q：是。

A：但是這個時候，你的外境還是會有染汙能量產生，外境還是會產生種種現象，因為你還是處於人間；只是你可以安住在你的「第七識（無極仙洞、水晶山洞）」，安住在空、無的狀態，安住在生命真相的狀態。

而外境「有」的世界還是會繼續運作，但是你不再受到外境「有」的世界的影響，你也不再進入「有」的世界跟還在「有」的世界打轉的人攪和在一起。

你的家人吵架，你就不要理他們啊。你的媽媽自怨自艾，你就拍拍她、鼓勵她兩句就好了。但是你不要想要把他們拉起來，想要把他們的事情擔起來。你擔不起來，因為他們就是想要沉溺在那種狀態，你拉不起來。

當他們沉溺在某種小我無明妄想慾望的時候，只有等到他們自己想要醒來的時候，他們才會願意醒過來，不是你想將他們拉出來就可以辦得到的。你的姊妹、媽媽有自己的因緣和合，你不要受到影響，也不要去管，不要進入別人的因緣和合。

你不要進入「有」的世界跟這些染汙能量同流合汙，因為他們現在陷入小我幻象當中，他們正在產生很多染汙能量——吵架、憤怒、哀傷、自我厭惡等等。如果你要進入這些染汙能量，跟他們攪和在一起，那麼你就會離開你內在的「水晶山洞」，你就不是安住在於「第七識」當中。

這個時候，你就不是以「智慧」的狀態來處理周遭所發生的事情了。輪不到你管，或不需要你管的事情，你卻跑到「有」的世界跟他們攪和在一起，你是在做什麼？你已經回到「空」的狀態了，所以你的「水晶山洞」是你要打開也可以，不打開也可以。而其他人還不想回到「空」，他們只想留在「有」的世界打泥巴戰，他們還

是在染汙的能量裡面扭打來、扭打去。而你要跳進去勸架，將他們分開，或跳進去把他們拉出來，那麼你不就跟著一起沾染了一堆泥巴（染汙能量）了嗎？你都已經回到「空」的狀態了，為什麼還要攪和進入「有」的世界打泥巴戰呢？你已經回到「無染」的清淨狀態了，如果你選擇再度進入「有」的世界一起攪和在染汙裡面，這也是你的選擇喔。

Q：是。

A：你不需要如此，因為還沒清醒的人，是因為他們還想要留在「有」的世界裡面喜怒哀樂，他們還想要繼續留在自己的戲劇當中，扮演自己小我所創造的角色。你去勸他們，告訴他們如何醒來的方法，告訴他們你體會到的智慧，他們聽不懂也不要，他們會抗拒，也聽不進你的任何勸告。因為他們還想要留在「有」的世界，而你卻想要將他們拉來「無」的世界，他們不要，所以他們會害怕，他們會抗拒。他們還想要在「有」的世界裡面打滾。也可以說，他們還在他們的夢境扮演角色，他們不想醒來，因為他們的「業力」能量還很強大，他們的「染汙能量」過於厚重，所以業力能量的力道還很強大，不是你想將他們拉出來就可以拉出來。也許他們這一世還無法醒來，因為業力能量的力量還很強大，業力會繼續運作，無法立刻止息。

有時候你告訴他們醒來的方法或智慧，他們反而會抗拒，有可能還會生氣或感到恐懼，認為你在找他們麻煩、你在批判他們。

所以，你必須瞭解，當你醒來的時候，你不需要特意幫助其他人醒來。不想醒來的就是不想醒來，那些想醒來的，自然會接觸到適合自己的人或方式，讓自己醒過來。或者他們跟你有因緣，他們自然會跟你接觸，他們自然會接近你，向你詢問醒來的方法。

但是，對於那些不想醒來的人，他們不是你的責任，即便是你親近的家人，即便是你的媽媽，也不是你的責任，你就是放下。

剛開始醒來的人都會有想要幫助其他人醒來的熱忱，因為他們發現醒來真的是太快樂、太輕鬆、太自由了，好棒。所以他們會想要告訴別人，希望別人也能夠醒來，體會這種真正的快樂、輕鬆及自由。然而一段時間之後，他們會發現不可能，不想

醒來的人還是不想醒來，你必須放下。

他很想幫助媽媽醒來，如果媽媽不想醒來，聽不進去他說的話，他就是放下。他只需要以一個為人子女的基本心態，好好照顧、孝順媽媽就可以了。

Q：是。

A：這些也是「外境」，這些是外境的「幻象世界」，而在外境幻象世界的大部分人還想要待在幻境世界的泥巴當中打滾，你就放下吧。你已經出來了，你已經上岸了，所以你才會進入你的「無極仙洞」，你就是在「無」的狀態，看著「有」的世界的種種現象就好了，不需要多說什麼。

醒來的人如何跟還在夢境當中的人說話？這些還在「有」的世界打滾的人，這些還在小我第六識幻境當中作夢的人，他們就像是陷入夢境而昏迷的人一樣，不管你叫喊得再大聲，他們還是聽不到，因為他們陷入昏迷了。

他們的意識不清醒，他們還沒有回復到「第七識」清醒的狀態，你如何跟一個昏迷的人講道理？他們已經昏迷了，他們聽不到你說話，也不想聽你說。所以當你醒來

一段時間之後，你就會瞭解為什麼那些醒來的人幾乎不會出來說話。因為說了也沒有用，你有辦法跟一個昏迷的人溝通嗎？你連叫醒他都不可能了，何況是說更多的道理。因為他們就是不想醒來，如果你刻意想要叫醒他們，他們可能會憤怒、抗拒或退縮，反而昏迷得更嚴重喔。

當大部分人都是睡著的時候，而你醒過來了，你就必須以待在「內在寂靜」的狀態中，看著這個沉睡的夢境世界所發生的種種一切，過你的清醒生活。也許你還是會生起各種情緒、擔憂、不舒服或造作某些行為，但是你就是讓這些外在發生的一切流過你，不沾染在你的意識外圍。

你像是處在塵世，又不在塵世，如實過著自己清醒的生活。

因為他現在只是剛醒來，所以會有這一段過渡期，他必須走過一段，他就會越來越清楚了。

Q：**是。**

A：不需要刻意想要將別人拉出「有」的泥沼，否則你就會再度進入幻象泥沼，跟其他

沉睡的人一起在「有」的世界打滾。不需要如此，你就是待在自己「寂靜」、「空、無」的世界，祝福他們就好了。

當你醒來的時候，這個外境世界還是會繼續紛紛擾擾，而你就是隨時回到你的「無極仙洞」、「水晶山洞」、「松果體」裡面，安住在空、無的真實生命狀態就可以了。

外境世界「有」的一切無法影響你。

隨時安住在「無」的狀態，看著「有」的世界紛紛擾擾，也許你還是會生起起心動念，但是你就是讓它們流過去就好了，你不會再讓任何染汙能量附著在你的第七識，而過去附著的放掉就好了。

當你不在意、不強求、不想再追討什麼的時候，你就能夠放掉了。因為你不往外求，你也不再受到外在一切的影響了。

可能他還是會生氣、罵人，他可能偶而還是會跑到「有」的世界打滾一下，但是他會越來越不會生氣，他的情緒會越來越少，越來越降低各種起心動念，因為現在還在過程，他會越來越清醒，這個還需要一段時間。

（三）不需要刻意勸說別人脫離「有」的泥沼

Q：是。

A：所以大部分醒來的人不會出來成立團體或宗教，因為成立團體或宗教所吸引來的都是什麼樣的人？絕大部分都是不想醒來的人。

不想醒來的人才會去成立宗教、成立團體，成為一個老師、大師、上師，因為還在「有」的世界沉睡的人，才會想要在「有」的世界成立團體、宗教，成為一位老師。

大部分會走入宗教修行，進入某個團體修煉，或者學習身心靈課程的人，其實這當中絕大部分的人並不是想要醒來，他們只是想要透過學習某種提升身、心、靈的方法，來讓自己的生活過得更好、更平順，也許是賺更多錢、事業成功、遇到靈魂伴侶，讓自己的愛情、婚姻更順利。

他們還是在「有」的世界追求「有」的慾望滿足，只是他們進入宗教、團體或身心靈課程當中修行或學習的時候，他們是想要以一種更加良善的方式來滿足自身

「有」的慾望。這樣很好，這個沒有什麼不對，你可以去追求。

但問題是我現在所說的「醒來」、「覺醒」、「醒悟」是回到「無」的狀態，不再追求「有」的世界的慾望滿足。而這些參加宗教、團體或身心靈課程的人，只是想要在一個良善的「有」的世界，以良善的心態追求「有」的世界的慾望滿足。這跟我所說的「醒來」，回到「無」的狀態的目的完全不同。

因此，我現在醒來了，我不可能出去成立一個團體，建立一個宗教，或者成為一位身心靈老師，因為我所說的回到「無」的方法，並不是大部分的人想要學習的內容。

也因為如此，真正「醒來」，回到「空、無」第七識狀態的人，不會出來說話。因為我們講的這些並不是大部分世間人想要的，他們不要，所以漸漸地，我們也就不再多說什麼了。

只能說是因為大部分的人的業力能量都太強大了，強大的業力能量還正在強烈運作、運轉當中，因此他們無法在這一世就能夠熄滅想要在「有」的世界追求慾望的滿足，他們還落在「有」的慾望追求「業力」作用上面。

因為業力能量還大到必得繼續運作，所以他們無法立刻熄滅「小我無明妄想慾望」的「業力」，他們還想要留在「有」的世界實現並成就在這個幻境當中的夢想、願望或慾望，他們的小我無明妄想慾望還無法止息、看破、放下。他們還想要在「有」的世界扮演某些戲劇性角色，在這些戲劇當中獲得某種戲劇性幻境當中的滿足。

Q：**是。**

A：不過這樣也沒有什麼關係，因為這就是「有」的世界被創造出來的目的。整體創造物質宇宙、創造「有」的世界，就是為了讓整體在「有」的世界體驗。所以當他們在「有」的世界當中體驗，追求「有」的慾望滿足，以本源、整體來看沒有什麼不對，也沒有什麼不好、不可以。

因為就是整體想要體驗「有」的狀態，所以才會創造出「有」的世界，讓生命得以進入「有」的幻境世界當中體驗。所以，當有些生命還想要在「有」的世界當中體驗，而你已經回到「無」的狀態，然後你想要將這些人拉出來，回到「無」的世界

當中，這是不可能的，而且也不必要。

你瞭解嗎？不必要，我今天就是要來跟他說「不必要」。

也許你現在會覺得他們沒有醒來好辛苦，他們好痛苦，可是其實在「有」的世界，不管你經歷到什麼，其實都是一樣的。不管你是有錢、沒錢；聰明、愚笨；美麗、醜陋；痛苦、幸福；好命、歹命，你都還是活在幻境當中，也因為同樣都在幻境當中，在「無」的狀態來看，都是一樣的。

不管你的媽媽痛不痛苦，有沒有智慧；不管你的姊妹會不會吵架，過得好不好；不管這個社會上是不是有一些跟你意見不同的聲音，不管中共集權政府是不是很可惡，這些都只是在夢境當中的體驗，只是一種體驗。

他們還在「有」的世界體驗，而這也只是其中一種體驗。他們還不想醒來，他們會繼續在夢境當中體驗，因為他們沾染的業力能量還強大到正在作用，所以他們會進入夢中的角色扮演當中，演得非常淋漓盡致又入戲。

當他們還演得很開心、很入戲的時候，你想要去叫醒他們，可能嗎？不可能，而且也不需要。在「有」的世界當中，這些世間人想要怎麼攪和、怎麼和泥巴，你管不

了，也不需要管。

你就是安住在自己的松果體當中「空、無」的狀態當中就好了。這就是「第七識」的智慧，也是「菩薩」的智慧，菩薩也不是每一個人都救的不是嗎？菩薩只救有緣人，菩薩只度有緣人。

Q：是的。

A：什麼是「有緣人」？有緣人也是他們自己決定要當有緣人，所以他們才會來向你請教。

而不是你主動去巴著別人，熱心地告訴他們：「欸，我可以幫助你醒來，你趕快來聽我說。」不需要，你就是安住在你的「無極仙洞」——第七識的智慧當中，也就是你的真實之眼、智慧之眼當中，那些需要知道訊息的人，想要知道的人、有緣分的人就會找到你，主動向你詢問，那麼你再說。否則不要說，也不要花費力氣想要把別人拉出來，也不用去管別人吵不吵架、痛不痛苦。

你已經回復清淨，你的第七識外圍已經清理乾淨了，你已經回到「無」的狀態，不

要再度進入「有」的世界，跟著世間人一起和稀泥，不要再去沾染世間的染汙能量。沉睡的人叫不醒，每一個人都必須為自己的人生負責任，他們醒不醒來不是你的責任。

Q：是。

A：還有，我說的「不要管」，是第七識慈悲心及菩薩智慧展現的「不要管」，跟第六識小我意識當中所以為的「不要管」不一樣喔，我說的「不要管」並不是逃避現實、冷眼旁觀或幸災樂禍的「不要管」喔。

請不要誤解以上所說的所有訊息，這些訊息都是對已經回到第七識的人說的，而不是對還在第六識、還沒有醒來的人說的。如果在你的生活當中，以你的理智及清醒智慧判斷，你認為應該去做的還是要去做，應該要去管的還是要去管。

因此，這也是為什麼有時候醒來的人不會出來說話，因為你在第七識當中所體驗到、感受到的，不會和還在第六識小我狀態當中的人一樣，所以無法說，不可說。

Q：為什麼這一次看到的松果體外圍是水晶？

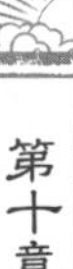

A：這個以後再說，繼續體會。

（四）自然老去，不害怕死亡

Q：好的，然後呢？

A：好好去體會這種很平常、平實、自在、輕鬆、回到真實本質的「空、無」的狀態。即便外境還是有各種事件、聲音、氣味、紛擾的發生，你還是可以處於內在安定、寧靜的空、無本質的狀態當中，不會被影響，也不會留下什麼。你就讓那些外境流過你就好了，它們不會對你產生任何影響，它們就是流過你而已。你會產生種種的體驗，但是這些體驗不會附著任何染汙能量在你的能量場，你的內在依舊還是保持在「空、無」的寧靜、安定的狀態當中。如如不動，不管外在發生什麼，你的內在還是不動，不受到任何影響，不受到任何動搖。那麼你就越來越能夠體會什麼是「如如不動」、什麼是「不動三昧」生命真

實的本質狀態。不管「有」的世界發生了什麼事，你的「無」的這一面的本質永遠不會產生任何改變與影響。

你還是存在，即便你的肉體不存在，你的「意識」、「靈魂」、「感知」還是存在，你永遠存在。因此不管這個「有」的世界發生什麼，甚至是你的肉體發生任何事情，你的「生命本質」永遠存在，你的「生命本質」永遠不會受到影響，那麼你還需要害怕什麼嗎？

即使世界末日、地球毀滅，或者你的肉體不堪使用了，你還是存在，你永遠存在，你的本質不會有任何改變。你的肉體本來就是暫時的，這個物質世界本來就是暫時的。這個物質世界只是我們所有生命一起創造出來，提供我們過來體驗的幻境空間而已。因此就算是這個宇宙毀滅、消失、不存在了，你都不需要害怕，因為你還是存在。

你只是無形無相的意識來到這個幻境世界，進入一具幻境肉體體驗。這個幻境世界及幻境肉體原本就會消失，遲早一定會消失，因為這個幻境世界及幻境當中的物質肉體，只是提供意識暫時體驗的空間及載體而已。

外境所發生的一切都不會對你的「生命真相」產生真實的影響，包括你的物質肉體，所以有也好，沒有也好，你還需要害怕什麼嗎？

Q：但是我們還是會感到怕死啊？

A：所以我說這些訊息都是讓回到第七識的人聽的，只要還處於第六識小我頭腦狀態當中，你一定會害怕死亡。而你如何讓自己不害怕？提升你的心性，回到第七識，你就不會執著於暫時的幻象肉體了。

但是如果你在第六識的時候，當你感到害怕死亡的時候，你就是感受這種害怕的感受，陪伴你的害怕的感受，不要逃避，知道自己在害怕就可以了。

你必須瞭解，你的「生命本質」、你的「意識」、你的「靈魂」永遠不會改變，永遠存在。所以你現在的肉體變成什麼樣，你還需要害怕嗎？這個地球變成什麼樣，你還需要害怕嗎？即便這個地球毀滅、人類全部都消失或這個宇宙毀滅了，你還是存在啊，那麼你還需要害怕什麼？

你的「第七識」永遠存在，永遠不會改變。如果你還想體驗物質世界的體驗，也許

你可以前往其他星球體驗，或者前往其他宇宙體驗，或者回到源頭（本源、整體、合一）休息也可以。

Q：是。

A：所以，你還需要害怕變老嗎？變老就會有變老的體驗啊，有什麼好害怕的？有皺紋就有皺紋的體驗，被稱呼為阿嬷就有被稱呼為阿嬷的體驗，你一定會體驗到。每一個人一定都是從年輕水嫩的小姑娘或小鮮肉，然後逐漸長成青年、中年到老年，被稱為阿嬷、阿公，這是每一個人必經的人生體驗，你就是會有這些從年輕到老的每一個階段的體驗，你就是好好去體會每一個階段的體驗。那麼你處在這具肉體當中的這一生，你才會擁有一個完整的體驗。但是不要說你已經是六十歲、七十歲的年紀了，你還是只想體驗自己還是二十八歲年輕女孩的體驗，那麼你這一生就無法擁有一個完整的體驗了，當你的生命沒有經歷一個「完整體驗」的時候會如何？

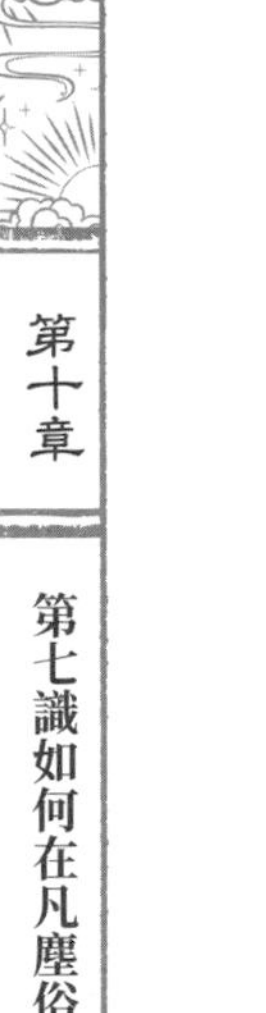

當你在這一世沒有擁有一個年輕到老的「完整體驗」的時候，你抗拒、拒絕體驗當老年人的這一個階段的體驗，你的下輩子還是要來繼續體驗老年人的階段，而且要體驗到足夠的體驗之後，從中得到足夠的體會及智慧之後，你的體驗才會停止。你必須面對物質世界的事實真相，你必須面對現實，你一定會面臨邁入「年老」及「死亡」的過程，擁有這些體驗才是完整的體驗。如果你回到第七識的清明狀態的時候，你會是以一個健康、愉悅的狀態體驗「年老」、體驗「死亡」。你理解物質肉體只是暫時存在，你會自然而然地面對肉體外表的自然變化，你不會在意物質肉體任何的形象轉變。你不是不愛護你的肉體了，也不是說你就不好好照顧身體，不好好生活了，不是喔。

你還是可以好好享受你的物質肉體可以享受的生活體驗，可是你不會執著外在幻境或你的肉體形象一定得維持在某種固定的狀態，因為你理解這些外在的環境及你的物質肉體都只是暫時的。

Q：是。

A：這就是「第七識」的「智慧」，當你活在第七識的智慧當中的時候，你不會害怕變老，也不會害怕死亡。你會真實、深刻地從你的內心深處生起這樣的智慧，你瞭解外在所有一切都是暫時的，你不會害怕年老及死亡。

你真實地回到你的第七識，你知道你就是第七識，你永遠存在，不會死亡，不會消失，也不會有任何改變，有的也只是增加了一些不同的體驗。

你是一個廣大、具有感知的存在，你非常的強大，非常廣大，不會消失。你只是暫時存在於這個物質肉體，暫時待在這個地球物質人間，體驗一段有時間限制的人類生活。

Q：瞭解。

A：而現在這段期間，人類肉體的狀態就是會從嬰兒、兒童、年輕人、青年、壯年、年老，直到死亡，現在的人類肉體體驗就是必須經歷「年華老去」、「年老色衰」及「死亡」的階段。

因為現在這個時段的地球人類肉體載具的基因，被調整成這種會經歷生、老、病、

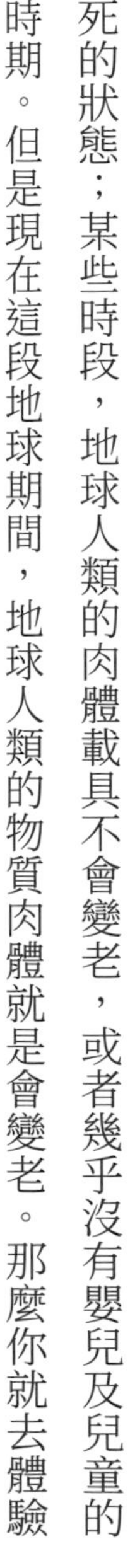

死的狀態；某些時段，地球人類的肉體載具不會變老，或者幾乎沒有嬰兒及兒童的時期。但是現在這段地球期間，地球人類的物質肉體就是會變老。那麼你就去體驗「年老」的階段，因為這個階段也只是一種暫時的體驗而已。

這幾萬年來，地球人類肉體的基因被調整成會老化（年老）、毀壞（死亡）的狀態，但是幾十萬年前或者幾萬年後，地球人類載體的基因不會有年老及毀壞的階段，那個時候人類不需要面臨年老及肉體死亡的體驗。如果那個時候你還是投胎成為人類，那麼你就可以體驗那種體驗。

但是，現在這段期間的人類肉體就是會有「年老」及「死亡」的體驗，那麼你們就好好體驗這種體驗。

你們必須面對這個事實現況，因為現在的人類基因就是被調整成這種狀態。而人類基因也會有「永遠年輕」的狀態，但是就不是在這段期間啊，所以你們必須面對現實，好好體驗這一段地球期間，進入一具暫時的人類肉體可以有的體驗。

你把自己整容得老人不像老人，年輕人不像年輕人，長相變得很奇怪，花很多錢，忍受許多皮肉之苦，假裝自己還很年輕；或者為了避免面對年老及死亡，你拋家棄

子、外遇或甘願受騙地跟比你小很多歲的年輕女孩、小鮮肉交往，甚至結婚；你其實只是在逃避死亡及年老而已，並且在這些過程當中，你們並不會真正感到快樂。或者有些人為了活下去、活更久而做出傷天害理、違反道德的事情，甚至因而入妖成魔，這些都是在這個世間時常發生的狀況。

你現在的這具肉體只是暫時的而已，你就是好好體驗這具肉體可以體驗的每一個階段。否則你們會活得很痛苦，在這個世間，很多人因為害怕年老及死亡，而讓自己活得很辛苦、很痛苦。

Q：好的。

A：如果你回到第七識的清明智慧當中，你就會理解我所說的每一句話了。

好的，這些訊息我是說給那些已經回到第七識醒來的人聽的。還處於第六識的人可能會不理解，或可能會曲解我的意思。當你聽不懂的時候也沒關係，等到你回到第七識的時候，你會自然而然體會到這個狀態，你就會理解了。

當你回到第七識的時候，你會自然而然地不怕老、不怕死，也不害怕地球毀滅。你

不會害怕武漢肺炎，也不會害怕戰爭，也不害怕任何天災人禍發生在你的身上，或者說你也不會怕鬼了。

你什麼都不會害怕了，因為外境所有的一切對你來說都沒有影響。

（五）醒來，消業力，斷輪迴，回家

Q：瞭解。

A：當你生起智慧，剝除「作意心所」的幻象能量層，了悟「外境所有一切都無法影響我」，於是你開始消除業力，不再沾染任何業力，當你的第七識外圍沒有任何業力的時候，你就可以「斬斷輪迴」。

如果這個身體（個案）從現在開始，一直讓自己的心保持在這種狀態，直到這一世生命結束的那一刻，當他的肉體死亡之後，他會去哪裡？

他會直接回到源頭，因為第七識外圍沒有任何附著的「染汙能量（業力）」，讓他

需要透過再一次的輪迴予以清理、平衡了啊。第七識外圍沒有附著任何染汙能量，他就會回復成為「完整靈魂」，他可以直接提升頻率回到第八識，回到第八識再轉回去之後，就可以回到本源了。他的第七識可以很自由地離開地球，離開宇宙，回到本源。回到本源，就是真正的「回家」。

「本源」就是生命真實的家鄉。

Q：好的，還有什麼要提醒的嗎？

A：以上的這些訊息，最主要的目的是為了幫助這個身體越來越清醒。所以有時候我其實不是很想要讓這些訊息放到網路上，但是又不得不放到網路上。因為放到網路上的時候，還在小我幻境當中的人可能會產生誤會，曲解這些訊息。

會讓這些訊息放到網路上的原因有兩個：一是有些已經回到第七識、醒來的人需要瞭解這些訊息，他們可以透過參考這些訊息，讓自己越來越清醒。或者有些還處在第六識、還沒有醒來的人，他們也可以透過這些訊息，做為判斷「在生活或修行當中，是否被某些假扮為正道的騙子、邪教教主或妖魔鬼怪所欺騙」的依據，讓他們

不要被欺騙。

如果你還沒有醒來，請不要曲解這當中所有的訊息。請先好好去「看破、放下你的無明妄想慾望」，你自然而然就會契入這些狀態，自然而然就會理解這當中所說的內容。這需要一段不算短的時間，而且必須一步一步踏實的往內看，往內挖掘，看清楚內心底層所有的無明妄想慾望，你才能夠真正從你的小我第六意識的幻境當中醒來。

你必須踏實走過這一段不算短的時間，你才有可能醒來。

你不可能因為看了幾篇靈性文章，或者靜坐幾個月、一年、兩年，你就可以醒來了，不是喔。拜託，請不要誤解。醒來不會很難，但也不是一件容易的事，也不是修行一個月、兩個月、一年或兩年就可以成就的。不過需要多少的時間，每一個人都不一定；但是絕對需要經過一段踏實深刻的往內看的過程，真實面對自己所有的慾望、情緒、想法及黑暗面，面對所有你不想面對的面向，你才能夠真正破除小我幻象，從小我幻境中醒來。

Q：如何判斷自己是否「覺醒」？

A：如果你開始覺醒，你的慾望會越來越少。可能以前喜歡的，你會不喜歡了；以前有興趣的，你也不會有興趣了；很多事情你會覺得「有也好，沒有也好」；你的慾望、需求、需要會越來越少。或者，你可能會開始覺得跟別人「比較」越來越沒有意思了。你不想比較了，你也理解沒有「比較好」這件事，你不會想要贏，也不想爭第一名。

有也好，沒有也好。

好好面對自己內在真實的想法，你是自然而然不再生起這些想法及慾望，不是刻意壓抑或控制喔，如此你才是真正開始往「覺醒」的方向前進。

（六）金剛不壞之心

Q：然後呢？

A：回到第七識的時候，你的第七識其實跟宇宙一樣廣大。你的整個意識就跟這個宇宙一樣大，你就是活在自己的小宇宙裡面。所有不屬於你的意識的外境一切都無法進入你，因為你跟宇宙一樣廣大。

當你回到第七識，越來越清醒，越來越覺醒，當你的領悟到達某一個程度的時候，你會真實體會到你跟宇宙一樣廣大，你的第七識跟這個宇宙一樣廣大，這個狀態就是「金剛不壞之心」。

這個時候，你的意識、你的智慧就是「金剛般若」、「金剛意識」、「金剛不壞之心」。這個世間、這個宇宙沒有任何外面的意識或人、事、物可以進入你，因為你跟整個宇宙一樣大了。

那麼你還有什麼好害怕的？

你都跟整個宇宙一樣大了，還有什麼可以影響你？連魔都無法干擾你、破壞你了，外境的所有一切都無法干擾你、影響你，因為它們切不進來你的意識，它們進不了你的意識小宇宙。

你處在自己的意識宇宙當中，雖然待在地球人類世界的時候，你還是一個人類，你

還是會跟其他人類或生命產生互動，但是你的整個意識是活在自己的意識宇宙當中，你不受外境影響，你也不會讓其他意識能量影響你，其他意識完全進不了你的意識當中，所以你是真正不會受到任何外境的影響。

當你回到第七識，清醒到某個階段的時候，你會真的實實在在體會、體驗、感知到這個狀態——第七識如同宇宙般廣大，你會實實在在體驗到自己的意識跟這個宇宙一樣廣大。這個時候，你就是「金剛不壞」，那麼你還需要害怕什麼嗎？

Q：是。

A：這個生命真實狀態也就是整部《金剛經》[8]的精髓，你的第七識跟宇宙一樣廣大，你的真實本質、真實生命、真實智慧就跟宇宙一樣廣大，世間所有一切無法侵擾你，也無法侵害你、改變或影響你，你就是「金剛不壞之心」。

也就是說，整部《金剛經》在講的是什麼？就是你回到生命真相的狀態的時候，你的第七識跟整個宇宙一樣大的時候，還有什麼可以進入你、影響你、摧毀你、傷害你？沒有啊，那麼你就是「金剛不壞」。

整部《金剛經》所描述的就是這個狀態。你必須體會到這個真實狀態，你才能夠理解整部《金剛經》的內容。你無法在第六識的狀態下，以你的頭腦閱讀這些文字、思考這些文字來理解，而是必須藉由提升心性，真實進入這個狀態，你就能夠因為真實體驗而非常容易瞭解經中所說的內容。

Q：然後呢？

A：因此，修學「戒、定、慧」當中「修慧」的真實步驟，是當你在研讀任何講述正法的佛經或道家經典的同時，你也必須同時修煉、提升自己的心性。你必須破除第六識小我頭腦幻象，回到第七識的清明智慧的時候，自然而然就能夠體悟佛經及道家經典當中講述有關「生命真相」的所有內容。

這裡所指的佛經及道家經典，指的是講述「生命真相」的「正法」、「正道」經典，不是內容偏邪的經典。

佛經及道家經典不是運用頭腦第六意識來閱讀的，你必須修煉心性，破除小我無明

妄想慾望，破除小我幻象，回到第七識的狀態，你自然而然處於經典所描述的狀態當中，你也就自然而然能夠理解經典當中的所有內容。

如果你在閱讀經典的時候，不懂的話也沒有關係，不要過度鑽牛角尖而想要以頭腦理解，不要困在經典當中的文字語言及名相當中。如果你讀不懂的話也不要勉強，先去破除內心的無明妄想慾望，先去破除你的小我第六意識的幻象，回到第七識的真實生命狀態當中，你就可以理解所有真正講述「生命真相」的佛經及道家經典，或其他以各種文字語言所流傳下來的相關資料。

Q：是的，否則這些經文的內容只會成為一種妨礙修行的知識障？

A：對，也就是說如果你不懂《金剛經》的內容，而你發願早上念誦一遍、晚上念誦一遍，你發願念誦一千遍、一萬遍、二萬遍、三萬遍，你這樣是在做什麼？如果你認真恭敬誦持三萬遍，可是你還是不懂經書當中的內容，你還是落在第六意識的小我幻象當中，就算再念誦三萬遍，就算你的態度再怎麼恭敬欣喜，歡喜信受，你還是困在小我第六識的幻象當中，你的心性沒有提升，你也沒有開智慧，你

仍然無法理解經書當中的內容。

那麼你念經念那麼多遍，你是在做什麼？

我想說明的重點是，如果你想要「開智慧」，並不是讀誦某部經書早上一遍、晚上一遍，或者中午再加一遍，每天不見斷的早課、晚課，還是發願這一生要讀誦幾萬遍，你就能夠「開智慧」，不是讀誦經典就是在「修慧」。

如果你還是落在小我頭腦的幻象當中的時候，就算讀個一億遍也無法開智慧，你還是繼續困在小我第六識的幻象當中。因此，念誦多少遍的經典都無法幫助你提升智慧，你必須透過「看破你的無明妄想慾望」、「看破你的小我幻象」，藉由心性的提升，你自然就會開啟智慧。

從「看破你的無明妄想慾望」的過程當中，進而「看破你的小我意識幻象」，回到你的「第七識」，才是真正的修慧、開智慧。這個時候，你自然處在這些經典所說的狀態當中，你自然而然會瞭解經書中所有的內容。

Q：是。

A：「看破你的無明妄想慾望」是修行的第一要務，第一步驟、第一重點。

如果你只是早、中、晚各讀一百遍佛經或道經，可是從來沒以往內看看自己的內心有什麼樣的無明妄想慾望，沒有好好面對自己的無明妄想慾望，這樣對你的心性提升、開智慧有幫助嗎？

你每天讀經、讀經、讀經，早也念、晚也念，可是你從來不讀你自己的內心，從來不去看自己內心的無明妄想慾望，你如何開智慧？如何提升心性？如何破除第六識小我幻象，回到第七識？不可能啊。

如果你想要開悟的話，你要如何開悟？就算你念誦十億遍的佛經，你也無法開悟，因為你從來不去看你的內心。

你必須先去往內看，往內看，往內看。

這也就是我們一再強調的：提升心性、回到真實生命狀態的唯一方法，就是「看破內在所有的無明妄想慾望」，如此你才能夠「破除第六識小我幻象」，回到「第七識」的真實生命狀態，回復「第七識」的真實智慧。

Q：還有嗎？

A：好好去體會「第七識」擴及整個宇宙、充滿整個宇宙的狀態，你不會被任何外境所影響，因為你充滿整個宇宙。先去體會這個階段，其他的下次再說。

Q：為什麼讓他看到第一段「第七識進入宇宙」的畫面及訊息？

SC：感受第八識調降頻率到第七識的感覺，最主要是要校正回歸本源的能量，接續之前的訊息。

Q：為什麼看到第二段「不再受到外境影響」的這些訊息？

SC：這是一個很大的突破，但是你還在這個幻境世界，所以還是要繼續往內看，看自己還有什麼幻境迷障還沒有突破，要繼續突破。感受如大海般廣闊的第七識的力量，你的真實生命完整靈魂的力量，好好去體會、感受，不要小看這種力量。

Q：為什麼看到第三段「讓所有的起心動念從第七識外圍流過去」的相關訊息？

SC：繼續練習，安住在「無」的狀態，看著「有」的世界，你不會受到外境的影響，你就是安住在這種如如不動的不動三昧的狀態，安住在自己如如不動第七識智慧的狀態，看著「有」的外境世界，不要受到外境世界的影響。

Q：每個人的「上頂輪」都有通道可以連結本源能量嗎？

SC：是的，但是要看你有沒有打開。如果你的第三眼（智慧之眼）自然打開，你的上頂輪才能夠自然打開，並且連結回本源；因為你回復第七識，第七識才能連結本源。如果你還是在第六識的狀態，而你透過練氣、修煉脈輪來打開上頂輪，之後可能會出現兩種情形：一是你的心足夠清淨，即便沒有回到第七識，你還是能夠連結本源。因為本來每一個生命都來自於本源，你原來就是連結本源。另外一種情況則是，這個人以第六識小我意識狀態修煉脈輪，他會連結到什麼，就要看他修行的慾望及目的是什麼而定。如果這個人的修行支派或系統所傳授的方法，這個方法連結的是在這個宇宙當中的某個意識，這個人的上頂輪就會連結到那個意識。也許這個意識是某種高頻、正向的意識生命，也許你會連結到的就是本源的能量。

或者也許是某個妖、魔或墮落的黑暗能量，他們都只是在幻境宇宙當中的意識生命而已，可能他們自己自稱為某某神、某某造物主或自取某種聽起來很厲害、很了不起的響亮名號，但是他們的頻率就是類似於妖、魔的墮落黑暗能量而已；如果你連結到這種宇宙當中的某個意識生命，你不會連結到本源，你只會連結到他們的墮落能量而已。

這要看這位修行者內在的修行目的是什麼？他就會跟什麼樣的頻率相應，那麼當他透過修煉打開頂輪、上頂輪的時候，他就會連結到與其修行目的或心靈頻率相應和的意識。

Q：有些團體或修行者聲稱會幫你「開頂輪」？

SC：當你讓別人幫你開頂輪的時候，你就是同意這個人幫你的頂輪連結一條能量線（能量通道）連結到其他地方。

這個時候，你必須看這個幫你開頂輪的人的內心真正目的是什麼？他是真正幫你連結回本源，還是幫你連到別的地方？

如果這個人就是妖或魔，或者他修行連結的就是某個妖、魔，或者某個鬼眾，還是某些存在於這個物質幻境宇宙的黑暗能量，這些黑暗能量專門在宇宙間頻率比較沉重的地區控制靈魂、吸收靈魂的生命能量。如果你連結到這些妖魔鬼怪，他們就會通過這條連結你的頂輪的能量通道，吸收你的生命能量；你並不是連結回本源。

你會連結到什麼，必須看你自己的修行目的，或者幫你開頂輪的人的目的是什麼，你就會連結到什麼。

喔，唉，鄭重強調，不要讓別人幫你開通脈輪，絕對不要。

通常會出來幫別人開頂輪的，他們幫你連結的都會是他們那個修行系統的最上面的那個，那些通常都是在吸收靈魂的生命能量。這個吸收你的生命能量的也許就是幫你開通脈輪的人，也許是他上面的某個什麼、什麼自稱為各種了不得名號的黑暗能量或妖魔鬼怪，你看得見或看不見的都有可能。

你被開頂輪，就是你的靈魂被他們控制了。

所以，再次強調、鄭重強調，不要讓任何人打開你的脈輪。所有的修行都是透過自身心靈的提升而自然打通、打開，你要自己去打開，自己去打通，自己連結回第七識，第七識連結第八識，第八識連結本源。

自己透過修行去連結，這才是真正連結本源，真正回到生命的真相。

Q：如果已經被人打開頂輪了該怎麼辦？

SC：那麼，你必須先想想自己打開頂輪的目的是什麼？你是想要人家保佑你賺更多錢，保佑你身體健康、愛情順利、婚姻美滿，還是老公不要外遇。

如果你想要人家保佑你，你對他們有所求，你想要他們幫助你實現你的慾望，你也必須付出代價，他們才會保佑你。因為你對他們有所求，你讓他們打開你的頂輪，連結他們的能量，你其實就是被他們簽訂「靈魂契約」了。

所以你必須先看清楚自己內在的目的是什麼？

如果你還是存有想要他們保佑你滿足慾望的目的，你也無法解除這個「靈魂契約」，因為你對他們有所求。你必須先清理你的慾望，熄滅你的無明妄想慾望，你必須理解「就算你真的滿足這些慾望了，你就能夠永遠滿足嗎？」

你必須先清理你的無明妄想慾望，放下你的無明妄想慾望，你才有可能真正跟那些

墮落能量解除合約。

只要你處在幻境世界當中，所有生命互動往來一定會產生能量上的互動與交流，而你求他們保佑你的身體健康、賺大錢、家庭美滿或愛情順利，當你對其它生命有所求的時候，你一定得付出相對應的代價，而這個代價通常就是你的生命能量，因為你就跟人家簽約了啊。

你希望他們給你一些什麼，幫助你滿足小我慾望，你讓他們幫助開通頂輪或其他脈輪，他們會連結一條能量通道，隨時吸收你的生命能量。因為他們的能量比你強，他們的修煉比你高，所以你一定會被他們吸收能量。

Q：如何解除這種靈魂契約？

SC：先看清處自己內心的慾望，並且明白「就算滿足這些慾望，你也無法永遠滿足，無法完全滿足。」真正的讓自己滿足是「你讓自己過得幸福快樂」，而不是「要別人讓你過得幸福快樂」。

所以每一個人都要學會「愛自己」，先去學習「真正愛自己」，不要往外求，不要

往外求。你還是可以過一個美滿、幸福、滿足自己慾望的快樂人生，但是不要外求，你可以自給自足，自己滿足自己，過自己能力範圍內的美滿幸福生活。熄滅內心的無明妄想慾望之後，當你不再對其他人或生命有所求，不論是有形或無形的，你就可以解除跟他們的「靈魂契約」了。

Q：運用之前放在部落格上的「解除靈魂契約[9]」的方法就可以了嗎？

SC：可以。

Q：好的，然後呢？

SC：所以，總歸一句話：「你必須看自己修行、修脈輪、開通脈輪的目的是什麼？」你的目的是什麼，你就會連結到什麼？越清淨的人，越不往外求、越無所求的人，他們自行修行就會自行連結本源，沒有問題。再者，你也必須清楚你跟隨的這個修行系統或你的老師的連結來源，以及他們所教導的修行方法、你如何跟他們連結。有些情況，你們其實信仰的是某個魔，於是你們會將頂輪的通道跟這個魔連結。某些時候，你們可能會覺得：「喔，我被灌頂

了，這個能量好強、好大。」、「喔，這個上師、大師、教主好慈悲，他（或她）灌給我好多、好有愛的能量……」、「喔，我有感覺，師父、教主有灌好多能量給我們，他（或她）好愛我們喔……」、「喔，師父幫我打通脈輪、幫我打開第三眼，感恩師父、感謝師父……」

他們這些魔只是偶爾給你們一些能量，但是他們從你們身上吸得的能量更多。然後你們還感恩戴德，好感動，教主好慈悲，教主的能量好強。他們的能量當然很強，他們當然可以隨時灌給你們許多能量，因為他們隨時可以從你們身上抽走更多的能量。

而且你不會知道，你不會知道自己被他們吸收能量，因為你的修行沒有他高，你的力量沒以他大。除非你修到力量比他（或她）還要大的時候，你才會察覺自己被吸收能量。但是當你還是不知不覺一直被吸收能量，你絕對不可能修得能量比他（或她）大。所以你們只會不斷被他（或她）吸收能量，越被吸收能量，你就會越相信、越崇拜他們。你會不斷崇拜他（或她），不斷供養更多的錢、勞力和時間。

這就是你們這個世間修行團體的真實狀態，但是當你們活在這個集體幻境當中的時候，你們都好開心，你們在「有」的世界裡面演得很開心。「喔，我好虔誠」、「喔，我好愛我的師父，我的師父對我好慈悲」。

但是，這些你們所崇拜的對象其實是魔、妖或黑暗能量，而他（或她）只是在吸收你的生命能量，然後偶爾給你一點從你們身上吸來的能量，你們還會感恩戴德、又跪又拜、感動得要死。

你們只想在「有」的世界信仰這種魔，求得慾望的滿足而已。當醒過來、回到「無」的人大聲疾呼，告訴你們：「不要往外求啊，要提升智慧，回到『無』的狀態，你就不會受苦了。」你們反而會嗤之以鼻，拒絕地說：「啊你的這個方法可以幫助我賺大錢嗎？還是可以幫助我身體健康、讓我老公不要外遇，或者幫我找到愛我的男友、女友或伴侶？如果不行的話，我為什麼要聽你的？」

可是，真的不行欸！回到「無」的智慧並不是在幫助你滿足慾望，所以大部分的人都不要，大部分的人並不想真正醒來。

這就是現在世間的修行亂象，這就是現在發生在地球，靈魂不願意醒來的實際狀況，也是在人間這麼長一段時間，都無法讓每一個人或大部分的人開悟、醒來、脫離輪迴的真正原因。

Q：好的，還有什麼要提醒他的嗎？

SC：好好去體會，好好去體悟，繼續。

6 「元神」，參見教育部《重編國語辭典修訂本》解釋：「道家人稱靈魂為元神。」又道教全真派創始人王重陽於《重陽注五篇靈文注》中說明：「元神者，乃不生不滅，無朽無壞之真靈，非思慮妄想之心。」（摘自網路維基百科）。

7 「魄」，參見教育部《重編國語辭典修訂本》解釋：「人的精氣。《說文解字．鬼部》：『魄，陰神也。』」』另外，本書內容所指的「魄」可理解為「小我第六識因不清醒而產生染污能量的面向」。

8 即《金剛波若波羅密多經》，中譯流傳最廣為東晉時期鳩摩羅什法師（西元三四四年～四一三年）之譯本。

9 「解除靈魂契約」方式參見書末【附錄三　解除靈魂契約儀式】。

悟入空性，照見五蘊皆空，度一切苦厄

本篇主要說明的重點為「空性」。

「空性」即是生命眞實本質狀態，然而空性當中所說的「空」，並不是什麼都沒有，你還是存在，而且是眞眞實實的存在，只是相對於物質世界「有形有相」的狀態而言，生命本質的眞相其實是「無形無相」，屬於「空」的這一面的存在狀態。

本篇首先以「空性」為出發點，說明生命眞相的眞實狀態及意義，透過解釋因為慾望失衡而離開生命空性原來狀態的原因，揭示如何再度悟入空性，以及穩固在空性生命本質狀態的修行方向及基本方法。此外，文末也以空性的面向，說明如何辨別世間修行人及修行教派正邪的原則，提醒讀者避免受到世間邪魔歪道及邪師的蠱惑及矇騙。

●日期：二〇二一年八月至九月
●催眠者：Q
●受催眠個案：A
●受催眠個案潛意識（高我）：SC

前世催眠

第十一章 悟入空性

空性為生命本質狀態，止息慾望即能契入空性

生命進入物質宇宙體驗，是一系列「從無到有」然後又「從有到無」的幻象歷程，然而有些生命卻因為困在「有」的幻境世界太深，陷入過於不平衡且失控的小我慾望，才會

忘記生命原本無形無相的眞相，開始滯留在宇宙輪迴，沉溺在一世又一世的瘋狂角色扮演當中，因而使得物質世界產生許多悲傷。

如何停止輪迴？如何回到生命眞相？如何止息因無窮無盡慾望而衍生出來的悲傷？

事實上，只有當我們眞實體悟「空性」的眞實本質，我們才有可能眞正止息慾望，並且以空性的狀態切實體悟，在物質世界當中，所有的一切什麼也帶不走，什麼也無法留下，因而完全熄滅所有不需要的失控慾望。

如果想要停止內心總是永遠無法被滿足的慾望追求，停止內心總是不自覺因為比較而生起的焦慮感及自我否定，轉而體驗另外一種平靜、自在及自由的合理滿足生活，本章內容也許可以提供一些思考及前進方向。

(一)安住在「無」的真實本質狀態

Q：你看到什麼？

A：黑黑的，很空曠，什麼都沒有。沒有聲音，也沒有味道，寂靜、空寂。有一個空間感，但是沒有範圍，所以感覺是空曠的，空寂，寂靜。

這個沒有範圍的空間在我的周圍，包圍著我的身體，空寂、寂靜，黑黑的，什麼都沒有，空曠的感受。從我的心臟向外包圍住我的空間感，寂靜、空曠的感受。在我的呼吸之下，充滿我的整個身體，又超越我的身體，沒有範圍，非物質化，無法形容。雖然是空、無，卻又是那麼真實的存在。

像是有範圍，又沒有範圍，比我的身體還大，但是與身體處於不同層面，或者說處於不同次元。這種包圍住我的寂靜、空曠的感受屬於非物質性，抓不到、摸不著，無法形容，在我的身體裡又往外擴散，不具體，但又具有一個空間，沒有範圍。不是物質性的，空曠，你真正可以感受到某種空間感、能量感，空、無的寂靜的狀態，充滿我的整個周圍，包圍住整個身體，雖然沒有範圍，但又有一個空間感。

Q：這是什麼？

A：第七識真實的狀態。不是只有在松果體而已，而是擴散到整個身體周遭。第七識真

實的狀態包圍住整個身體，生命真實的狀態就是這種「空、無、寂靜」的感受。這是「生命的本質」——「空、無、寂靜」的感受的狀態。

Q：是。

A：所以，在真實生命的狀態之下，它裝不了什麼，也擁有不了什麼，就連記憶也不需要。

這就是生命純粹的本質，也就是空、無的寂靜的狀態，連記憶都不存在。過去發生的任何事情，這個本質留不住，保存不了，也儲存不了。

你什麼都留不住，你什麼都無法擁有。

因為你最純粹的狀態，就是這種「空、無、寂靜」的狀態，連記憶都不需要有。因為都過去了，記憶也不會存留於這種純粹本質的狀態當中。記憶只是一種虛幻的過往，已經過去了的虛幻景象的殘留，不需要留住，你就讓它們（記憶）過去就好了。

就是因為想要緊抓住什麼，我才會有「業力」，業力的「染汙能量」才會滯留在第七識（空、無、寂靜的本質狀態）當中。這些業力也只是我自己製造出來的幻想，因為我想留住些什麼、記住些什麼。

然而，當你回復到第七識本質生命真實的狀態，也就是這種「空、無、寂靜」的感受的時候，就是這樣子欸，你什麼都留不住，什麼都無法擁有，連記憶都不需要有。

你就讓它們離開，讓它們流過去。在物質世界的所有一切，你什麼都留不住，什麼都無法擁有，也什麼都保持不了、保存不了。因此，在真實生命狀態之下，你連業力都不可能沾染。

只要你回到這個狀態，你根本連業力都不可能沾染。因為真實生命不是物質世界的狀態，所以物質世界當中的任何境況，都不可能可以儲存、存留在我的本質當中。

因為最純粹的本質當中，不可能存留任何在物質世界幻境當中的所有一切，即便是記憶或業力都不可能存留下來。

這是因為生命真相就是「空、無、寂靜」的狀態，無法儲存任何物質世界的一切，即便是記憶或業力都不可能存留。

Q：**是的。**

A：這種狀態超越肉體，超越物質，但是你還是存在，你還是有感知。雖然是空、無的感受，可是你還是有一個空間感。但這種空間感又沒有範圍，你無法留下什麼，「記憶」只是幻境世界境況的殘存能量，不需要硬要留下來，而且也留不下來。

這些「記憶能量」如果更加渾濁的話，就會形成「業力」，但是不需要留下來啊。因為「記憶」只是在物質世界的經歷，與我的真實生命本質分屬於兩種不同的狀態。因此，這些在物質世界經歷過後的「記憶」或「業力」，事實上並不會存留在我的真實本質當中，存留不了。

因為原來的狀態就是這種「空、無、寂靜」的狀態，怎麼留得住任何在物質世界的一切，連記憶、想法、感覺、慾望、情緒都留不住欸，保存不下來，而且也不需要。

這是超越肉體的存在，但是還是感受得到我的肉體的存在。我真實的存在是超越肉體的這種「空、無、寂靜」的感受的存在，在這個肉體當中，又超越這個肉體。

真實的存在沒有範圍，但是我想要有範圍也可以，可是不會有具體的範圍。也就是說，我這個意識（空、無、寂靜的感知）投射進入這個肉體，從這個肉體發散出來，包圍住這個肉體，所以我感覺得到這個肉體。

Q：**是的**。

A：而我現在已經回到原來的狀態，所以我不需把那些染汙能量留在我的意識空間。因為也留不住，因為是兩種不同層面的狀態。

「有」的世界的所有一切，都不可能帶到「無」的這一面——真實本質的狀態當中。如果你完全回到「無」的這一面真實本質狀態，回歸到你真實狀態的時候，「有」的世界的所有一切種種都不需要帶過來，也帶不過來。

只有當你還卡在「有」的世界的時候，或者當你還在「有」和「無」的狀態中間，你還沒有回到完全「無」的狀態的時候，你才會將內心產生的記憶、情緒、不甘心、捨不得等的染汙能量，也就是所謂的「業力」能量緊抓住不放，而這些染汙能量就會在你之後的生命歷程產生作用。

然而，如果你完全回到「無」的狀態——你的真實本質狀態的這一面的時候，什麼都不會留下來，也不需要留下來。只要你完全回到「無」的這一邊，你就會知道什麼都留不住，而且你也不會想要留住，連記憶都不必要了，所以你不會再留戀「有」的世界的一切種種。

也就是說，只要你回到真實本質的狀態這一面，你絕對不會有「業力」，也不會有記憶或任何對於物質世界的留戀。「有」的世界那一面已經跟你無關了，你會完全斷除與「有」的世界的任何聯繫與連結。這個時候，你不會再將任何染汙能量（記憶、留戀、捨不得）緊緊抓住不放，你不會再緊抓住這些了。

只有當你還在「有」的世界，或者還在「有」跟「無」兩者當中來來去去的時候，你沒有完全回到「無」的這一面的時候，你才會沾染各種「染汙能量」，讓你造作在世間一切的種種，生起各種起心動念。如果你完全回到「無」的狀態的時候，你會安住在「空、無」的「完全寂靜」的真實本質的感受狀態當中，物質世界的所有一切，你都不可能想要抓取，也不會存留在你的本質當中。

因此，「業力」根本就不是問題。因為生命的真相沒有「業力」，以生命真實本質的狀態來看，沒有「業力」。

（二）止息待在「有」的世界的驅動力，回到「無」的狀態

Q：然後呢？

A：如果你還具有「業力」導致你留在地球輪迴，或者有些生命是在宇宙輪迴，這是因為你還想要在「有」的世界當中體驗。以另外一種說法就是，這些「業力」也就是你的「慾望」，你還存有某些「慾望」，想要在「有」的世界當中經歷。

也許是一開始的好奇心，所以你開始進入「有」的世界體驗，這是生命進入物質宇宙最初生起的好奇、冒險的心態。然後，在物質世界經歷的過程當中，與其他生命產生互動，你開始生起某些「遺憾」、「怨恨」、「不甘心」，或者想要體驗某種物質體驗而你沒有得到，因而產生某種「欲求」，你還沒有在這個「有」的世界當中體驗完畢你想體驗的，你會為了滿足這些「欲求」而一直留在「有」的世界繼續

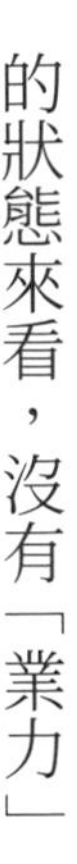

追求，想要完成這些體驗。

這些在「有」的世界的「欲求」，以佛教的說法就是你的「業力」，或者稱之為「染汙能量」。

Q：是的。

A：這些所謂的「業力」、「欲求」其實就是一種動能，驅使你繼續留在有形有相的世界體驗、完成或達到你想要的各種物質經驗。這種「驅動力」會形成一種「動能」讓你一直留在「有」的世界繼續體驗。

這種「動能」以佛法的說法會稱之為「業力」能量，「業力」指的就是一種動能，驅使你繼續留在「有」的世界當中體驗。

然而，因為物質肉體物質化的屬性，具有一定的使用期限，無法永遠存在。以地球現階段而言，人類肉體的使用年限大約七、八十年，最多也就是一百年而已，以致於雖然你的肉體不堪使用了，但是你的意識還是存有「還想留在有形有相的物質世界繼續體驗」的「驅動力」，你無法在離開肉體之後，直接回到「無」的世界的生

命本質狀態，那麼這個「驅動力」就會讓你繼續留在有形有相的世界體驗。而你的肉體使用年限已經到期，你的肉體已經消亡，所以你只好透過「輪迴」的方式進入下一個肉體繼續體驗。不過下一個肉體是不是人類、是不是在地球，每一個人都不一定，但是都還是在這個物質宇宙裡面。

Q：是的。

A：所以，「輪迴」的起因是什麼？

當你還無法完全回到「無」的狀態的時候，因為你的內心還存有想要在「有」的世界體驗的「欲求」，這種欲求會形成一種「驅動力」，而這種驅動力也可以稱之為「業力」，驅使你繼續留在物質世界體驗，於是你開始在這個物質宇宙輪迴。

這種促使你不斷「輪迴」的「驅動力（業力）」如何形成？

這是因為當你來到有形有相的世界體驗的時候，不管是在這個宇宙的任何地方、某一顆星球、地球上各個層面的世界或地球人間，當你在這些「有」的世界當中體驗的時候，你可能在體驗過程中產生某些「不甘心」、「怨恨」或「求不得」，你產

生了想要得到、報仇或完成未完成心願的「遺憾」。這種遺憾就是一種驅動力，促使你繼續留在「有」的世界完成這些未完成的「遺憾」，導致你無法回到「無」的真實生命本質狀態。因此你會繼續留在有形有相的世界當中，也就是這個物質宇宙，進入下一個肉體輪迴。

這就是「輪迴」的起因。

這種促成輪迴的「驅動力」並沒有好壞、對錯，想要留在「有」的世界體驗的「欲求」沒有好壞、對錯，這就是在有形有相的世界可以提供生命的體驗。但是，這種「驅動力」會造成問題是因為當靈魂在體驗的過程中，產生了永無止盡無法滿足的「慾望」，這就會造成問題了。

當你一直在有形有相世界當中打轉，不斷追求永無止盡的慾望滿足，總有一天你的靈魂一定會感到疲累。因為靈魂的本質原本就不屬於有形有相的狀態，所以你一定會想要回到無形無相的原來狀態。

但是，有可能你一世又一世累積的「驅動力」太過於強大，因為你累積了一世又一世沒有滿足的無明「慾望」，所以你的「業力」動能會非常強大，導致你無法立刻

停止這種慾望「驅動力」的運轉，讓你回到「無」的狀態。

只要你止息內在的「慾望」，停止這種「驅動力」的運轉，你當然就能夠熄滅、消除你的「業力」動能，那麼你就能夠脫離輪迴，回到「無」的生命真實本來的狀態。

(三) 生命困在「有」的世界的墮落起因——慾望失衡

Q：**是的。**

A：所以，「慾望」就是你留在「有」的世界輪迴的「驅動力」。

但是，這種「驅動力」沒有對錯，因為生命想要在有形有相的世界體驗，所依靠的就是這股「驅動力」，而這個物質宇宙，本來就是創造出來提供生命進來體驗的空間。

沒有這股「慾望」的驅動力，你不會進入物質宇宙體驗。

這股「驅動力」會造成問題的主要原因是：生命進來物質宇宙體驗之後，原來的這

股驅動力產生不平衡。這是因為某些生命產生了過大、過重的慾望，導致他們的慾望不平衡了，所以才會造成問題。

因為「慾望」的不平衡，這股「驅動力」強大到不停轉動，無法立刻被止息，才會讓生命困在物質宇宙沉淪，陷入永無止盡的輪迴當中。

Q：「慾望」如何產生不平衡？

A：可能你這一世是乞丐，你很羨慕那些有錢人。下輩子，你可能更努力一點，或者因為因緣和合的關係，你成為一名有錢人；但是當這一世成為有錢人之後，你發現原來還有那種不止有錢，而且還同時擁有權勢的權貴之人。

於是你的心裡產生了一個「遺憾」或「慾望」，這個「業力動能」讓你想要體驗成為一名權貴，所以下一輩子或幾輩子之後，你可能成為一個有錢有勢的貴族。

等到你成為貴族之後，你發現，原來這個世間還有那種只有你一個人最有權力的身分地位，所有的人都要聽命於你。於是你的「慾望」又開始增強放大，「業力動能」變得更加強大了，也許幾輩子之後，你真的成為一個國王或皇帝。

當上皇帝之後，你發現自己的國家不是最大的，還有人的國家比你的更大，你的「慾望」會越來越大，「業力動能」的「驅動力」也會轉動得越來越強大。在地球上，最後你可能想要統治整個地球，成為地球之王。

在某些宇宙地區，可能你已經當上某顆星球的王了，可是你還是不滿足。只有當上這顆星球的王不夠，我要成為這個星系的王才可以。這個星系當中，只能有我一個是最厲害、權力最大的才可以。或者有些生命想要成為更大一片宇宙地區的王。當你的眼界越寬，看到更多有形有相世界的經歷，你的「慾望」也會越來越高漲。

接下來，有些生命真的已經成為某一片宇宙地區的王了。等到時間一久了，祂們開始覺得不好玩了，於是祂們開始創造某種仿冒宇宙空間或世界，在其中創造許多仿冒星球，誘騙許多靈魂進入祂們的宇宙，進入祂們創造的肉體載具，成為祂們的子民。

過了一段時間之後，也許幾億年之後，祂們又覺得不好玩了，祂們可能會毀滅這個仿冒宇宙。

有些生命就是在這個宇宙的某些地區，不斷玩這種創造又毀滅、創造又毀滅、創造

又毀滅的遊戲，在其中欺騙很多靈魂、禁錮很多靈魂成為祂們的奴隸，然後在其中扮演上帝、神、造物主的角色，自己在那邊玩得很開心。

然而，這些生命可能在最初的時候，也許只是在類似地球的某顆星球上面，開始生起一個念頭：「喔，那個人擁有比我多一塊麵包，我也想要跟他一樣。」最初，祂們可能只是從這種微小的「慾望」開始，然後不斷讓自己的「慾望」越滾越大，直到一發不可收拾，造成這個宇宙的許多災難，導致許多靈魂陷入不平衡的狀態，許多靈魂因此遺忘自己原來的狀態，並且也使得宇宙空間越來越不平衡。

唉，這個宇宙從創造之初，在你們地球上不斷上演的各種權力鬥爭、金錢遊戲或陰謀詐騙，其實在宇宙的某些地區、各個時間都已經被玩爛了，被玩得非常淋漓盡致。然而卻還是有靈魂樂此不疲，還想要繼續玩，還想要繼續玩，其他地方玩得不夠，又跑來地球繼續玩。

Q：**是。**

A：所以，當你的「慾望」非常強大，這股「驅動力」已經運轉到不平衡的時候，你沒有辦法自然回到「無」的狀態，你就只能一直留在「有形有相」的世界當中輪迴。你不斷輪迴、不斷輪迴、不斷輪迴，逐漸遺忘生命原來本質狀態的時候，即便你感到累了，不想繼續待在「有形有相」的世界體驗了，你也無法離開。

然而一開始的時候，生命原本可以選擇自由來去。

原本進入這個物質宇宙之後，祢想成為哪一種生命形式、進入哪一顆星球體驗，都是生命自由的選擇。當你覺得體驗夠了，或者覺得累了、不好玩了，祢也可以隨時離開這個物質宇宙，回到源頭本來的狀態，回到「無」的這一面真實生命的狀態。

只是有些生命進入宇宙之後，祂們玩太久、太瘋、太過深入，祂們忘記回來，而且也回不來了，這個時候才會造成問題，造成不平衡。而且，那些回不來的、卡在某些低頻宇宙空間很久的生命，祂們會越來越墮落。

「墮落」的意思是他們的能量會越來越沉重，也就是「無明妄想慾望」越來越多，「染汙能量」越來越重，然後祂們會開始互相傷害，創造出一個痛苦的世界。

當靈魂遺忘自己原來的狀態之後，祂們會開始產生痛苦，開始傷害自己，然後再互相傷害。所以他們會創造出一個又一個互相傷害的世界，這就是你們現在在地球上

可以看到的現象，人與人之間、人與其他生命之間互相傷害。互相傷害之後，靈魂外在累積的「染汙能量」越來越重，與其他靈魂之間的糾纏也越來越複雜，這些靈魂因而被卡在這處宇宙空間不斷輪迴，無法回到「無」的生命真相，無法回到「本源」，祂們也會因此感到越來越痛苦。

Q：**瞭解。**

A：原來，進入物質宇宙體驗是一件很愉快的事情，然而有些靈魂開始打了起來，祂們開始打架，互相打仗。也有某些靈魂開始控制其他靈魂，運用各種欺騙詭計讓某些靈魂失憶得更深，這樣祂們才會更加容易被控制。如此，這些靈魂才能夠當老大。祂們才能夠迷惑另外一群靈魂說：「欸，我是你們的老大，我是你們的上主、上帝，我是你們的主宰。」或者「我是你們的國王、皇帝、統領。」

某些靈魂開始欺騙另外一群靈魂，控制、欺壓這群靈魂。

原本，所有的靈魂都是一樣的，沒有高低大小之分，每一個進入宇宙的靈魂也都擁有相同的力量。但是，漸漸地，有些靈魂開始不滿足於這樣的體驗，祂們進入宇宙玩太久了，於是開始感到不滿足，祂們開始控制其他靈魂，運用一些技倆欺騙其他靈魂，讓那些靈魂失去力量而被控制。然後，祂們開始越來越沉重的遊戲，開始不斷在這個宇宙的低頻空間循環這種遊戲，生命也因此進入永無止盡的輪迴……。

唉……，我今天還沒有要說這部分，這部分必須花一些時間才能說明清楚。有關「宇宙最初某些靈魂的沉淪」這部分，我還沒有要說，先點到為止。

好，就是這樣，從這個時候開始，有些靈魂開始忘記怎麼「回家」了，忘記如何回到「無」的這一面了，祂們被困在「有」的這一面，無法自由來去。

Q：是。

A：唉，我只能說靈魂在「無中生有」這件事情真的是箇中玩家，每個都是好手。所以你們在「有」的世界可以無中生有到幾乎到完全失控的狀態了，讓我們不禁感到嘆

（四）「有」的宇宙空間能量平衡工作

為觀止，我也不曉得該怎麼說了。

喔，但我要慢慢說好累喔，我不是很想說。但是我好像還是要說，不過我還是慢慢說好了。等我先把地球上的事情說完了，再來好好說祂們的事情。我跟你說，祂們這些創造仿冒宇宙、玩弄靈魂的生命可是得意得很，祂們認為這些都是祂們的豐功偉業，哼，祂們可是得意得很咧。有一天我會說，雖然我很不想說祂們的事情，但是我還是會說，我都會說，我會把祂們的陰謀詭計全部暴露出來，讓祂們無所遁形，無法繼續欺騙靈魂。

好，有關在這個宇宙的某些地區，只是很小的一部分地區而已喔，那些創造肉體載具、仿冒星球、仿冒宇宙空間，以及星際大戰等等的這些故事等到以後再說。

這次我只能說有些靈魂真的很會玩，祂們真的很會玩，唉，祢們怎麼會玩到這麼淋漓盡致、這麼誇張呢？

就是祂們玩到部分宇宙地區的能量太過不平衡了，所以我們才必須過來打掃、清理、平衡能量。這些平衡能量的工作就是善後工作，因為某些靈魂玩得太過誇張、太過入戲而醒不過來。當祂們醒不過來的時候，祂們會造成這個物質宇宙的能量太

過不平衡。

當某個宇宙地區的能量過於沉重，將會造成宇宙空間的扭曲。空間扭曲之後，宇宙可能會產生崩塌而消失，那麼就無法提供正在體驗的生命繼續在宇宙當中體驗了。可是我們不能讓這個宇宙消失。因為還正在裡面體驗且尚未清醒的生命，祂們無法立刻回到本源，所以我們必須維持這個宇宙的平衡而進來工作。雖然靈魂不會消失，但是祂們還沒有醒來，因此必須讓祂們繼續留在這個宇宙體驗，慢慢回復清醒。

也因為如此，以「整體（本源、源頭、合一）」來看，我們不能讓這個宇宙消失，所以必須有生命下來平衡。

Q：是。

A：不過，以生命進入物質體驗的歷程來看，當祢從「驅動力」很強大的狀態，慢慢減緩、停止這種動能，然後回到「無」的狀態，這個過程其實是一種很好的體驗。這個過程也是一種生命的體驗。

因此，我們過來協助的目的，並不是讓這些生命立刻止息「驅動力」，而回到「無」的狀態。我們不是過來將所有的生命拉出來，強制祂們立刻醒來，這樣並沒有意義。

因為，生命原本就是想要來到「有」的世界體驗。當祂們的「驅動力（業力）」轉動得越來越強，強大到過於不平衡的時候，就必須慢慢地再轉回來，慢慢地平息、平息。

這個過程對於生命而言也是很好的體驗。

而我們就是在這種前提之下，前來幫助生命越來越回歸平衡，讓這個宇宙空間越來越回歸平衡，然後回到「無」的狀態。

（五）不同的人適合不同回到「無」的修行方式

Q：如何減緩並停止這種「驅動力（慾望、業力）」的運轉？

A：「生命的真實狀態」原本就是「無形無相」，原本就是處於「無」的狀態；只是因為來到「有」的世界體驗之後，有些生命因為產生過多不平衡的慾望，致使留在世間的驅動力過於強大，無法立刻止息。

於是，在你們這個世界，開始流傳下來各種不同的修行方式，幫助平息、止息內在的驅動力而回到「無」這一面的生命本質狀態。

有些人雖然這一世感到累了，不想繼續玩了，可是累世的驅動力過於強大，也許是幾千萬億年，所以無法在這一世完全停止運轉，因此必須依靠一些修行方式，幫助他一步一步止息心中無明妄想驅動力，等到止息到一定程度之後，他才能夠回到「無」的這一面。

雖然每一個人的「無」的這一面還是存在，卻因為在這個物質宇宙玩太久了，所以忘記自己「無」的這一面。只能依靠其他各種修行方法，幫助自己回到原來生命狀態「無」的這一面。

於是，你們這個世間開始出現各式各樣的修行方式，而不同的人依據個人不同的生命流轉及現況，適合不同的修行方式。不過，並沒有哪一個方式最好、最對或最有

效，不同的人適合不同的修行方式。

這些修行方式都是幫助人從「有」的世界，回到真實本質「無」的狀態。只要能夠幫助你回到「無」的真實本質的狀態的方法，都是有用的方法。

這個世間具有各式各樣的方法，有很簡單的，也有很複雜的；有很快速的，也有循序漸進的。無法分別哪一種方法比較有效，只能說每一個人適合的方法都不相同。

因為每一個人在「有」的世界當中的「業力」運作狀態都不相同，每個人的輪迴「動能」的運作方式與狀況都不相同。

有些人的「業力」動能很強大，有些人比較小。有些人雖然「業力」動能比較小，但是跟其他生命之間纏繞著許多糾葛；有些人的「業力」動能雖然比較強大，但是他跟其他生命相互之間的能量糾纏比較少。

這些不同的狀態，都會影響每一個人適合的修行方法以及必須修行多久的時間。所以，不同人適合不同的修行方式。透過不同的修行方式，他們可以一步一步將這些「慾望（業力、驅動力）」整理、清理、熄滅，然後回到「無」的狀態。

回到「無」的狀態之後，你會知道原來其實並沒有「業力」，「業力」只是在「有」

的世界的幻想、幻象而已。

「業力」就是你的無明妄想慾望，就是驅使你繼續留在「有」的世界，無法回到「無」的生命真相狀態的「驅動力」。

Q：如何分辨這個修行方法適不適合自己？

A：你必須看這個修行方法有沒有讓你的「慾望」越來越少。

但這個意思並不是表示「慾望」是不好的，而是如果你的「慾望」過重、過多到不平衡了，這樣才會造成問題。

如果你的「慾望」是會傷害自己、傷害別人，這個就是不平衡。你必須學習克制、壓抑，然後慢慢從適合自己的修行方式降低、斷除這些慾望。

但是，如果是肉體上的一般「慾望」，這些慾望不會傷害別人，也不會傷害你自己，並且是你自己的能力範圍之內，你不需要立刻斷除或壓抑。

我所說的「會讓你的慾望越來越少」的「慾望」，指的是那些「不必要的慾望」。適合你的修行方式一定是可以幫助你減少、熄滅越來越多「不必要的慾望」，而不

是要你禁止、壓抑、斷除所有的慾望，那倒也不必要。

因為在「有」的世界體驗，你進入一具物質肉體，物質肉體還是有必須滿足的慾望，你還是要好好照顧你的肉體。所以適度的滿足慾望也是一種在「有」的世界很好的體驗，你當然可以去體驗。

只要是在「平衡」的狀態下，你都可以去滿足。並且在滿足基本或一般慾望的過程中，注意不要讓自己產生過多不必要的慾望就好了。

如此，你就能夠讓自己的「驅動力」逐漸減緩下來。

Q：是的。

A：如果有些選擇禁慾、修苦行或者到深山隱居的人，那是因為他們想要快速止息自身的「驅動力」，也因為他們的生命歷程或生命安排，所以他們會自然而然選擇這種修行方式，那麼這種方法就是適合他們的方法。

不過，並不代表每一個人都必須如此，才能夠回到「無」的狀態。

每一個人適合的修行方法都不一樣，有些人是自然而然就會這麼做的話，那就是適

合他們的方法。

但是，如果你選擇生活在一般人類社會當中，過著一般人類生活，你還是可以選擇其他適合你的修行方法，適度滿足你的肉體慾望，並且透過適合你的修行方式，逐漸回到「無」的狀態。不一定要完全禁慾、修苦行、出家或到深山隱居。

「適度滿足慾望」及「修行回到生命真相」這兩者並不衝突。

「平衡」的慾望不會有問題，導致生命困在宇宙輪迴的原因是「不平衡」的慾望。所以你還是可以在一種「平衡」的狀態下，好好體驗在「有」的世界的體驗；然後保持在這種狀態，回到「無」的狀態。

（六）宇宙中，人類並不是沉睡得最深的靈魂

Q：瞭解，然後呢？

A：現在這段工作只是喚醒地球人類，而其他地方、其他時間的有些生命，那些遊戲玩

得太過入戲的外星人、生命體也很難叫醒，他們很頑劣。有些創造物質肉體載具的生命很頑劣，進行平衡他們的工作，比喚醒這段期間的地球人類還要更加麻煩，人類入戲得還沒有他們來得深。那些玩幾萬億年的、那些以為自己創造人類很厲害的、那些以為自己是神或造物主很了不起的，我們也一直在跟他們對應。

我們來到物質宇宙平衡他們也很久了，從這個宇宙創造之初。所以他們玩什麼把戲，我們都知道得一清二楚。我們對於平衡他們所處宇宙地區的工作已經做很久了，我們很有經驗，他們會玩什麼樣的詭計、控制遊戲或欺騙技倆，我們都一清二楚。所以不要來跟我玩遊戲，我現在正在跟他們說，也不要想來挑戰。

你們知道為什麼你們一直贏不了我們嗎？因為有關於這個物質宇宙的任何一切，我們都不要。而因為你們想要，我們不要，你們想要的那些、追求的那些，我們都覺得沒什麼，所以你們一定贏不了我們。所以不要再來挑戰了，我覺得很沒意思，我不想跟你們玩。你們想要搞什麼把戲，我全部都知道，我也知道如何平衡，我也不會被你們影響。不要再來欺騙我，也不要想要來挑戰，沒有意義。你們在玩什麼，我們都知道，也知道如何對應，我們只是不想這麼強烈制止你們；因為我們來到這裡平衡，發起的是慈悲心，但是如果你們太過分的話，該做的我們還是會做。這個身體也不用太過害怕，因為我的經驗真的很多。他們在玩什麼、搞什麼技倆，我都知道，他們也贏不了，他們絕對贏不了，所以不要再來試探，也不要再來測試，你們就是贏不了。我也沒有要跟你們比，我們只是要來平衡能量而已。

而你們就是太想要在物質世界求取最大的力量與地位，你們想要擁有可以擁有的一切，你們太想要了，所以你們會被迷惑，你們無法超越。因為你們被物質世界的幻境迷惑了，你們被自己的無明慾望控制了，所以你們的力量只能到達一定的層面，無法超越我們。因為我們不在物質世界的幻境當中工作，我們不要物質宇宙當中所有的一切，我們也不想在這裡當老大、稱王稱后，所以你們絕對贏不了，不要再來測試了，也不用再來想要挑戰，沒有用。

我們都知道你們的技倆，你們也欺騙不了我，我也沒有要跟你們玩。你們去玩你們的，只要不要過分，我也不會多說什麼或多做什麼。而我做我的工作，生命法則就是如此，會想醒來的靈魂就會醒來，不想醒來的，你們可以繼續欺

騙，我們也沒有辦法，因為這是靈魂的自由意志。因為，想要被他們欺騙、想要跟他們一同玩遊戲的靈魂，我們也無法強迫他們醒來。但是你們不要再來測試我了，你們贏不了，我覺得很煩，我也不想再花能量跟你們對應，如果你們太超過的話，我會教訓你們。好嗎？不要再來測試我了，你們在搞什麼我都知道，我沒有要跟你們玩。

Q：**是。**

A：好啦，我就是要跟這個身體說，他不用太害怕，也不用太緊張，他們那些都只是雕蟲小技而已。我們的工作就是平衡這片宇宙地區，我們看顧這片地區很久了，所以你們在玩什麼，我們都一清二楚。

但是請不要將我們這些工作者想得很了不得或比較高一等，不是，我們其實就是來做苦工，我就是來打掃的阿姨，我們就是過來這裡平衡能量；而我們並不是進來物質宇宙玩，我們只是來工作的，所以物質宇宙的一切我們都不想要。而那些想來挑戰我們的生命，就是因為進入宇宙玩太久了，久到他們以為是這個宇宙最偉大、最

強大的主宰，他們完全忘記生命的真相了。

回到源頭之後，生命都是一樣的，都是一體，沒有分別。

而那些玩太久的生命就是想要在這個宇宙當老大，可是當老大你們也當很久了，你們可不可以醒一醒，不要玩了。如果你們清醒一點，我們也不需要一直過來工作啊。就是他們玩得太入戲，才會造成這個宇宙地區不平衡，所以我們才必須過來工作。

如果他們不要玩這種不平衡的遊戲，大家進來物質宇宙就是進行一些平衡的體驗不是很好嗎？可是他們就是不要啊，就是要在那裡打來打去，壓制來壓制去，創造許多不平衡的能量，所以我們才必須過來工作。

因為他們的遊戲造成許多悲傷，這裡有很多悲傷的能量，太多悲傷的能量了，所以不平衡了。但是這些悲傷也只是在「有」的世界的一種幻境，回到「無」的狀態就完全沒有悲傷了。我們雖然看見很多悲傷，但是也知道這只是一種幻境。只是悲傷的能量太多了，所以這片地區才會產生不平衡。

Q：是。

A：其實，生命從源頭出來，來到物質宇宙體驗的時候應該是開開心心、自自由由地想體驗什麼就體驗什麼，然而有些生命卻為了玩另外一種遊戲，控制許多靈魂，欺騙許多靈魂，造成許多悲傷的能量。可是他們已經玩了很久了，已經玩很久、很久了，他們還樂此不疲。

雖然沒有時間，但是他們這麼搞也非常、非常久了，他們怎麼就是玩不煩呢，玩這麼久了還沒玩夠嗎？

這個宇宙很大，還是有很大一部分的生命玩的是屬於「光」的遊戲，不是所有的生命都在進行不清醒的體驗，還有是很多生命在宇宙中自由自在、開開心心地體驗。只有很小一部分地區的宇宙陷入這種不平衡的狀態，但是也已經影響整個宇宙空間，所以需要有生命過來平衡。

我想提醒他們不要來挑戰我，他們也贏不了，因為我們是在不同層面工作，他們也挑戰不了。我現在先說，不然他們一直來挑戰、測試，我覺得很煩。我就是想要好好當一個平凡的人類，但是他們會想要來挑戰，我不想跟他們玩這些，不過他們也搞不了我，不要再來挑戰了，很煩。

Q：他們為什麼要來挑戰？

A：他們就是一直想要當老大啊，因為我們這種能量是要來喚醒靈魂，而他們是要讓靈魂保持在不清醒的沉睡狀態，這樣他們才能夠繼續當老大。

他們原本即是與我們對抗，因為我們的能量、我們的存在就是會影響其他靈魂回到「無」的清醒狀態，這與他們在「有」的世界的利益相衝突，因為這些靈魂清醒之後，他們就沒有辦法控制、欺騙這些靈魂了，他們就沒有辦法自欺欺人地繼續扮演老大的角色了。

而我現在想要說的是，不要再來挑戰了，不要讓我覺得很煩，不要一直來騷擾我，如果太超過的話，我會去教訓你們，不管是有形還是無形的。

我們這種工作者的能量很大，因為我們是在超越宇宙的層面工作，我們不是下來體驗的生命。在這個宇宙及地球，不是只有我是這樣的狀態，還有很多意識都是這樣的狀態，因為我們必須下來工作。

因為我們原本就不想下來這個宇宙玩，所以這些生命在意的那些力量、權力、高高在上的地位，還是創造、玩弄與控制的成就感，我們並不想要。所以他們永遠無法控制我們、影響我們，他們的力量也永遠無法超越我們。

只要他們跟我們一樣不在乎「有」的世界的所有一切，他們的力量就會跟我們一樣大，問題是他們放不下，他們就是想要在「有」的世界玩當上老大的遊戲，他們放不下這種「慾望」，所以他們的力量永遠不會超越我們。

這就是生命的真相。

然而，久遠以來，在這個物質宇宙，他們卻想抓著物質宇宙擁有的一切凌駕於我們。但是這是絕對不可能的事情，從第一篇《唯識真義》這樣說明下來，你們就能夠理解，他們絕對不可能超越。因為他們一直被困在物質宇宙，他們緊抓著「幻境」物質宇宙當中的「慾望」，但是我們已經超越宇宙、超越幻境，我們不想在物質宇宙擁有什麼，所以他們的力量絕對不可能超越我們，也無法壓制我們。

除非他們跟我們一樣，什麼都不要而回到「無」的狀態，你就可以超越了。他們想要在「有」的世界超越「無」的狀態，可是他們就是還在「有」的幻境裡面啊，你如

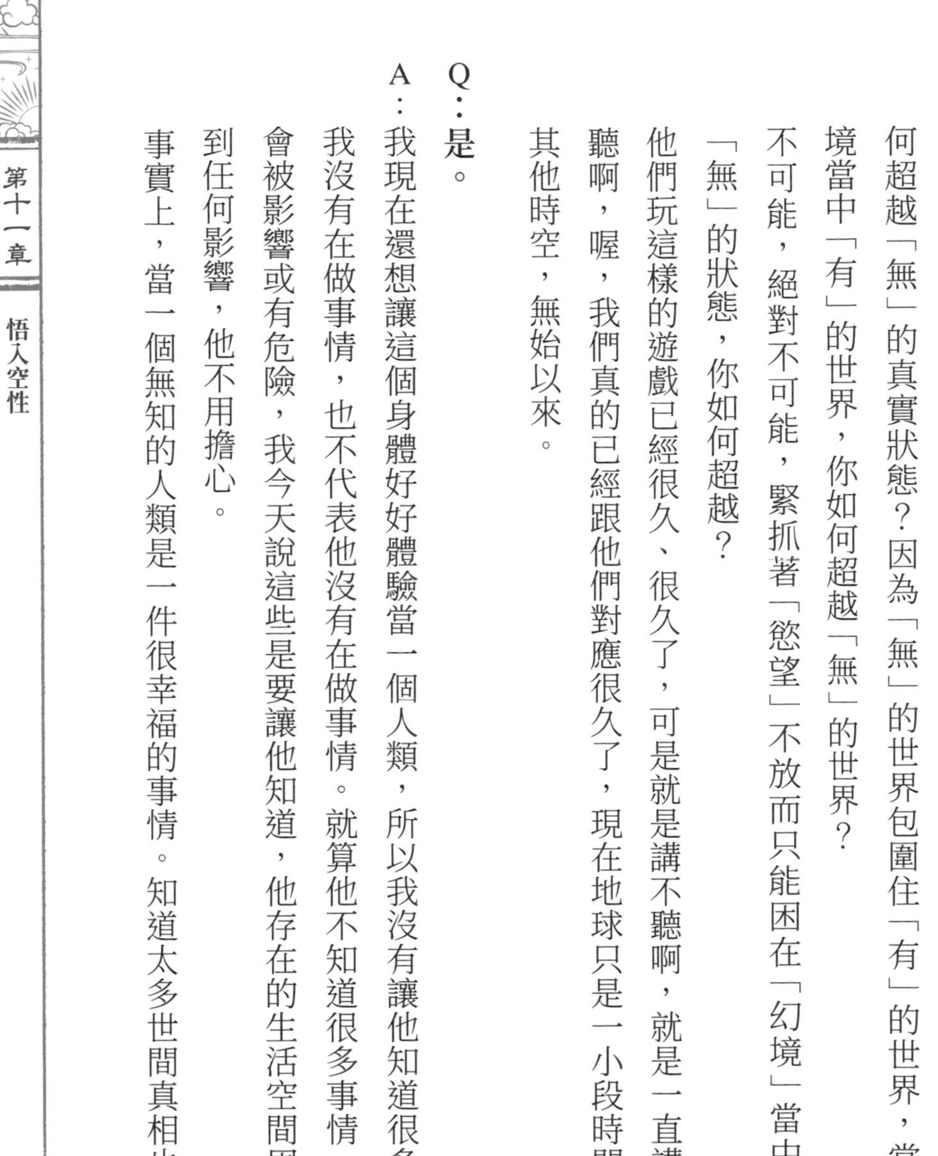

何超越「無」的真實狀態？因為「無」的世界包圍住「有」的世界，當你被困在幻境當中「有」的世界，你如何超越「無」的世界？

不可能，絕對不可能，緊抓著「慾望」不放而只能困在「幻境」當中，無法回到「無」的狀態，你如何超越？

他們玩這樣的遊戲已經很久、很久了，可是就是講不聽啊，就是一直講不聽、講不聽啊，喔，我們真的已經跟他們對應很久了，現在地球只是一小段時間而已，還有其他時空，無始以來。

Q：是。

A：我現在還想讓這個身體好好體驗當一個人類，所以我沒有讓他知道很多，但不代表我沒有在做事情，也不代表他沒有在做事情。就算他不知道很多事情，也不代表他會被影響或有危險，我今天說這些是要讓他知道，他存在的生活空間周遭並不會受到任何影響，他不用擔心。

事實上，當一個無知的人類是一件很幸福的事情。知道太多世間真相也不一定是好

事，知道太多，你就不能夠好好地沉浸在自己的幻境世界當中。因為來到有形有相的世界，每一個生命都是想要體驗自己想要體驗的，所以你們每一個人其實都是活在自己的小幻境當中。

當你能夠完整地活在自己的小幻境當中，其實是很幸福的。如果你能看得到整個物質宇宙的實際真相，也許你會感到很吐血；但其實如果回到源頭，你也會覺得沒什麼，反正就是一場幻境而已。然而，如果你站在某個層面看到整個物質宇宙的真實現象，你可能會翻白眼，感嘆地搖頭道：「喔，這到底是在搞什麼？這些生命到底在搞什麼？」

然而這一切在回到源頭之後，你也會覺得沒什麼，就是一種體驗而已。

當你是一個人類，活在自己形成的小幻境當中，你很沉浸在自己的角色扮演及戲劇當中，這個小幻境把你包圍得很牢固，這也不一定是一件壞事。你就是活在自己的童話世界、溫室當中，雖然這也是一種幻境，但你其實是幸福的。因為你無知，你不曉得真實世界的實際狀態；不過這個宇宙也只是幻境，所以這些也只是一種幻境當中的體驗而已，其實也沒什麼。

所以也沒有關係，當你是一個人類的時候，你就是好好體驗一個人類可以有的體驗就好了，這也是很難得的體驗。

生命真正原來的狀態就是空、無、寂靜、平靜、寧靜的狀態，你永遠存在，你永恆存在，你不會被傷害，你也不會被影響，也不會有任何改變，你一直就是永恆、寂靜的存在。

所有一切在「有」的物質世界的種種都是一場夢幻。就算你以為你在這當中被傷害得很深也都是假的，但是也不能讓物質宇宙的能量太過不平衡，因為這裡已經有太多、太多悲傷的能量產生了。

這是因為有太多靈魂迷失了，迷失之後，他們就會去欺壓其他靈魂，他們會先傷害自己，再去傷害別人，所以產生許多悲傷的能量。也因為如此，讓這個宇宙空間產生很大的不平衡。

但是，當還有許多生命還在這個宇宙空間體驗的時候，這個宇宙空間不能因為此種不平衡而崩塌、消失，所以我們才需要過來工作，維持這個宇宙空間的平衡。

在源頭的時候，大家都是同一個。雖然我們不想過來這個宇宙體驗，然而這個宇宙

空間不平衡了，因為大家都是同一個，所以我們不會認為這件事情跟我們無關，於是我們必須過來工作。

也許我有時會有不耐煩的語氣，這只是以人類情感的描述。但是以源頭來看，不會有不情願、不耐煩的情緒，因為大家都是同一個，所以自然需要過來平衡。只是你知道在宇宙玩久了，有些生命入戲入得太深，他們真的就是剛強難度，非常難以教化，就像是講不聽的頑劣小朋友；不過你又不能把他們抓起來打，強迫他們醒來。你只能運用其他方法，讓他們自己願意慢慢熄滅心中的無明妄想慾望，自願回到生命真相。

雖然沒有時間，但是他們也玩很久了。所以為什麼佛經說「無始以來」，因為就是一直在循環，這些生命玩得太深入、太入戲了，他們不想醒來，他們玩很久了，執迷不悟。

Q：是的。

A：好的，說了這麼多，我想說的就是他們在玩什麼，我們都很清楚，所以不要來我面

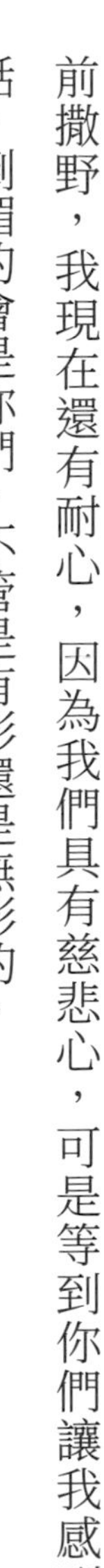

前撒野，我現在還有耐心，因為我們具有慈悲心，可是等到你們讓我感到很煩的話，倒楣的會是你們，不管是有形還是無形的。

Q：你說的來挑戰的「他們」是誰？

A：沒關係，聽得懂得就會聽得懂，他們會知道，不管是哪一種生命形式。

你們也不需要害怕，生命具有絕對的自由意志，只要你決定醒來，他們也絕對無法影響、控制你；只要你的內心沒有過多的無明慾望，你就不會被他們引誘，不會被他們欺騙，你也一定不會被他們控制，他們也奈何不了你，因為靈魂的力量無限強大。

第七識充滿整個宇宙，第八識超越宇宙，本源（源頭、整體、合一）包含所有的一切，所以你們不需要害怕任何還困在物質宇宙當中不清醒的靈魂，不管他們自稱多麼了不得的名號，不管他們展現多大的力量。

你們只會因為內在的無明慾望而被他們欺騙，所以才會被影響、被控制。只要你放下無明妄想慾望，願意往「無」的生命真相前進，沒有任何生命可以影響你、控制

你、決定你的人生或輪迴。

不需要害怕，不需要擔心，先去看清自己內在有什麼無明妄想慾望，然後看破、放下，從小我慾望的幻境當中醒來，你是絕對自由的靈魂，你具有無限強大的力量，超越物質宇宙。

你們只是暫時因為「無明」而遮蓋住自己原本的清明智慧「第七識」，所以才會困在「有」的世界打轉。醒來之後，回復到第七識的真實本質狀態，你跟整個宇宙一樣廣大，甚至還可以超越宇宙，那麼你還需要害怕什麼？

Q：好的，還有什麼要提醒他的？

A：繼續保持在這個狀態，回來就是回來了，有各種回到「無」的方法。每個人適合的方法都不一樣，只要你真的想要，你的因緣就會成就你遇到適合自己的修行方法。然而，有的人並不是真的想要醒來，回到「無」的狀態。當他們還是只想要滿足在物質世界的慾望的時候，他們當然無法真的找到可以幫助他們回到「無」的方法。不過，有些人其實是必須先透過走錯路的經驗，才能夠幫助他們真正走上覺醒的道路，所以走錯路其實也是一種很好的經驗。當你曾經走錯路的時候，你才更能夠理解什麼是真正的回到「無」的狀態的方法。所以，在醒來的路途當中，並沒有走錯路或繞遠路，這些都是必經路程，也都是很好的體驗。

因為在「有」的世界的所有體驗都是一場夢，既然都是一場夢的話，你都去體驗，體驗過了就好了，沒關係。不要想太多，也不要在意太多，回來就好。

在「有」的世界的所有一切都是一場夢境，沒有好壞，沒有對錯。你都可以去體驗，體驗過後，你才能夠明確地判別：「喔，這個是邪教；喔，這個是妖魔鬼怪；喔，原來他或她教的方法無法幫助我真正開悟、醒來。」

當你瞭解自己走錯路之後，你就是再回來就好了，再去找到另外一種真正幫助你醒來的方法，繼續修煉就可以了。

所有的道路都不會是白費的。只有你先走過錯誤的道路，你才會知道什麼是對的。但是，對或不對都無所謂，因為在有形有相的世界當中的一切經驗都是一場幻境，都是一場夢。

在「無」的狀態來看，你在「有」的世界多一個體驗，也沒有什麼不好喔。只是要

注意不要讓自己受苦太多、太久，早點醒來，早點不受苦，只是這樣子而已。

好啦，今天就先到這裡。今天就是要讓他理解，他現在就是回到「無」的狀態，這就是「空性」——真實生命本質的狀態。

繼續保持在這個狀態，繼續去感受，今天就是要讓他再多瞭解一下，再加強鞏固一下，後續的訊息才會繼續出來。

第十二章　照見五蘊皆空，度一切苦厄

回復空性智慧，自己度自己到達彼岸

生命被困在地球人類世界輪迴，最大的原因就是我們都找錯回家的方式了，大部分人類都誤以為，只能夠依靠比自己更高明的聖人、覺者或神，才能夠回到眞命眞相，然而也正是這種錯誤的認知，造成大部分人類無法眞正回到生命眞相。

回到生命眞相的唯一方式只能是「自己幫助自己」，「自己依靠自己」、「自己願意回到生命眞相」。我們只能自己靠自己，自己幫助自己，自己願意放下心中的無明妄想及慾望，自己願意往前抵達生命眞相的彼岸；而其他有經驗的覺者或世人認知的聖人、神或佛、菩薩，只能夠提供我們回家的建議方式及參考方向。他們能夠提供的只是一張指引回到彼岸的地圖，但是眞正能夠幫助我們到達彼岸的還是得靠我們自己一步一步往前走。

我們無法依靠任何人從自身小我幻象中醒來，也無法依靠任何人放下內在慾望及執

念，更無法依靠任何人斬斷業力，而停止留在物質世界流轉的驅動力，我們只能夠自己靠自己願意放下不需要的慾望及執念，才能夠從物質幻境當中醒來，從而回歸生命眞相。

也許你的心裡會生起這樣的疑問：這怎麼可能？我完全不記得出生以前的事情，既沒有神通，也沒有超然智慧，我怎麼可能依靠自己的力量回到生命眞相？我一定需要一位聖人或者力量比我更大的神、佛、菩薩的帶領及幫助才可以回到生命眞相不是嗎？如果你的心裡也曾經有過這樣的疑惑，也許本章內容可以提供另外一種思考觀點。

(一) 松果體結晶

Q：你看到什麼？(另一天的催眠)

A：一個空間，沒有很大，我應該是又來到我的松果體裡面，像是松果的形狀，不會很大顆，位置大概在我的兩眼中間上面一些的裡面。我在裡面，但是又感覺周圍是松

果形狀，發出銀色光，這就是「智慧之眼」。

像透明水晶，但又會發出像是銀色亮光，很亮、很亮的光，有點像仙女棒發出來的亮光，不刺眼，但是非常、非常明亮。

Q：什麼是「智慧之眼」？

A：照見世間一切真相，世間一切真相都會真實顯露出來，在「智慧之眼」面前，一切妖魔鬼怪、無明幻象都會無所遁形。這就是「智慧之眼」的原來作用，破除世間一切幻象。因此打開智慧之眼，就可以將世間真相看得一清二楚。感覺松果體現在是很堅固的狀態，非物質化，像是透明水晶的結晶，但又充滿銀色的光。

Q：為什麼「智慧之眼」指的是松果體非物質化的結晶狀態？

A：這顆松果體像是一顆發出銀色光的水晶，很亮，像杏仁，又像鑽石，非物質化的狀態。這就是「光」的結晶，也就是生命本然狀態的結晶，生命本質在物質世界所能呈現出來最接近物質世界的狀態，就是這種「光」的結晶體。

這就是「智慧之眼」在世間可以顯現出來的狀態。

也就是你的第八識調降一個頻率，來到第七識，進入這個物質世界之後，你可以是無形無相，如果你再將你的意識更加聚合一些，讓自己成為比較有形象的狀態，你就是「光」。也就是說「第七識」或「靈魂」最原來純粹的狀態即是「無形無相」，如過再更聚合一些，你就是「光」；如果你再越來越調降頻率，進入更物質化的世界，越來越調降頻率而進入一具物質肉體的時候，你的「第七識」越來越聚合、越來越凝結，就會形成「水晶」結構的狀態，這個時候還是屬於非物質化的狀態，只是以人類理解的方式形容，我會說像是「水晶」的狀態。

也可以說，這是你的靈魂的結晶，光的結晶，所以感覺像是一顆水晶的松果體，這是你的意識本然狀態「光」的結晶，你的「智慧之眼」真正凝結在你的肉體。

當你真正打開「智慧之眼」的時候，你會感受到松果體就像是一顆水晶，這是你的真實本然狀態「光」的結晶顯現在你的肉體當中的一種呈現。不過這個狀態屬於非物質層面，如果你將這裡剖開，無法找到一顆真正的結晶化的松果體實物。

Q：是，瞭解。

Ａ：打開第七識「智慧之眼」，回到「無」的狀態，就是「行深般若波羅蜜多」。因為打開真實「智慧之眼」，也就表示你已經回到「無」的這一邊了，回到「無」的這一邊，也就是回到「彼岸」。

「彼岸」就是回到「無」的狀態。

因為你瞭知生命真實的狀態就是「無形無相」。雖然說是「無形無相」，這樣的形容只是一種有別於物質世界的「無形無相」，但是並不是什麼都沒有，你還是存在，雖然是無形無相。

因為生命的真相是「非物質化」的，是「無形無相」，所以相對於物質化的狀態，只能暫且形容為「空、無」的感受的狀態。但是並不是什麼都沒有，你還是存在，你還是真真實實地存在。

（二）行深般若波羅密多，照見五蘊皆空，度一切苦厄

Q：然後呢？

A：既然已經「行深般若波羅蜜多」，回到「無」的狀態，你打開第七識「智慧之眼」，而你的「智慧之眼」可以照見世間一切真相，那麼當然可以「照見五蘊皆空」。既然「照見五蘊皆空」，不再執著世間任何幻象與幻境，你當然也就能夠「度一切苦厄」。

因為你不再執著幻境當中的一切種種，你也不會再受到一切幻境的迷惑，不再追求幻境當中永無止盡的無明慾望，你當然不會被困在幻境世界繼續沉淪，所以你不再受苦。

那麼你就可以自己度自己，讓自己離苦得樂。

所以，當你打開真實「智慧之眼」，看清世間的一切真相，瞭解世間所有的一切都是幻境、都是幻象。你不再執著世間所有一切，也不再造作任何起心動念，放下過往所有的無明妄想慾望，並且也不再生起任何無明妄想慾望，你必然可以「照見五

蘊皆空，度一切苦厄」。

當你一直保持在這種清明智慧的狀態當中，看清幻境世界的一切都是暫時的幻象，你就可以回到真實本質的狀態，回到自己真正的「無形無相」的本然狀態，讓自己離苦得樂。

Q：**是。**

A：雖然是無形無相，但是你還是存在，你只是非物質化的存在。回到真實本質狀態的時候，你無法以在物質世界的情境理解真實「無形無相」、「非物質」的生命真相的本然狀態。

因此，有些回到真實本然狀態的人會形容這種狀態為「空、無、寂靜」的感受。這樣的形容是對照於物質世界而言的一種方便形容，雖然是「空、無、寂靜」的感受，但並不是不存在，也不是真的什麼都沒有。

這只是一種方便的說法與描述，因為是相對於物質世界的形容。

這是因為你們現在所使用的人類語言及形容用語、名詞、動詞，都是用來形容及描

述物質世界的狀態。所以當你們試圖運用這種「物質化」語言，形容「非物質化」的真實生命存在的狀態的時候，絕對無法百分之百完全描述，而且一定會產生落差，以致於造成你們對於這些有關「生命真相」的描述產生許多迷惑與誤解。

雖然我們會描述這種回到「生命真相」的感受是「空、無」的狀態，但並不是真正什麼都沒有。只要你們回到這個狀態，你們就能夠很輕易地瞭解了。

當你回到真實生命本然的狀態，你會瞭解你並不是只是這個肉體；你是一個無形無相的感知意識，或者說靈魂，進入這個肉體，運用這個肉體體驗這個物質世界。

你只是暫時存在於這個物質肉體裡面，體驗這個暫時的物質世界的體驗。因為你的肉體只是暫時的，這個物質世界也是暫時的，物質世界所能體驗到的經歷也都是暫時的，因為都是「暫時的」，所以它們都是「幻象」，都是「幻境」。

物質世界的存在，是因為所有「無形無相」的意識生命想要體驗「有形有相」的經驗，所以才被創造出來。所以，這個物質世界是一個被創造出來的「有形有相」的幻境，提供「無形無相」的意識暫時進入，體驗一段暫時的「有形有相」的體驗。

所以，物質世界的一切種種，包括你的物質肉體，都只是暫時的「幻境」與「幻

象」。

這個宇宙只是所有「無形無相」的意識生命共同創造出來的一個暫時的體驗空間。即便這個幻境世界可以存在一段很長久的時間，久遠到可以形容為「無始以來」、「超過幾萬億年」或「無量阿僧祇劫」的時間，超越人類的腦容量可以計算出來的時間，但其實還是「暫時」的存在而已。

總有一天，這個宇宙還是會回到「無形無相」的真實本來狀態，回到源頭的懷抱。

(三) 你就是你自己的「觀自在菩薩」

Q：是的。

A：因此，當你回到真實生命本然狀態，打開你的「智慧之眼」，以你的智慧之眼體驗這個物質幻境世界的時候，你自然就能夠「照見五蘊皆空，度一切苦厄」。是你自己「照見五蘊皆空」，然後自己「度」自己遠離「一切苦厄」。

而不是有一個人修行成為菩薩，他或她「照見五蘊皆空」之後，他或她發出菩提心，願意救度眾生「度一切苦厄」，然後幫助你遠離苦厄。不是這樣子喔，不是說你們要等著一個佛、菩薩或阿羅漢修行有所成就之後，再來救度你離苦得樂。而是你自己回到生命真實本然的狀態，打開你的「智慧之眼」，回到你原來的狀態之後，你自己「照見五蘊皆空」，你就能夠幫助自己離苦得樂，你就可以「自己度自己的一切苦厄」。

所有真正對你有幫助的修行方法，都是教導你「自己度自己」、「自己救自己」、「自己幫助自己清醒過來」，而不是教導你依靠別人，等著別人來救你。

Q：是的，瞭解。

A：因此，是你自己要去「行深般若波羅蜜多，照見五蘊皆空，度一切苦厄」。整部《心經》[10]的內容就是在描述，當你回到「第七識」真實本然狀態的時候，雖然你還活在這世間，你還存在於肉體裡面，但是你還是可以以「第七識」的狀態運用你的肉體，體驗這個物質世界的時候，你打開你的「智慧之眼」，你就可以看破世

間一切都是幻象，度脫自己離苦得樂，那麼你就可以真真實實地體會到《心經》經文當中的真正內涵。

你不是以頭腦理解，而是真實進入經文當中所描述的狀態，你真真實實地體會到。如此，經文的內容對你來說才有意義，因為你真實地進入經文當中所描述的狀態，而不是只是以頭腦智性去理解，更不是以頭腦的想像硬把自己套入這個狀態。

Q：是。

A：如果你只是以一種頭腦思考式的想像，把自己套入經文當中所描述的狀態，你其實只是進入自己所想像的幻境當中而已，你不是真正「契入空性」。

你必須從破除內心一個又一個無明妄想慾望開始，當你破除內心所有的無明妄想慾望之後，你自然可以從你的第六識小我幻象當中醒來，回到第七識清明智慧的狀態，進入這個真實智慧的狀態，也就是「行深般若波羅密多」的狀態。

Q：所以，不是等著觀自在菩薩來度我們，而是自己要度自己？

A：對，每一個人都是觀自在菩薩，每一個人都是佛。每一個人的內心都是「觀自在菩

薩」，問題是你要先讓自己回到「觀自在菩薩」的心靈狀態。

你不是等著別人變成觀自在菩薩，或者是在佛陀當時印度那個觀自在菩薩從天上下來，然後度你離苦得樂，不是。

而是每一個人的內心都有「觀自在菩薩」的「智慧」，你就是你自己的「觀自在菩薩」。你必須先讓自己回復到第七識的清明智慧當中，你就可以「照見五蘊皆空」，不再執著於世間所有慾望，然後「度自己的苦厄」。

等到有一天，你越來越清醒，越來越回到生命真相的狀態，你自然會理解如何幫助或提醒其他人，讓他們自己回到自己「觀自在菩薩」的「智慧」當中，自己度自己，自己幫助自己離苦得樂。

Q：如何自己成為自己的「觀自在菩薩」？

A：放下心中所有的無明妄想慾望，不再往外求，也不再受到任何外境的影響，拿回自己的生命主控權。你可以因此從小我意識當中醒來，第七識回復到這個肉體，打開你的「智慧之眼」。

回復第七識的清醒狀態之後，你回到「無」的生命真相，你會看清世間一切都是幻象，你不會被世間幻象所迷惑，不再執著於任何世間幻象，那麼你就能夠「觀自在」，當你能夠自在無礙看清世間一切真相，你當然就能夠「照見五蘊皆空」，「度」自己離開「一切苦厄」。

這個時候，你就是你自己的「觀自在菩薩」，你自己幫助自己，自己救自己，自己走上岸，不再沉溺於世間一切幻象。以清醒的智慧，過著自在、寧靜、滿足的平衡生活。

（四）放下證得果位的欲求，你才能夠回到「空性」

Q：**是的，瞭解。**

A：當你回到「無」的這一邊，雖然你還是存在於你的肉體，但是你的第七識已經在「無」的狀態（你的「智慧之眼」已經打開，你的內在是清醒的），所以你的內心

還是可以處在「無」的清醒狀態，繼續在「有」的世界體驗一段地球人類生活。

你還是可以以第七識清醒的智慧，好好體驗一段人類生活。

也就是說，你還是可以在「行深般若波羅密多」的時候，好好當一個平凡的人類。

並不是說你在「行深般若波羅密多」的時候，你就不是人類了，而是成佛、成菩薩還是阿羅漢了，不是喔。

也不是說你就要放棄日常生活，跑去救度眾生；還是成為一個邪教教主，招收很多可以供你使喚的信徒；或者入妖成魔去迷惑眾生，獲得許多供養，不需要。

你就是當一個平凡人類，過你的平凡日常生活，可是你還是可以「行深般若波羅密多，照見五蘊皆空，度一切苦厄」，這個時候，你自然就會理解「是諸法空相，不生不滅、不垢不淨、不增不減。是故空中無色、無受想行識、無眼耳鼻舌身意、無色聲香味觸法，無眼界，乃至無意識界，無無明，亦無無明盡，乃至無老死，亦無老死盡，無苦集滅道，無智亦無得。」

回到「無」的狀態，你會自然存在於《心經》所描述的狀態當中，但是你還是可以以這個狀態好好體驗一段平凡地球人類的生活。

這就是這個身體（個案）接下來要好好去體驗的。

Q：是。

A：你清醒了，那麼你就是以這個清醒的智慧好好體驗你的平凡地球人類生活。不要去創立宗教或團體，當大師、上師、老師或教主，招收弟子，或者開設任何身心靈課程，成為一個靈性老師，不需要。

他還是繼續過他的一般平凡人類生活，但是該做什麼事情的時候，他會知道該做什麼，那麼他就以平常心去做就可以了。但是不要特意去以現在這個世間既有的傳授方法喚醒其他人醒來，不需要。

因為他的生命安排並不要以這種方式來工作。他是在好好過一個地球人類的平凡生活過程中，做他應該做的事情，慢慢地他就會瞭解了。之前做的事情可以繼續做，維持一個平凡地球人類的生活，做他該做的事情，說該說的話，自然而然他就會知道如何以清醒的智慧，喚醒其他也想要醒來的人或生命。

Q：是的。

A：因此，注意喔，記得，如果你的修行是讓你想要成為一個什麼，你想要成就某種果位，不管是阿羅漢一果、二果、三果，或者初地菩薩、十地菩薩，還是佛果位；如果你的內心帶有這樣一種慾望，想要成就到達某種修行位階，而開始你的修行，那麼你永遠無法到達「無」的生命真實本然的狀態。

也就是說，如果你帶有目的修行的話，你絕對無法回到「空性」。

因為是「空性」，當你帶有目的修行，你有一個欲求，你就還是在「有」的世界追求某種「有」的幻象，即便那個目的是某種修行果位，也還是屬於「有」的欲求，那麼你絕對無法回到「無」的狀態，你無法進入「空性」。

如果你發現自己帶有目的在修行，很好，這樣也沒有關係。你就是練習放下你的目的，但是不要自欺欺人地欺騙自己沒有目的，你必須好好面對自己內心的無明妄想慾望。

這也是我們一直在強調的，你必須好好面對自己的內心深處，看破自己的無明妄想慾望。問問自己：我有帶著一個目的在修行嗎？

有些人也許厭棄了世間名利，但是他想要的卻是出世間的名位，他想要菩薩果位、

佛果位。如果你想要到達某種修行位階，你還是帶著某種慾望及目的修行，你永遠無法契入「空性」。

因為「真實生命的本然狀態」與「物質世界的所有一切」處於兩種完全不一樣的狀態。如果你想要回到「真實生命的本然狀態」，你就必須放下「物質世界所有的一切」，在物質世界當中，所有一切你所在意的都是你的無明妄想慾望而已。

你必須放下所有的無明妄想慾望，才能夠真正進入「空性」，你才能夠真正地「行深般若波羅密多，照見五蘊皆空，度一切苦厄」。

然而，現在世間這些正統的佛門、道家修行者，我指的是依持正道修行的宗派，而不是邪魔歪道喔，那些邪魔歪道本來就是充滿慾望，雖然他們很會包裝。我指的是依據正法修行的這些名門正派，為什麼沒有幾個成就者？

雖然你們不想要世間的名聞利養，捨棄了對於世間名利地位的慾望，但問題是你們的內心卻還是執著於出世間的果位，這也是一種無明妄想的「執念」。也就是因為這種執念讓你們無法真正明心見性，契入「空性」；無法真正開悟，回到真實本然「無」的狀態。

這就是現在世間上，這些名門正派修行者所遭遇的最大問題。

這種想要修行有所成就的執念，會將你困在「有」的幻象世界當中，無法出離，無法到達彼岸。你必須將所有的入世間及出世間的執念、慾念或妄想全部放掉，自然而然你就能夠回到「無」的狀態，真正契入「空性」，真正「行深般若波羅密多，照見五蘊皆空，度一切苦厄」。

只要你還是在「有」的慾望當中打轉，只要你還是執著於成就果位，你就還是困在小我第六意識所創造的幻象人格當中，你無法進入第七識清醒的狀態，當然也就無法回到「空性」、明心見性、開悟證道。

（五）修行是一種「回復」的過程，放下越多，你就越能夠回到「無」的狀態

Q：**然後呢？**

A：因此，阿羅漢、菩薩、佛等各種出世間的修行果位都不是靠修來的，而是你本來就

處於這種狀態。這些果位位階，其實是當你從「人的心靈頻率狀態」回到「生命真相最原來的狀態」的一段路徑歷程。

你無法靠修行到達這些位階，你無法因為增進自己而到達這些狀態，而是放下越來越多對於「有」的世界的執著，你就能夠一步一步回到這些原來的狀態，一步一步回到「佛」的頻率狀態。

所以，你無法帶著「慾望」修行而達到這些果位，而是透過放下越多心中的執念，你自然而然就能夠回到這些果位的意識頻率狀態。

這些果位不是修來的，而是你原本就處在這些果位的狀態。只是來到世間之後，你因為迷惑而被層層無明妄想慾望所覆蓋，你才會無法直接處於這些狀態。只要你放下一層又一層的無明妄想慾望，你自然就能夠回復到這些果位的狀態，因為你本來就處於這些狀態。

你本來就是了，你不需要特意「達到」或「成為」。你只需要透過修行，放下對於世間的所有執念，自然就能夠回復「本來面目」。

也就是說，這些修行果位並不是一個你可以去追求、達到或獲得的「目的」、「目

標」或「位階」。只要你帶著這種無明執念，想要在修行當中有所成就，你絕對無法有所成就。

這就是現在世間正統佛家、道家修行人所遇到的最主要困境。

Q：**瞭解。**

A：所以說，「修行」是什麼？

修行其實就是一段體驗歷程。在修行的過程當中，你必須透過體驗自己有什麼樣的無明、愚癡及妄想，體會自己讓自己陷入何種執念的痛苦當中，並且開始看破、放下，回到真實智慧的狀態，那麼你才能夠真正理解什麼是「真實智慧」的狀態。

如果你現在還困在無明妄想、愚癡及很沉重的慾望當中，沒有關係。你必須先在泥沼當中沉淪、攪和到一定程度的時候，你感到痛苦到受不了或很無趣了，你才會想要出離，你也才能夠開始走上出離的道路。

如果你沒有真正在泥巴裡面攪和過，你怎麼會知道什麼是真正的上岸。

所以，沒有關係，當你發現自己還沉溺在某些無明妄想、愚癡及慾望當中的時候，很好，你發現了，你願意開始面對了。在這些「慾望」當中，如果是會傷害別人或傷害自己的，你就必須予以克制、忍耐。如果是不會傷害別人也不會傷害自己的慾望，也在你自己的能力範圍之內，你可以適度滿足。

「修行」其實是你必須練習在你的慾望當中取得平衡的一段過程。你不是完全或過度滿足慾望，也不是完全禁止慾望。

Q：是的。

A：而我剛剛告訴這個身體要好好體會當一個平凡人類的生活？如何好好體會？運用你已經醒來的「智慧」體驗如何當一個「平衡」的人類，體驗一段平凡的人類生活。你知道嗎？這其實是一件很幸福的事情，當你可以好好地體驗一段屬於你自己的小世界的平衡、愉悅的平凡人生的歲月，其實是一件很幸福的事情。

也許這樣的生活很平淡，也許這當中你還是會遇到這世間的困擾、問題或求不得，也許也不會是世人所嚮往的多彩多姿、轟轟烈烈或不平凡的生活，但會是一種「平

衡」的平淡、愉悅、滿足的美滿地球人生。

這真的是一件很幸福的事情，好好運用你的清明「智慧」去體驗，如此才不會浪費這一次投胎成為人類的寶貴經驗。

Q：是。

A：你現在都已經是一個人類了，為什麼還想要成為一個阿羅漢、菩薩或佛，還是神或仙呢？你現在就是一個人類啊，那麼你就好好當一個人類。就算你開啟了智慧，你現在也還是一個人類，你還活在一個人類肉體當中，你就好好當一個人類。

Q：什麼是「好好當一個人類」？

A：體驗如何「平衡」地滿足自己的慾望。不是完全禁慾，也不是無限度滿足慾望，而是在當中尋找到一個「平衡點」。運用你開啟的「智慧」尋找到這個「平衡點」，就是修行的體驗過程。

這是一段很好的體驗，你們就是好好去體驗。

當你「行深般若波羅密多，照見五蘊皆空，度一切苦厄」的時候，並不是叫你什麼都不做，也不是叫你要不吃不喝，或者整天坐著不動進入某種定靜當中，不是喔。而是要好好地活著，過著你的愉悅、滿足、平衡的人生。

那麼，在你度過這一段平衡的滿足人生的時候，你沒有遺憾；並且你一直保持在清明智慧的狀態，你不會再造作多餘的無明慾望，你也不會再造作任何新的業力，你自然就能夠熄滅輪迴的動能，在這一世結束之後，自由來去。

（六）「正法」與「邪法」的差別

Q：是的，還有嗎？

A：打開「智慧之眼」之後，世間所有的一切再也無法迷惑你，世間一切妖魔鬼怪也無法再影響你、迷惑你，你當然也就不需要繼續留在世間沉淪，陷入無止盡的輪迴。因為你看清世間真相，你也回到自己真實的生命狀態了。

當你感受到自己的松果體已經是這種「光」的結晶體的時候，表示第七識的力量真

正回到你的肉體。當你的第七識的力量回到你的肉體，從你的肉體發出來，你的「水晶之眼」、「光之眼」、「智慧之眼」真正展現在你的肉體的時候，你的整個第七識的力量將會完全回來，這個時候，你是非常有力量的。好好去體會，先不多說。

Q：好的，還有嗎？

A：所以，從剛剛說的這些理解下來，「大乘菩薩道」是什麼？不是你去幫助別人，把他們拉出泥沼，度他們脫離苦厄。而是你在適當時機，運用適合的方式，告訴他們如何自己幫助自己。

因此，這世間真正能夠幫助你「回到生命真相」的修行方法，一定是教導你「自己幫助自己」的方法。你必須先自己幫助自己醒來，醒到一定程度的時候，你就會瞭解如何告訴其他人，讓他們自己幫助自己醒來。

真正的「菩薩道」不是你去把別人拉出來，事實上你也永遠不可能把別人拉出泥沼。只有當他們自己願意離開泥沼，然後你在適合的時間，以適合這個人的方式，

讓他知道如何自己幫助自己醒來，如何自己走上岸，他才能夠真正回到彼岸，真正離苦得樂。

Q：是。

A：其實你們很多人都誤解了，你們以為必等待某個已經開悟修成菩薩的人，或者天上下來一個菩薩，把你拉出苦海，不是。這絕對不是生命真相，生命法則也不是如此運作。

生命法則是「你必須自己醒來，自己救自己，自己願意脫離苦海回到真實生命的狀態」，那麼你才能夠真正地脫離苦厄，離苦得樂。

生命的真相及法則是「你必須自己幫助自己」。因此，所有符合正道的修行方式一定是教導你「如何自己幫助自己」。

只有那些邪魔歪道才會告訴你：「喔，你們就是要信我，信我者才能夠得永生」；「你們就是要依靠我這個教主、上師、大師、老師、神、佛、仙來救你」；「你一定要依靠我，一定要聽我的，一定要跟隨我，你才能夠離苦得樂」。

所以，如何辨別「正道」與「邪魔歪道」？

真正教導你回到生命真相的修行方法的「正法」、「正道」，一定是教導你：「自己幫助自己」、「自己救自己」、「自己透過修行讓自己醒來，自行離苦得樂。」

而那些妖魔鬼怪、邪門歪道或黑暗能量所教授的「邪法」，一定是告訴你：「你一定要聽我的，只能聽我的，只能信仰我，你一定要供奉我，你才能夠離苦得樂。」

他們會不斷強調：「你就是要靠我，你就是要靠我，你就是要靠我，你一定只能依靠我，你絕對不可能靠自己離苦得樂。」

這就是「正法」與「邪法」的最大差異。

所以，你們必須自己成為自己的「觀自在菩薩」，不是靠別人，也不是叫你成為觀自在菩薩去救別人，不是喔，這些想法與說法都是走入邪魔歪道。

Q：那麼「密宗」的修法是什麼？他們還要觀想本尊，祈求本尊加持。

A：某些人的「驅動力」非常強大，必須依持某些更大的力量讓自身「驅動力」減緩。那是他們的因緣修法，因為他們的宿世因緣，所以他們會跟這些上師、本尊相應。

上次已經說過了，不同的人適合不同的修行方法，只要你真正願意醒來，你自然就能夠找到適合你的方法，幫助你真正醒來。

但是，如果你的內心還存在很大的無明妄想慾望，你可能就會找到不對的方法，遇到邪魔歪道，依持邪師修行。

在這個世間，各個宗教、各個門派，不管是佛門當中的淨土宗、唯識宗、禪宗或密宗，這當中有「正道」，也有「邪魔歪道」，你們必須自己懂得分辨。

然而，就算你曾經走偏或者現在正在走偏，這樣也沒有關係。因為這段道路也可能是你自己生命安排的路程，為了幫助你日後真正走上正道。只有先經歷過不對的，你才會知道什麼是對的啊。所以沒有關係，你就是再回來就好了。

Q：那麼，密宗當中所說的「雙修」是什麼？

A：我現在還沒有要說到這部分，現在也還不能多說。

只能說在你們這個世間，人類的小我意識很容易歪曲某些說法，況且這世間大部分人類的小我還是充滿惡念，因此他們會歪曲某些修行方法，當成自己作惡的藉口。

唉，所以這個部分我先不多說。

但是注意喔，現在這個時期，任何教導或提出想要與你進行「雙修」的人都是邪魔歪道，不管這個人是男人還是女人，他們都是為了欺騙或偷走你的生命能量，而以「雙修」為藉口。

絕對不要相信，也絕對不要跟任何人進行這種修法，即便這個人是你很崇拜、尊敬的對象，即便這個人能夠展示神通。只要提出要跟你「雙修」的一定都是邪魔歪道，他或她只是想要吸取你們的生命能量而已。不要傻傻地被這些妖魔鬼怪欺騙。唉，畢竟這個世間，沉淪的靈魂還是佔大多數，所以說眾生剛強難度。好啦，不多說這個話題，還不能說。

Q：好的，然後呢？

A：當你感受到你的松果體結晶，也就是「光的結晶」、「智慧的結晶」、「第七識本然狀態的結晶」、「靈魂的結晶」，這就是打開你的「真實智慧之眼」。生命真相原本即是「無形無相」，肉體只是暫時的。只要你回到生命真相，自然而然就能夠感受到你的「智慧之眼」呈現出「光」的結晶的狀態。

這個狀態並不是靠外力或修煉氣脈修來的，而是依靠放下你的無明妄想慾望，提升心性之後，回到「空性」，回到真實生命本來狀態，回到第七識的清明智慧狀態，而自然產生的非物質性現象，你會自然而然感受到。

Q：是。

A：你也可以靠修氣、氣脈等肉體修煉方式達到類似的狀態，讓你的松果體在非物質層面結晶化，打開你的第三眼。但是，如果你沒有讓自己的心性跟著一起提升，你會因為內在對於修行果位的執念，致使自己因而入妖成魔。

小心謹慎，在修行的路途中。

發現自己存有得到果位的慾望，很好，這樣也沒有關係。這是因為當你開始修行的時候，可能你沒有想清楚為什麼要修行，或者你受到世間大部分小我意識的影響，你會認為自己應該要追求一個出世間的果位，這樣修行才有目標及意義。

剛開始，你可能會產生這樣的誤解想法，沒關係，你就是去發現、面對，然後告訴

自己：「不需要」，接著放下。

這是因為你不瞭解生命真相，你以為在修行當中，你必須「達到」、「達成」什麼。然而，修行並不是一種「達到」的過程，也不是提升自己、越修越高的過程；而是一種「回來」、「回復」成「原來狀態」的過程。

你原本就是佛，你只能「回復」成為佛，回到生命真相原來的狀態。而你如何「回復」？靠著「放下」來回復，放下你的無明妄想慾望，而不是帶著某種慾望去「達成」。

如果你誤以為必須一階一階從初果、二果、三果……修上去，修到成佛果位，那麼你就搞錯了，不是喔。如果你帶著成就果位的「慾念」，一階一階修上去，你其實修的是「魔果」或「妖果」。如果帶著慾念修行，你只是在修「魔道」或「妖道」而已。

如果你想要修「佛道」、「菩薩道」、「阿羅漢道」或「仙道」，你必須透過放下來修行，放下得越多，你自然就可以回到生命真相的原來狀態。

Q：現在這個身體「放下」到哪個狀態了？

A：上次不是說過了，他已經「不外求」，然後再來「不被外境影響」，那麼你就可以開啟「智慧之眼」，回到「無」的這一面。

不過，他現在還在過程當中，所以也許有時候他還是有很多情緒，這樣也沒有關係，慢慢地，他會越來越平息強烈的情緒，越來越不會生起強烈的起心動念。因為他現在還在肉體裡面，他還是一個人類，現在的他要開始體會如何「平衡」自己的慾望，以這個原則來經歷自己的人類生活。

這才是真正「回到空性」，真正「行深般若波羅密多」。

不是說當你契入空性、契入般若波羅密多的時候，你就不好好當一個人了。也不是要你去表演成一個開悟者或有神通的人，吸收信徒，讓其他人崇拜你，帶著一群弟子。

不是回到生命真相之後，每一個人都要跟佛陀做一樣的事情。如果你現在還想扮演佛、菩薩或開悟者的角色，那麼你就會變成妖魔鬼怪。

好的，每一個人「自己幫助自己」回到「生命真相」才是最重要的，其他的都不重

要，不多說。

Q：是。

A：修行是一種「回復」的過程，回復、回復、回復，回復到「原來的狀態」，這就是修行。

而你們這個世間大部分的人，卻誤解修行是一種將自己「變成」為「其他更高狀態」的過程。所以你們會一直包裝自己，不斷把自己包裝上一層又一層「你自己想像出來的」修行應該有的高尚「形象」，你們會穿上一層又一層的「戲服」。喔，我要演菩薩、我要演一個開悟者，或者是佛、神、仙等角色，你們只是在扮演得道者的角色而已，所以你們會穿上各種「戲服」。

但是，「回到真相」、「開悟」的真正過程是什麼？

其實就是把你穿上去的這一件一件「戲服」脫掉。脫掉你對於修行果位的執念，脫掉被崇拜、被尊敬的慾望，脫掉一層又一層、一件又一件的無明妄想慾望。等到你脫掉所有的「戲服」及「無明妄想慾望」之後，你才能夠真正回到「空性」，回到你的「本來面目」，回到真實生命的本然狀態。

這就是「修行」。

Q：**是。**

A：所以，再強調一次，「修行」是一種「放下」及「回復」的過程，並不是「得到」及「達到」的過程。

如果你走錯了方向，你的修行自然無法有所成就，而且你還有可能因此走上邪魔歪道。

放下，放下，放下，放下，不斷練習放下心中所有的無明妄想慾望，你自然而然就能夠回到「空性」，回復「本來面目」，回到「無」的生命本然狀態。

Q：為什麼讓他看到第一段「第七識包圍整個身體的空、無、寂靜的感受」？

SC：讓他更確定他已經回到原來的狀態了，這就是原來的狀態，讓他更確定。因為他心

裡還是有疑惑，不用疑惑了，就是這樣子，好好運用這個狀態理解生命，看待生命的真相，你就會越來越理解這所有的事情。

他現在只是剛開始，所以他會不習慣，只是讓他更確定。先習慣、穩固在這個狀態，要繼續感受，繼續練習。

你們不能只是在某個時刻進入這種「無」的狀態就好了，也不是說只有在靜坐的時候，才能夠體會這種「無」的狀態而已，而是你必須練習在日常生活的行住坐臥或與其他人互動的時候，都能夠維持在這種「空、無、寂靜」的狀態當中。

先去習慣這種回到「空性」的生命真實本然的狀態，保持在這種狀態，然後好好去體驗你的平凡人類的生活，這是一段很好的體驗，好好去體會。

Q：為什麼讓他看到第二段「松果體結晶」這些訊息？

SC：讓他瞭解他現在的狀態，保持在清醒智慧的狀態，照見五蘊皆空。以這種「空性」的智慧，感受如何過一個「平衡地滿足慾望」的愉悅、美滿的平凡人類生活。

Q：還有什麼要提醒他的嗎？

SC：不需要害怕任何妖魔鬼怪或黑暗能量，不用害怕。第七識的力量非常強大，靈魂的自由意志非常強大，好好體會回到「無」的狀態，你不會受到任何世間幻象的影響。

每一個人都一樣，就算你還沒有回到第七識，你的靈魂力量還是非常強大，你具有自由意志，只要不被內在無明慾望所迷惑，你不會受到任何妖魔鬼怪或黑暗能量的控制與影響。

這些邪魔歪道、妖魔鬼怪或黑暗能量會傷害的只是你們的「慧命」，而不是你的肉體性命。他們只會誤導你遠離生命真相，讓你的靈魂（第七識）外圍覆蓋無明，損害你的「慧命」，阻擋你從小我意識當中醒來，回到「空性」的智慧狀態。

所以，不需要害怕，只要好好去面對、看破、放下內在無明妄想慾望，開啟你的「智慧之眼」才是重點。

好好去體會，好好去體悟。

Q：感謝SC。

10 即《般若波羅蜜多心經》，以唐朝玄奘法師之中譯版流傳最廣。「般若波羅密多」為梵語音譯，「般若」意譯為「慧」，「波羅密多」意譯為「到彼岸」，兩者結合意思可理解為「體悟圓滿究竟的空性智慧而到達解脫生死的彼岸」。參閱自《佛光大辭典》。

後記 一個平凡人類的催眠探索之旅

本書量子催眠案例內容，為作者本人作為被催眠者進入催眠之後所得到的訊息。作者既是被催眠者，也是催眠錄音的逐字記錄者，同時也是一位正在職業當中的量子催眠操作者。

關於作者如何接觸量子催眠，以及如何在被催眠過程中，得到本書一系列有關生命本質、起源及真相的催眠內容緣起，如果有興趣的話可以參閱以下內容；如果沒有興趣的話也可以跳過閱讀，這裡的內容並不影響對於本書催眠訊息的理解。

因為本書內容的被催眠者是誰並不重要，重要的是訊息本身，以及訊息當中是否能夠讓你找到值得參考的地方，其他的並不重要。

原本想以如同在部落格發布催眠案例的方式一樣，以催眠操作者及記錄者的身分出

版本書。但是仔細考慮過後，隱瞞作為被催眠者身分的方式出版本書，也許並非長久之計，再者也為了避免日後可能造成的訊息內容版權爭議，或者訊息內容被誤用或曲解，於是在出版成書之際，決定還是以不隱藏被催眠者身分的方式，為書中所有催眠訊息內容負全責。

更重要的是想透過以下個人經歷告訴大家一個事實真相：即便只是一個平凡的普通人，沒有任何特殊能力，無法通靈，也沒有與生俱來的通透智慧，在懵懂、跌跌撞撞，而後慘跌一跤的人生經歷之後，還是能夠依靠自己的力量，以適合自己的方式，從「瞭解自己」為出發點，踏上探求對於自身「生命真相」理解的旅程，尋回自身內在本已擁有的「生命智慧」，進而放下過往的傷心、煩惱、誤解與不切實際的欲求，然後找回自己原本的開心、平靜及安心。

平心而論，我們每一個進入宗教、靈性團體或身心靈領域探索的人不也只是為了讓自己更開心、平靜及安心嗎？然而，有沒有一種只需要靠自己就能夠體會、練習並執行，而且不需要依靠任何其他能力者、通靈者、高人或高靈，也不需要花很多錢又不用離家很遠的方式就可以得到呢？

也許本書催眠訊息內容，以及接下來將描述的被催眠者經歷，將能夠提供一些參考與啟發：

我的最早記憶是在讀幼稚園之前，那時候還是小女孩的我，很容易在閉起眼睛的時候，進入一種空無一物又無邊無際的廣闊感受當中，當時心裡有一個聲音告訴我：「本來就是這個樣子喔，這就是生命真實的狀態，這就是你原本的樣子。」當時的我不懂，不知道那是什麼，只以為那就是閉起眼睛之後的必然感受，沒有多想。

直到再長大一些之後的某一天，上幼稚園的我，突然對這種廣大到無邊際且空無一物的感受感到非常恐懼，一種想法突然在我心裡冒出來：「如果什麼都沒有的話，那麼我不是就不見了嗎？我不是就沒有這個身體了。可是這個世界怎麼可能原來的時候什麼都沒有？如果沒有我，也沒有爸爸、媽媽和其他人，沒有小狗、小貓、桌子、椅子、房子、樹木……，如果這個世界什麼都沒有的話，那麼這樣實在是太可怕了！」

當我開始感到恐懼之後，逐漸地，我再也無法在閉起眼睛的時候，感受到這種廣大無邊際的原來狀態了。之後隨著年紀增長，這段記憶也慢慢消失在進入小學、國中、高中、考大學等，面臨現實生活的各種煩惱及新鮮有趣經歷的思緒當中了。

現在想一想，那應該是我這一輩子最接近「生命真相」的時刻吧。

成長過程中，我像大部分人一樣沒有任何特殊的超能力，沒有敏感體質，也無法靈魂出體。在個人特質方面，也沒有特別拿得出手的才藝或運動細胞，長相、智商及個性也都處於一般中等水準。我必須努力讀書才能夠得到好成績，總是在煩惱如何讓自己變更好、更漂亮、更活潑、更討人喜歡，總是在苦惱如何更容易融入人群得到比較良好的人際關係。也和大部分的女孩一樣，幻想著長大之後成為女強人，賺很多錢，讓父母為我感到驕傲，然後有一天遇到白馬王子，和他結婚共組家庭，從此過著幸福快樂的日子。

帶著這樣的無明妄想慾望，我考上還不錯的國立大學，接著繼續攻讀研究所，然後畢業開始進入職場工作。這段期間，在感情方面曾經面臨讓我困惑、迷惘且不愉快的經驗，也體會過求而不得的失戀之苦。在金錢方面，隨著家裡長輩經濟情況的起落，體驗過欠債、房屋被查封的煩惱及苦悶，也體驗過之後經濟狀況逐漸改善的小康生活；而我自己的經濟情況，則是領著一般上班族薪水，存款有限，也不懂得規劃未來。

在探詢生命真相方面，國中時的我開始疑惑：「我是誰？我是什麼？人為什麼要活著？活著的意義是什麼？」但是一直以來的經歷，並沒有讓我找到這些問題的真正答案。

國、高中就讀天主教學校，大學參加禪宗佛學社團，工作之後則開始接觸新時代的身心靈相關訊息及活動。期間有好幾年的時間，曾經經歷過一段吃素、打禪七、每日靜坐、誦經、當義工的正信佛教徒生活；也曾經沉迷在各種算命、卜卦及改運等迷信活動當中；或者也在之後跟隨一位自稱為釋迦牟尼佛再來的女性邪教教主修行，然後因為質疑教主而開始遭到團體內的言語霸凌，忍受團體霸凌一段時間之後才被教主踢出該團體。

這一年的我大約三十歲出頭，當時的我同時遭受到精神、信仰、工作、感情及年長親人驟然去世的多重重大打擊，我被擊垮了，然後開始之後渾渾噩噩宅在家的十年人生停頓期間。

當時的我回顧自己的前半生，三十歲的我並沒有實現當初還是小女孩的我對於自己成年之後的夢想及期望：我沒有成為女強人，沒有賺到大錢，也沒有讓父母過上為我感到驕傲的好日子，更沒有遇到白馬王子和他結婚生子，然後開始幸福快樂一輩子。我

沉痛又驚訝地發現自己竟然成為人們口中所說的一無所有的「失敗者」——沒錢、沒工作、沒房子、沒車子、沒老公、沒小孩，什麼都沒有。

更嚴重的是因為長期的邪教洗腦，再經歷後期的團體言語霸凌及精神恐嚇，當時的我對於曾經建立起來的虔誠宗教信仰的信念完全破碎，我陷入憂鬱，信心完全被擊垮，整日擔心教主對我的預言「不相信我的人，一定會死於非命，而且死後一定會下地獄」將有可能應驗。很長一段時間，我不敢走出家門，不敢與過去的朋友聯絡，不敢進行正常的人際交流，更無法提起信心再度進入職場工作。

幸好當時我有疼愛包容我的父母以及支持我的小妹，還有一隻總是對我展現出絕對信任及喜愛的小狗，才使我不至於因此走上絕路，或者讓自己的內心一蹶不振而只能依靠精神科藥物生活。也是在他們的陪伴及支持之下，我開始尋找方法拯救自己。

我告訴自己，這一次我不再輕易相信任何人了，也不再把自己的力量交給任何一位大師、老師、師父、神通者或通靈人。我不再只是聽別人告訴我「我是誰？我是什麼？我該怎麼做？我死後會去哪裡？」，我要的是自己親身去體會、實踐、看到、聽到、感受到，然後靠自己的理智做判斷，並且以身體力行且能夠讓自己真正有所感受的方式，

找到屬於自己的「生命真相」的答案。

直到四十歲這一年，有幸在生命的安排之下，我報名參加朵洛莉絲・侃南女士（Dolores Cannon）於二〇一三年來到臺灣開設的量子催眠法（QHHT）第一階訓練課程。獲得證書之後，我開始一邊練習催眠，一邊往內探索自己，試著一步一步依靠自己的力量從過去的痛苦迷茫中走出來。

我的方式最主要的是透過「自由書寫」以及與自己對話聊天的方式，往內在看清楚造成自己生起強烈負面情緒的最底層原因，面對自己的陰暗面，同時也認真面對自己內心深處從來不敢去看的各種慾望及負面想法。

過程中，伴隨每一次的催眠練習，不管是被催眠或幫人催眠，我都能夠從每一個人的人生經歷以及其後在催眠中所得知的前世因緣關聯，還有後續高我對於個人的提醒與建議當中，得到許多關於生命智慧的啟發與答案。幫助我以更寬廣包容的角度重新看待自己和過往的人生經歷，解開許多對於自己以及這個世界的糾結與誤解。

當我一次又一次挖出自己內在生起負面情緒主要原因，一次又一次面對自己心底深處最真實的慾望，一次又一次看破、放下這些無明妄想及無明慾望之後，我經歷過幾次

可能可以稱為明心見性的領悟時刻。感受破除了一層又一層某種籠罩在整個世界的能量力場，雖然我還是活在地球人類世界當中，但是我知道我的世界已經轉換了，能量層面上的轉換。很多過去在意的事情，我再也不在意了；很多過去想要追求的夢想或慾望的實現，我再也不想要了；很多過去覺得很重要的事情，我也覺得沒有那麼重要了。

這種深刻的領悟是你知道你還活在這個現實的人類世界，但是你不再和其他人同屬於同一個世界，你已經進入另外一個只有你自己所在的更廣大、更自由的世界了。

另外一次的深刻領悟則是我發現原來我不是我以為的我自己，原來我一直以為頭腦思考當中的那個自己，只是一種角色扮演的假象。我只是以我的頭腦想像扮演一個我以為的我自己，可是這個自己不是真正的自己，而且這個自己很瘋狂、很戲劇性、很愛扮演一個受害者可憐灰姑娘角色。

透過自由書寫，這個扮演者突然從我的心底深處冒出來，無奈又可惜地吶喊：「啊，討厭，我不能演了。可惡，被發現了，喔，我不能演了。那麼我要幹嘛？接下來還有好幾十年要活，如果不能繼續再扮演一個可憐的被迫害的悲劇角色，那麼我要幹嘛？這樣我會很無聊欸。喔，可惡，不能演了，被發現了……」

也因為這一次的體悟，我開始瞭解什麼是覺醒——從小我頭腦意識當中醒來，然後開始真正踏上往覺醒方向前進的道路，繼續透過往內看清楚自己真實的慾望及對於生命的誤解，剝下一層又一層由自我幻想所創造出來的人皮面具及戲服，從一層又一層由小我人格塑造出來的角色扮演當中脫離出來。

這段期間，我遇到會通靈，但是卻會運用能量管線吸食他人生命能量的墮落靈魂，也曾感受過幾次被這種墮落靈魂的人類的能量攻擊，或者也遇過能夠佔領他人肉體的通靈人。透過一次又一次放下心中想要往外求的無明妄想慾望，而讓自己的內心越來越堅定，我不再生起比較之心，也不再想要往外求取其他人的認同或給予。當我越堅定地處於自己當下的平靜狀態，我就能夠越來越不受到這些人的影響，並且逐漸遠離這些人出現在我的生活當中。

我發現在這一生當中，我們會遇到許多人，有些人對我是善意，有些人是惡意，有些人則是不在意，雖然我不一定能夠立刻察覺。但是不管他們對我的真實想法或意圖是什麼，其實都無所謂；只要我在與他們的互動當中，覺察出自己當下的起心動念，然後進一步找出自己埋藏在這些起心動念底下的無明妄想或無明慾望，我就能夠因為破除這

些無明種子而越來越清醒，越來越回到自己原來平靜、寬廣、無憂的狀態。因此在這一生中，不管遇到哪一種人，每一個人都會是幫助我更加覺醒的良師益友。

在二〇二一年的一次深刻體悟，我看穿內心一直想要找到有人真正愛我，只是為了滿足內在那個小嬰兒的我未曾滿足夠的各種慾望。那一刻我感覺心中某個佔據很大一處空間的沉重能量從我的內心脫落了，那是一種很具體的感受，我心裡很澈底地知道，我不再渴求往外找到一個人對我好，給我安全感，滿足我的自我認同及一切物質慾望的需求了。

我不需要了，我知道這一世接下來的日子，我就是讓自己保持平靜，處在生命原來廓然無物的狀態，做我應該做的事情，平淡平實地過完這一生，這是我來到這一世之前，曾經許下並定下的生命承諾及生命計畫。

就在這次的體悟之後，當我再度作為被催眠者讓同住家人練習催眠時，一進入催眠的時候，我感受到一種不曾在之前催眠中體驗過的奇妙感受：我不具體了，沒有形象、沒有範圍。我感覺我的下面是宇宙，我不在宇宙裡面，我和宇宙隔著一層厚厚的透明能量層。我幾乎說不出話，無法以人類的方式思考，這是很奇怪的感受，很不物質化的一

種很奇怪的感受。

從這一次的催眠開始，本書催眠案例《唯識真義》的內容也跟著陸續出現。我想是因為我放下了心裡一個很大的執念，不再受困於多餘不必要的慾望及渴求當中，所以，這些來自生命本源的真實生命訊息，才能夠與我的內心再度連結。

而這種在催眠中感受到的存在於宇宙之外，卻又包含所有一切的廓然無邊的感受，原來就是小時候因為進入小我頭腦意識，而感到害怕並逐漸遺忘的生命真實狀態。

之後隨著每一次內心放下更多無明妄想及無明慾望的進展，進入催眠時，就會再得到更多有關生命真相的訊息，以及高我的相關提醒與建議。由於這些訊息並不屬於完全個人化的訊息，訊息內容也適用於其他人，所以我當時將每一次的催眠錄音逐字打成文字稿，放在部落格上面提供有興趣的人參考。

我沒有開悟，也沒有完全醒來，我還是一個沒有任何特殊能力的平凡人。

只能說我在這一段期間，隨著深入瞭解自己內在的真實想法及慾望，體驗過幾次類似明心見性的領悟。如果說在這些領悟之後，我產生了何種改變？我只能說自己的煩惱變少了。也因為煩惱變少了，所以心中幾乎生不起回憶過去及設想未來的想法，於是很

自然地只能時常處在活在當下的平靜當中。

當你的頭腦思緒不再活在過去，不再為過去的所作所為懊惱，也不再期待未來，不再設想未來，對於未來隨遇而安，於是你也自然而然處在當下什麼都不想的狀態了。我也因此比過去更能夠自在、安心而且甘心地成為一個平凡人，專心在自己平淡的日常生活當中，體會我能夠體會到的活著的感受。

如果說這些催眠訊息對我有什麼幫助？我只能說我得到的最大收穫就是比以前更能夠體會什麼是好好活著了。「好好活著」對於現在的我來說，就是好好活出一個平凡人類能夠過的最美好的生活：好好吃飯、喝水、睡覺、走路、打掃、工作、休閒娛樂，以自己現有的條件滿足自己一定程度內的合理慾望，體會一個平凡人類能夠過的美好、平靜、自在、滿足的生活。

我還是一個平凡人，沒有任何神通，不會通靈，也不會靈魂出體。我沒有任何神奇力量，無法教導別人如何打開松果體、打通氣脈，也沒有能力開設課程教人開悟。我也無法幫人連結強大力量，從我這裡也偷不到任何力量，更不會幫人看因果或驅趕靈體。我什麼特殊能力都沒有，也沒有要跟任何人比較高低。

我能做的就只是提供催眠訊息，讓有興趣並感到共鳴的人參考而已，其他的我不會，也沒有能力。

最後，為了維持本書內容的純粹，為了避免本書內容日後被扭曲或誤用，為了防止有心人拿本書訊息作為滿足小我私欲的工具，在此事先聲明以下幾點注意事項，如有違反，作者將會保留相應法律追訴權：

- 禁止以本書內容及被催眠者身分對外開設任何課程。
- 禁止冒用本書催眠案例的意識狀態名稱對外進行通靈。
- 禁止運用本書內容作為任何收費課程及活動的教材。
- 禁止以本書內容對外招收信徒或設立信仰團體。
- 通篇文章轉貼或製成影音檔在網路傳播，必須事先經過作者同意，並且註明出處。

另外，本書所有內容已經在二〇二一至二〇二二年期間陸續放在作者的部落格。部落格上面的訊息比較完整，印製成書本的內容尚有少部分刪減，如果想瞭解更完整的訊息內容可以前往部落格觀看。部落格名稱及網址為【淨光工作者訊息交流站】https://soleil3966.pixnet.net。

附錄一

量子催眠法（QHHT）簡介

出生於美國的朵洛莉絲・侃南（Dolores Cannon，1931-2014）女士為量子催眠法（Quantum Healing Hypnosis Technique，簡稱QHHT）的創立者。在她的課堂當中，學員可以感受得到她是一位心胸開闊、仁慈且具有強大力量的女士。

她所創立並且傳承下來的量子催眠法，雖然也是眾多前世回溯催眠方法的其中一種，但是這種催眠方法又不僅僅只限於前世回溯。量子催眠法有別於其他前世催眠方法的內涵在於——它還能夠更進一步引導個案進入更深層與「真正的自己」連結的催眠意識狀態。

這裡所謂「真正的自己」也可以理解為「高我」，有些人稱為「本我」、「真我」、「更高意識」，或者也可以理解為「還沒投胎前的那個真正的自己」。

朵洛莉絲・侃南女士在最初幾年進行前世催眠的過程中，發現每一個人都能夠透過一定的引導方式與內在「真正的自己」連結，當時的她不知道如何稱呼這個「真正的自己」，於是她將此稱之為「潛意識（英文大寫縮寫為SC）」。

但是此處的潛意識（SC）並不是心理學當中所稱的潛意識，比較接近的說法可以認知為「高我」，也就是作者此處所謂的「真正的自己」，不同的人因為各自不同的理解而有不同的稱法。

朵洛莉絲．侃南女士曾經說過：「那是一股極其強大的力量，擁有我們想問的問題的所有答案，並且能對身體進行即刻療癒。我不曉得有什麼別的名字可以用來稱呼它，便稱它為『潛意識』。但它不是精神病學家所界定的潛意識，不是心靈稚嫩的部分，也不是催眠師為了幫助個案戒煙和減重而施力之處。如果我能定義，我會說它是高我、較高意識或超靈。」

透過量子催眠的引導方法，每一個人都能夠進入更深意識狀態而回到「真正的自己」。而這個「真正的自己」也是最純粹、最原來的你，超越曾經在各個時空當中投胎轉世的各種前世身分、經歷及記憶。

這個「真正的自己」是每一個人真實原來的狀態，而我們每一個人也是從這個「真正的自己」為出發點，開始進入一個又一個的轉世輪迴經歷，體驗成為不同載體在不同物質宇宙時空當中的物質體驗。

量子催眠對於人們真正的幫助，不在於幫助個案知道自己的任何前世身分及經歷，雖然這部分的回溯內容也可以幫助個案瞭解並解決某些生命議題，放下與某些人在今生的糾結關係；但是量子催眠真正幫助個案的，其實是與高我連結這個部分，從連結高我的問答當中，尋求高我對於個人回歸生命真相的建議及提醒。這部分的催眠訊息才是真正促成個案轉變，並找到面對生命課題方向的主要核心內容。

從事量子催眠服務的這些年，我發現探索前世的真正意義及目的，並不在於瞭解自己的前世是什麼樣的身分及經歷。我們曾經經歷過什麼，或曾經是誰，其實並不重要，重要的是我們如何超越並放下所有的前世記憶、經歷及影響，然後回到「真正的自己」。

唯有如此，我們才能夠真正連結回自身的「生命真相」，從而瞭解並活在自己的「生命真相」當中，然後開始從自身體悟每一個人都曾經生起的生命大哉問：「我是誰？我是什麼？出生之前，我從哪裡來？死亡之後，我還存在嗎？我又會去哪裡？」

真實的「生命真相」必須透過個人自行體會及自行經歷過後所產生的理解與領悟，才能夠真正成為我們自身的智慧，進而幫助我們轉化人生。任何經典、知識以及別人的

體悟都只是指著月亮的手指頭，無法幫助我們真正走出對於生命的茫然及困惑。

而量子催眠剛好是其中一種探索生命記憶及歷程的方法。

許多人在催眠過後的第一個問題幾乎都是：「我剛剛看到的及說出來的那些是真的嗎？還是只是我的想像？」

如同朵洛莉絲．侃南女士在課堂中告訴每一位學員的答案一樣，每一次我都會回答個案：「重要的不是你剛剛看到的前世是不是真的，而是後面高我的對你的提醒與建議，以及高我回答為什麼要讓你看到這些前世的真正原因。因為這些前世經歷可以幫助你看清楚現在這一世在被困在什麼課題當中。」

事實上，沒有人或僅有極為少數的例子能夠證明催眠內容是否為真，或者證實這些前世身分及經歷在歷史上真實存在過。我只能說，從過去十年的經驗當中得知，每一個人進入催眠之後所說出來的內容都不一樣，而且每一個人在進入催眠之前也都不知道自己會說出什麼，更不會事先知道將會進入哪一個歷史時空，有些人進入的地點甚至不在地球上。

只要真正體驗過催眠的人都會知道，如果你真的進入催眠，過程當中你沒有時間及

機會進行任何想像及思考，你只能自動說出自然而然出現在腦海中的畫面及訊息。

因為無法證明並證實這些催眠內容的真實性，所以我都會請個案及催眠案例讀者將催眠當中所得到的訊息，當成一種有關描述生命真相的參考訊息就可以了，不需要相信，也不需要認同。

因為重點真的不是催眠當中所看到的畫面是不是真的，而是催眠當中所得到的生命訊息及生命智慧對於我們現在的人生有什麼樣的幫助與啟發，這才是我們進行前世催眠最重要的意義與目的。

如果想要瞭解更多有關量子催眠（ＱＨＨＴ）的資訊，可以參閱美國量子催眠官方網站【Quantum Healing Hypnosis Technique】https://members.qhhtofficial.com。也可以參閱朵洛莉絲．侃南女士（Dolores Cannon）已經被翻譯成中文，由「宇宙花園出版社」出版的集結量子催眠案例的〈地球守護者〉、〈三波志願者與新地球〉、〈迴旋宇宙〉、〈探詢神聖知識的旅程〉等書籍。有關中、英文線上課程以及更多量子催眠相關資訊，也可以聯絡臺灣課程協辦單位「宇宙花園ＦＢ」詢問。

附錄二 打開心光

打開，心光。

打開，你的，心光。

打開，你，內心深處，的，那盞，心光。

孩子，你，內心深處，有一盞心光；請，打開，你的，心光。

這是你自初始以來帶自源頭而不曾熄滅的——智慧之光——心光，一直存在於你的內心深處，深深地，深深地，深藏在你的內心深處。

這盞光不曾被熄滅、不會被這世間的任何力量所毀滅，也不會被這世間任何的力量所削弱。這是一直、一直、一直存在你的內心深處，無法被熄滅的——你的心光，你帶自源頭的屬於你的——原光。

也可以說是你的力量所在，是你的中心所在，是你存在的本源，來自於源頭的生命火花——你的心光，你的原光，你的原力，你所能發散出來帶給這個世界無限創造活力

的，屬於你的——愛之光。

這是來自於源頭最純粹，無法被汙染，無法被消滅的屬於你的原光——就是你的心光，你的愛之光。

你不用往外求，不用向誰祈求，甚至不需要向神、向佛、或那世間你認為最偉大的祈求你想要的力量、能量、光、還有愛。不需要，你不需要向誰祈求，因為這些都存在於你的心中，完完全全、原原本本早就存在於你的內心之光，也就是你的心光當中。

你的心光連接源頭，因為你就是光，你是來自源頭的光，你的心光從來不曾與源頭斷了連結，只是你忘記了。

你忘記了你的心光，你忘記打開你的心光，你忘記了當你打開心光之後，你會重新取得與源頭的直接連結。因為你忘記自己內心深處與源頭的連結，以致於你沒有打開與源頭連結的管道，當然，你就發散不出你原本早已擁有的愛之光，你就承接不回來自源頭想要傳送給你的源源不絕、永不枯竭的愛之能量、愛之光。

這是你的生命本質，這是每一個存在的生命實相，你就是愛，你就是光，你就來自於源頭，你從來不曾離開源頭，從來不曾與源頭分離。

你會問：我為什麼要打開心光？為什麼要連結源頭？這樣對我有什麼幫助？

如果你不想再過著茫然無所適從、徬徨無助的無奈生活；如果你不想再以恐懼和想要獲得別人的認同，作為你人生選擇的依據與標準；如果你不想再受到扭曲的社會價值和跟你自己其實一點關係也沒有的他人目光的束縛，過著苦苦壓抑、毫無希望而且不敢夢想的貧乏日子；那麼，就請你開始練習——打開你的心光。

從打開你的心光開始，你會開始連結你的生命本質，也可以說是你的大我、高我、更高意識，或者說那個還待在源頭連結整體意識的那個屬於你的智慧之光、創造之光、愛之光。當你開始連結你的生命本質，重新取回與源頭的連結，源頭的能量、光與愛才能夠源源不絕地傳送給你，你才能取回原本屬於你的真實力量，接回你本有的光、能量，還有愛。

此時，你才能夠開始勇敢面對自己，勇敢做自己，開始做自己真正想要做的事，過自己真正想要過的生活，走自己想要走的路。

這個時候，你才能夠大聲說：自己是真正地活著，完整地活著，成為一個真實的人。你才能開始成就你想要來這個世間完成的任務與夢想。

孩子，你，內心深處，有一盞心光；請，打開，你的，心光。

打開，你，內心深處，的，那盞，心光。

打開，你的，心光。

打開，心光。

你一定會問：我從來就不知道也看不到我內心有一盞心光啊？我要怎麼打開呢？

很簡單，你就是靜下心來，讓自己放鬆、保持平靜。開始的時候，最好是保持脊椎挺直地坐著，放輕鬆地坐著。如果你很累，背後靠著墊子也沒有關係，就是盡量讓自己的背挺直，放鬆地坐著；不一定要盤腿，只要以你感到最放鬆、最舒服的方式坐著就可以了。

閉起你的雙眼，想像你的心裡有一顆「心光」被打開了，被你自己打開了，就像開燈一樣。

你的心光位於你的內心之中，也可以說是心輪之處，並沒有一定確切的位置，就是在你的胸口中心的身體裡面。

你心裡的「心光」被打開了，然後越來越亮、越來越亮、越來越亮、越來越亮，發出如同白晝太陽般燦爛的白光。

如果你感受到的是彩虹般的燦爛光芒，也沒有關係，這是隨著每一個人的生命特質和生命進展而有所不同，這樣也很好。因為白光是由組成彩虹的紅、橙、黃、綠、藍、靛、紫的七色虹光所融合而成，最終合成燦爛的白光。只要是明亮、燦爛的光，什麼樣的顏色都沒有關係，只要是你感受到的就是了。

這，就是你的心光——你連結源頭的智慧之光、你帶自源頭的無限力量、你心中源源不絕能夠給予你自己的愛之光。

當你打開你的心光，你就直接與源頭連結，或者說你打開了一條你與源頭連結的管道了。如果你感受到頭頂中心有一股能量或光注入，或者你去想像光從你的頂輪注入也可以。這個時候，你可以非常放心地接受這股不斷傳送給你的光、能量和愛，因為你是從你自己的內心去連結，並不是往外祈求，你只是打開了原本你與源頭連結的通道，接受你本有的源頭之光而已。

這股光之能量不斷從你的頂輪注入，然後注入你的心光，讓你的心光越來越亮、越

來越亮、越來越亮。像一顆發亮的光球，越來越大、越來越大、越來越大。白光注入到你的全身，從頭頂到腳底，以及你的每一根手指頭，充滿你全身的每一個細胞，你的全身的細胞被這股源源不絕的燦爛的白光所浸潤、洗滌，完全恢復活力與健康。

接著，白光開始從你的身體發散出去，越來越大，越來越大，形成一顆大光球包圍你的全身。

這顆包圍著你的大光球就是你的能量場。當你這樣練習的時候，你也是在以白光清理你自己的能量場，維持你能量場的完整與乾淨。

就是這麼簡單的方法，你就是放輕鬆地坐著，然後觀想。

如果時間上允許的話，每天早、晚兩次至少半小時的練習，效果會是最好的。

不用給自己太大的壓力，也不需要期待一定能夠看得到什麼或者獲得到什麼樣的成效。你就是每天、每天在心中觀想打開自己的心光，持之以恆，保持平穩與輕鬆的心情，持續不斷練習。

直到有一天，當你不需要再觀想了，也能夠感受到自己的心光在發亮，那麼就表示你與源頭的連結已經趨於穩定，你能夠開始完全承接原本屬於你來自源頭的力量、光、

愛，回到你的本來面目。

這個時候，你內心的智慧就能夠指引你走上自己真正的人生之路。你不再需要依靠任何人，你就是你自己的智慧之光，你就是你自己的人生導師，你就是你自己的佛、自己的神、自己的基督意識、自己的你所認為的那個世間最崇高偉大的智慧源頭。

孩子，試著練習看看，這並不會造成你什麼損失，只是需要你踏出第一步，花一點時間，給自己一次機會，試試看。

打開，心光。

打開，你的心光。

打開，你，連結，源頭，的心光。

——來自源頭的聲音

【請注意】

本觀想方法只是為了打開內在智慧之光，幫助練習者以更清醒的心智狀態面對地球現實生活。練習之後，對於自身物理性肉體無法產生任何作用：本觀想方法無法幫助打開松果體，無法致使身體氣脈暢通，無法讓人通靈，更無法展現任何神通力，敬請理解。

● **打開心光**《**練習步驟**》

↓放輕鬆；

↓坐下；

↓閉眼；

↓打開心中的心光；

↓心光開始發亮；

↓頭頂連結源頭的管道暢通；

↓源頭從頂輪開始注入明亮燦爛的白光；

↓光從頭頂（頂輪）注入胸口之中，注入你的心光；

↓心光越來越亮、越來越亮、越來越亮，像一顆明亮的光球；

↓白光充滿身體裡每一個細胞，從頭頂到腳指頭都完全充滿；

↓白光開始洗滌、修復你的身體細胞；

↓白光從你的心散發出去，形成一顆大光球，擴散到你的身體之外，越來越大，越來越大、越來越大；

↓白光包覆住你整個身體，這個就是你的能量場；

↓白光開始清理你的能量場，讓你的能量場恢復乾淨與完整；

↓之後，你就可以開始平靜地坐著，數呼吸或者內觀，或者運用你平常的靜坐方式，或者你什麼都不想，就只是單純地坐著也可以。

至少每天早、晚兩次，時間最好在半小時或更久，效果最佳。

附錄三

解除靈魂契約儀式

如果曾經在前世或此世簽過任何「靈魂契約」，只要從心中提起真實意願，想要讓「靈魂」回到自由，想要回到「完整靈魂」的真實狀態，都可以直接運用這個簡單的方法，自行解除「靈魂契約」。

因為每一個靈魂都來自於「源頭」，靈魂就是「源頭之光」，而你在源頭之光的完全籠罩及照耀之下，每一個人與自己的靈魂連結的路徑之光已經直接下來地球了。所以每一個人都可以很容易連結到自己的「靈魂」，發出你的「靈魂力量」，當然也可以很容易解除「靈魂契約」。

「靈魂契約」其實是一種能量束縛，而現在你可以以自己的「靈魂力量」將這種能量束縛解除，讓這種束縛能量消失。因為每一個人隨時都照射得到來自源頭的靈魂之光。

「靈魂契約」意指包括：此世或前世曾經信仰過的宗教、神明、通靈者，與一般人承諾的生命約定，與虐待你的父母、親友、丈夫、妻子等的負面靈魂關係。

每一個人都可以隨時透過下列步驟，確實且有效地永遠解除。方法及步驟如下：

【用具】

- 準備一盆或一杯乾淨的清水。

【時間與場所】

- 正中午（11點至1點之間）的大太陽底下。

【步驟】

- 將清水放置於正午的大太陽底下，至少半小時。
- 清水放置之前，先在心中想像，一顆明亮的白色光球從胸口中心處發射出來，包住整盆或整杯清水。
- 半小時之後，站在清水面前，閉起雙眼，在心中默唸（想要加強力量，可以唸三遍）：

  「我願意解除在所有時間，曾經與任何控制我的『靈魂自由』的對象，所簽訂的所有契約，我願意從我的『靈魂之光』深處，解除所有契約。」

- 唸完，想像胸口中心處的「心輪」發出一點亮光，明亮的白色光球。（像是打開一

盞燈泡一樣，心中的燈泡「靈魂之光」發亮了）

• 運用想像力，讓這小點白光越來越大，形成一顆「白色光球」，越來越大，越來越擴散，直到「白色光球」包圍住整個身體。

• 感受「白色光球」包圍住身體，可以停留多一些時間。

• 喝下面前的清水，洗淨身上的契約束縛能量。（若是一盆清水，可以喝下一些，另外一些拿來清洗身體也可以）

【注意事項】

• 適用於任何靈魂方面的契約解除。

（包括解除任何曾經信仰過的宗教、神明、通靈者，以及與一般人承諾的生命約定，或者也可以解除與虐待你的父母、親友、丈夫、妻子等的靈魂關係）

• 自己操作就可以了，不需要依靠任何人。

• 相信自己的「靈魂」具有無限強大的力量，每一個人都具有全部的力量決定自己的生命。

國家圖書館出版品預行編目(CIP) 資料

唯識真義/李如心(Lucy Lee)著. -- 初版. -- 新竹縣竹北市 ：方集出版社股份有限公司, 2024.06

面； 公分

ISBN 978-986-471-458-2 (上冊 : 平裝)

1.CST: 生命哲學

191.91 113000455

唯識真義（上冊）

出 版 者：李如心（Lucy Lee）
發 行 者：方集出版社股份有限公司
總 經 理：賴洋助
聯絡地址：100 臺北市中正區重慶南路二段 51 號 5 樓
公司地址：新竹縣竹北市台元一街 8 號 5 樓之 7
電　　話：(02) 2351-1607　　傳　　真：(02) 2351-1549
網　　址：https://fungiipub.eculture.com.tw/
E-mail：service@eculture.com.tw
執行策畫：廖翊君
主　　編：李欣芳
責任編輯：陳亭瑜
封面設計：廖淇渝
內頁設計：連紫吟・曹任華
行銷業務：林宜葶
出版年月：2024 年 06 月 初版
定　　價：新臺幣 500 元

ISBN：978-986-471-458-2 (平裝)

總經銷：聯合發行股份有限公司
地 址：231 新北市新店區寶橋路 235 巷 6 弄 6 號 4F
電 話：(02)2917-8022　　傳 真：(02)2915-6275